JN011843

ゲンロン叢書

010

# 新映画論

## ポストシネマ

On Post-Cinema

渡邉大輔

Daisuke Watanabe

genron

# 新映画論

ポ ス ト シ ネ マ

## 凡例

■［ ］は引用者注、〔 〕は訳注を示す。
■映画作品の年号は製作国での一般公開年を示す。
■放送・配信作品の年号は放送年を示す。
放送終了年は、2021年末時点での最後のクールのもの。

# はじめに
## ——新たな映画の旅にむけて

### パリの黒いスクリーン

二〇二〇年の二月下旬、短い春の休暇にわたしは妻とふたり、パリを観光で訪れた。当時は新型コロナウイルスが中国国内で拡大しつつあるところで、ヨーロッパではアジア人差別が広がっているらしいという報道を直前に見て、いささか憂鬱な気持ちで飛行機に乗りこんだことを覚えている。

現地についても、パリのひとびとはまだ誰もマスクをつけておらず、初春の肌寒い風を身に受けながら街を歩いていた。

シネマテーク・フランセーズなど映画ゆかりの場所をあちこちめぐったわたしには、今回の短い観光で、妻とは別行動でどうしても行きたい場所がほかにもあった。もともと学生のときから墓めぐりが密かな趣味だったこともあり、この機会に何人かの映画人の墓を可能な限り訪ねたいと思っていたのである。たった数日間の滞在期間のうち、なんとかモンパルナス墓地とモンマルトル墓地の二箇所に足を運ぶことができた。モンパルナス墓地では、台座のうえを古今東西の名画のモザイクによって飾られたアンリ・ラングロワの墓にもいたく感銘を受けたが、個人的にぜひとも行きたかったのが、モンマルトルにある大好きな映画監督フランソワ・トリュフォーの墓だった。

旅の最終日、足元から底冷えのする市街の石畳を歩いて墓地に向かい、つくと一つひとつ墓石を眺めていった。ベルリオーズ、ニジンスキー、ジャンヌ・モロー、サシャ・ギトリ……。名高い歴史上の人物たちの墓石はつぎつぎに見つかる。ちなみに、わたしは自称「墓探しのプロ」だ。はじめて足を踏み入れる広大な墓地でも、勘が働くというのか、なんとなく吸い寄せられるように目当ての墓石にたいてい行きついてしまう（以前、大学の同僚と雑司ヶ谷霊園を散策したときも、一緒に探していた金田一京助の小振りの墓を数分で見つけて感心されてしまった）。だが、不思議なことに、広い墓地を何周してもトリュフォーのものだけがなかなか見つからない。空港への出発の時間までにはホテルに戻らなければならない。あっという間に時間は過ぎていく。もう今回はダメだ……と諦めかけていたとき、ようやくその墓石が目に留まった。

ヌーヴェル・ヴァーグの旗手の眠る墓は、代表作『突然炎のごとく』（一九六一年）に主演したモローの墓石がある列とちょうど背中あわせになった、一段高い列にあった。

黒く平べったい墓石にはその朝に降った雨が大小の水滴となってわずかに残り、小高い立ち枯れの樹木と少し傾いた日が差す薄曇りのパリの空を影のように映し出していた。

胸がいっぱいになったわたしは、名前と生没年のみが細い字でうっすら刻まれたその広い墓石の表面をなぞるようにしばし眺めていた。するとそこに、『大人は判ってくれない』（一九五九年）、『終電車』（一九八〇年）といった彼の作品のイメージがおぼろげに浮かんでくる。粒だった肌理の陰影を浮かべるその石の表面は、まるで映画のスクリーンそのものだった。

そんなフランス行きの旅から日本に戻り、数時間ぶりにスマートフォンの画面を開く。そのわたしの目に、日本各地の舞台やコンサートが中止になったというネットニュースがつぎつぎに飛びこんできた。

そして、帰国した数日後には、一二五年前にその地で映画が生まれ、ほんの数日前に妻と回ったばかりの都市の観光地の数々もあっという間に閉鎖されていった。正直にいって、まるで映画を観ているようだった。

その後の日本社会の激変ぶりは、読者のみなさんもよくご存じのとおりだ。

勤務先の大学では通常より一ヶ月ほど遅れてオンライン授業が始まった。会議もすべてリモートとなった。あれから二年近くが過ぎようとしている現在もなお、わたしの日常のなかで、デスクトップやタッチパネルの冷たいデジタル画面を通して家族や学生と会話する機会が減ることはほとんどない。そして、それらの画面で映画やウェブ動画を眺めていることが多くなり、逆に映画館の大きなスクリーンからは、かつてと較べてはるかに遠のいてしまった。本書のもとになった連載をしていた当時、こんな風景は予想だにしていなかった。

わたしが二〇二〇年初頭にその前に立ったトリュフォーの墓は、映画をこよなく愛した彼にふさわしくスクリーンの物質的な肌理を感じさせた。そして現在は、あの場所から、決定的に「以後 post」の地点へと、否応なく隔たってしまったように思われる。実際、あのモンマルトルのトリュフォーの黒い墓石の前にわたしがふたたび立つ機会は、おそらく当分は来ないに違いない。

Ｚｏｏｍの無機質な画面を眺めながら、もしかしたら、あのパリ旅行で果たした密かな巡礼は、たんなる墓参りではなく、わたしにとって図らずも、映画そのものをめぐる文字通り「喪」の作業のひとつだったのかもしれない、と思った。



## 本書について

本書『新映画論――ポストシネマ』は、二〇一六年一月から二〇一八年七月まで、ゲンロンが配信する月刊の電子批評誌『ゲンロン観光通信』および後続誌の『ゲンロンβ』で二六回にわたり連載された「ポスト・シネマ・クリティーク」を、テーマごとにあらためて整理し直し、大幅に加除修正を施したものである。

連載時の原稿は、その月ごとの話題の新作を取り上げていく映画レビュー形式の論考だった。それを通じて、わたしが「ポストシネマ」と呼ぶ新しいタイプの映画について考え続けた。今回、書籍の形にまとめるにあたって、全体の内容をそれぞれ三つの章から構成される三部に分けた。

第一部「変容する映画——カメラアイ・リアリティ・受容」では、現代映画の内部で起きている変化について基本的な論点を検討していった。

第一章「カメラアイの変容——多視点的転回」では、携帯端末やドローンなどの普及が映画のありようを根本的に変えてしまった状況を扱っている。たとえば、「マーベル映画」こと「マーベル・シネマティック・ユニバース」（MCU）の映画の数々は、その圧倒的な映像表現とカメラワークをもって今日の映画の画面を象徴する存在になったといってよい。それは「アニメやゲームのような画面の映画」の登場ということができる。

そして、MCUをはじめ、この現実との接点（指標性）を失い、デジタル化した現代映画は、「重力」を失う。実際、時間逆行のシーンにおいて一種の「無重力感」を演出した『TENET テネット』（二〇二〇年）のクリストファー・ノーランをはじめ、（無）重力を重要なモティーフとして扱う映画作家は目立っており、本書ではまさに題名がそれを象徴している『ゼロ・グラビティ』（二〇一三年）に注目している。また、二〇〇一年に起きたアメリカ同時多発テロ事件（9・11）、そして二〇一一年に起こった東日本大震災と福島第一原発事故（3・11）がもたらした巨大な衝撃は、わたしたちにとって長らく自明視されていた社会や文化のたしかな足場＝重力を失わせた（そして現在では、コロナ禍がこれに加わった）。そうした無重力化した「ポスト9・11／3・11」的な表現を確認するために、この章では『ザ・ウォーク』（二〇一五年）と『ハッピーアワー』（二〇一五年）も併せて取り上げている。

第二章「リアリティの変容——ドキュメンタリー的なもののゆくえ」では、現代におけるドキュメンタリー表現から映画の描き出すリアリティの変容に注目した。

この章ではまず、現代映画を代表するジャンル（演出方法）のひとつとして、『映画 山田孝之3D』（二〇一七年）にいたるシリーズなどの「フェイクドキュメンタリー」と呼ばれる作品群を取り上げている。このスタイルの作品は、監視カメラや携帯端末の写真、動画が社会に普及し、映像が持つリアルとフィクション、素と演技の境界が極端にあいまいになった現代の映像に対するひとびとの感覚を象徴している。

しかしながら、読者のみなさんのなかには、いまあえてフェイクドキュメンタリー表現の可能性を追求することに対して、少なからず懐疑や警戒心を抱かれるひともいるかもしれない。こうした演出に対しては、本書のもとになった論考が連載されていた二〇一〇年代なかばと、二〇二〇年代初頭の現在では、わずか数年のうちに社会的な見方が大きく変わった。それらの表現はいまや、総じて倫理的に正しくないものとみなされがちになっている。

ご存じのように、二〇一七年から世界的に高まっていった「#MeToo」運動のまっただなかで、作品の真偽を故意にあいまいにする物語や映像の作り方は、しばしば激しい批判の的になってきている。また、カナダの社会学者デイヴィッド・ライアンが「監視文化」と名づけたように[■1]、日常空間のすべてを白日のもとに曝す「ポストYouTuber的」な環境を前提にしたリアリティ番組の加速が、さまざまな悲劇を起こしたこともよく知られるとおりだ。その点で、二〇一〇年代末は、九〇年代から擡頭してきたフェイクドキュメンタリー的な表現の持つネガティヴな側面が一挙に噴出してきた時代だったといってよいだろう。

ただ一方で、だからといって、それらを含むドキュメンタリー的な表現について考えることの重要性自体が失われてしまったわけではないはずだ。この章の後半では、『牡蠣工場』（想田和弘監督、二〇一五年）、『親密さ』（濱口竜介監督、二〇一二年）などの映画から今日のドキュメンタリー表現について、別の可能性の提案を理論的に試みている。

第三章の「受容の変容——平面・クロースアップ・リズム」では、一転してそうした新しいタイプの映画や映像作品を受容する観客／ユーザの様態の変化に目を向けた。

そのとっかかりとして注目したのは、映画の画面が映し出す「顔」をめぐる変化であった。映画に限らず、二一世紀の映像文化のもっとも先端的な部分は、人間の顔のイメージを中心に組織されつつある。もともとの連載時には、わたしはこの現代映画における顔の問題をYouTuberの動画との関係から考えていた。しかし二〇二〇年代の現在においては、コロナ禍におけるウェブ会議サービスの画面に映る顔、そして、マスクで隠れた顔のイメージもここに加えねばならないだろう。単行本化にあたっては、その点も加筆した。

そしてこの章の後半では、初期映画論の「アトラクション性」や「リズム」などのキーワードや過去の視覚文化の事例を参照しつつ、今日の映像受容でも目立っている「楽しさの映像美学」とでも呼べるような問題を提起していく。

続く第二部「絶滅に向かう映画——映画のポストヒューマン的転回」では、それらを踏まえて、近年の社会的・技術的な変化と思想的な変化に相互に注目しつつ、ポストシネマの問題のパースペクティヴをより広げている。それが、「ポストヒューマニティ」の問題である。これは文字通り、近代社会や近代思想が中心的に問題にしてきたわたしたち「人間」の「以後post」を見据える新たな視点のことだ。

そもそも、現在までの映画に対するイメージや考え方の多くは、二〇世紀の「古典的映画」の時代に作られたものである。この古典的映画の第一の特徴は、たんなる見世物だった初期映

■1　デイヴィッド・ライアン『監視文化の誕生』、田畑暁生訳、青土社、二〇一九年。

画が「物語」を語る技術を獲得した点にあった。二〇世紀、つまり「近代」に生まれたこの古典的映画は、多くの近代芸術と同じ特徴を持っていた。それは、「人間」を描くことである。近代文学としての私小説のように、映像で「内面」（自我）を描くことを可能にしたのだ（たとえばメロドラマ）。そして、このある種の「人間中心主義」は、もちろん映像演出やカメラワークにも表れていた。たとえば、その規範的なカメラワークは、観客の映画空間への没入を促すために、人間の平均的な目の高さに固定されたものだった。それは、わたしたち人間のまなざしを体現するとともに、映画が描き出す物語世界を客観的・安定的に表象することを可能にした。

しかし、現代の「アニメやゲームのようになった映画」は、こうした近代的な人間中心主義的な映像表現から大きく逸脱し始めている。第二部で見ていきたいのは、こうした現代文明全体の人間と人間ならざるモノとの関係性の変容が促す映画の新しい姿だ。

第四章「オブジェクト指向のイメージ文化――ヒト＝観客なき世界」では、J・J・エイブラムスが製作した『10 クローバーフィールド・レーン』（二〇一六年）を題材にして、いわゆる「人新世」（アントロポセン）や「オブジェクト指向の哲学」などの概念も踏まえつつ、ヒト＝社会の消失した世界のなかでありうる映画の可能性について考える。近年マスメディアでもよく耳にするようになったSDGs（Sustainable Development Goals）――地球・人類の存続可能性――をはじめとする諸問題の登場に伴って、気候変動をテーマにした大ヒット作『天気の子』（二〇一九年）など、現代の映画が環境破壊後の世界や、人間のいなくなったあとの世界＝「絶滅」のモティーフに接近していることはもっと注目されてしかるべきだろう。

そして、二〇二〇年代の現在では、そこにウイルスによる人類文明の危機への想像力も加わった。実際、ロックダウンや緊急事態宣言で人気（ひとけ）の消えたパリやローマ、外出自粛で無人になった東京の風景は、まさに「絶滅後の世界」を髣髴とさせた。わたしたちはいま、「人新世と絶滅の映画」について考える必要がある。

ただ他方で、わたしたちはポストヒューマン的な世界のゆくえを考えるとき、そこでは逆に、これまでの「人間的」な営みの数々――公共性や社会、家族といったものの拡張や再定義も求められる。章の後半の『息の跡』（二〇一六年）や『海よりもまだ深く』（二〇一六年）の考察では、それらの作品群を、そうした人間なき世界における「人間的」な営みの可能性やゆくえを模索する作品として検討している。

そのあとの第五章「映画の多自然主義――ヒト＝観客とモノ」は、第四章で展開した問題意識を引き継いでいる。すなわち、本来はわたしたち人間＝主体と区別・対立して考えられてきた「モノ」＝「客体 object」との新しい関わり方を描いた映画について考えている。

この章では、『牡蠣工場』の猫、『イレブン・ミニッツ』（二〇一五年）の犬といった動物＝ノンヒューマン・エージェンシーたちが人間に向けるまなざし、そして現代人類学の潮流とも共鳴する世界観を描く『立ち去った女』（二〇一六年）などの現代アジア映画に注目して、モノと主体がゆるやかに関わりあう局面に視線を注いでいる。そこでは人間と自然の多形的なあり方を描き出す現代人類学と同じく、複数の視線＝パースペクティヴが優劣なく折り重なりあうハイブリッドな世界が現出することを確認できるだろう。

以上のように、第二部の第四章と第五章では、第一部のポストシネマの議論を踏まえて、おもに現代のポストヒューマンの問題を考える。だが、つぎの第六章では、にもかかわらず——あるいはだからこそ浮かび上がる現代映画におけるヒューマンの価値を考えている。

この章、「『映画以後』の慣習と信仰——ポストシネフィリーの可能性」で考えたいのは、社会や文化のあり方がいわば「人間から遠く離れて」いくのが現代という時代であるとして、そのなかで逆にかつての人間的な価値、とりわけ映画文化において「人間的なもの」が作り上げてきた規範や価値といったものがどのようにありうるのかを考える。そうしたポストシネマ＝「人間以後の映画」の時代の「人間的なもの」の営みを　本書ではさしあたり「信仰」の問題に求める。そして、その具体的な例として、「シネフィリー」（シネフィル）に注目する。

シネフィル的な映画との向きあい方は、昨今のメディア環境の変化や反知性主義の擡頭によって急速に「歴史化」しつつあるといわれる。では、そうしたかつてのシネフィリーはまったく過去のものになったのだろうか？　この章では、『沈黙‐サイレンス‐』（二〇一六年）を軸にして、ありうる「ポストシネフィリー」の形を提示している。

そして、最後となる第三部「新たな平面へ――幽霊化するイメージ環境」は、ここまでの議論で描き出してきたポストシネマの姿を理論的に総括していく作業となる。

ここまでの章でもすでに触れられることだが、デジタル化以降の現代映画や映像文化を知るにあたって、アニメーションというジャンルはメディア研究の観点からも無視できない。本書にとっても、ポストシネマについて考える道行きは、同時に「アニメーション」の可能性について深く考えるプロセスになっている。

第七章「アニメーション的平面――『空洞化』するリアリティ」は、片渕須直監督の『この世界の片隅に』（二〇一六年）のレビューから話題を起こして、アニメーションという領域におけるポストシネマ的な問題について本格的に考える。ここでは映画の問題とアニメーションの問題がジャンルを越境して相互に深く通底しているさまを、土居伸彰による現代アニメ論を参照しながら、『映画 聲の形』（二〇一六年）、『打ち上げ花火、下から見るか？横から見るか？』（二〇一七年）といった二〇一〇年代後半の数々の話題作アニメ、あるいは同じような特徴を備えた実写映画作品を論じていくことで浮かび上がらせる。

続く第八章「インターフェイス的平面――『表象（スクリーン）』から遠く離れて」と第九章「準 - 客体たちの平面――インターフェイスとイメージの幽霊性」は、二〇世紀的な映画とは決定的に異なる二一世紀のポストシネマがどのような表象システムのもとに動いているのかをさまざまな思想や理論を駆使して探究する。

まず、第八章では二一世紀に入り、映画を構成する「画面」のあり方が、実際のしくみとしても、またひとびとの認識のあり方としても大きく変わっているという事実を複数の作品からあらためて確認する。たとえば、ARゲームの世界を舞台にした『レディ・プレイヤー1』（二〇一八年）をはじめ、『アンフレンデッド』（二〇一四年）、『search／サーチ』（二〇一八年）、『1917　命をかけた伝令』（二〇一九年）といった作品からは映画の画面がいま、根本的に変化している予感がはっきりと感じられるのだ。その変化をこの章では、思想家の東浩紀の視覚文化論に依拠しながら、「スクリーン的平面からインターフェイス的平面へ」とまとめている。現代のタッチパネルの持つ新たな特性に注目する東は、映像の画面が備える「触覚性」（東はそれを「触視性」と名づける）の意義を強調している。わたしもこの章の後半では現代思想やメディア論、美術史、写真論などの知見を参照して、映像の触覚性について理論的に整理する作業を行った。

本書の議論を締めくくる第九章は、『夜明け告げるルーのうた』（二〇一七年）や『シン・ゴジラ』（二〇一六年）、そして清原惟の『わたしたちの家』（二〇一七年）という作品の分析を通じて、現代のイメージやその受容環境のいたるところに見られるようになっている「可塑性（かそせい）」の様態に注目し、そこからポストシネマ的な画面が宿す「幽霊性」と呼べるような性質を論じる。

本書の最後では、フランスの哲学者ミシェル・セールの「準-客体」という概念を手掛かりに可塑性をめぐる考察を深めていく。セールは、この言葉を「モノでありながら、半分はヒトと同じく自律的・能動的に振舞う対象」を指すのに用いる。こうした準 - 客体は、まさにSiri やドローン、そしてiPhone X に搭載された機能であるアニ文字といったポストヒューマン的なテクノロジーとわたしたち人間の関係の本質を表す用語である。そこから、レイヤーの異なる複数の世界を生きるアクターが何らかのきっかけで瞬間的に交わり触れあう、「幽霊的」なネットワークの世界が立ち現れるのだ。

## ポストシネマの問題系

二一世紀も四分の一に達しつつある現在、一九世紀の終わりに産声を上げ、二〇世紀を代表するメディアとして発展してきた映画は、たしかに大きな転換期を迎えようとしている。

本書全体の議論が描き出すのは、簡単にいえば、その「映画が映画であること」の輪郭がなし崩し的に変形してしまった「二一世紀の新しい映画」の姿だ。当然のことながら、映画の変化と社会・文化・メディアの変化はリンクしている。内容を紹介するにあたっておおまかに触れてきたように、本書ではこの二一世紀映画の問題を解き明かすために、おもにふたつの視点を採用している。

ひとつは、作品のメディア的な変化という点、すなわち映像のデジタル化に注目する。本書の元原稿を連載していた二〇一〇年代の後半には、「映画」がほかの有象無象の「動画」と渾然一体となって配信・受容される状況がさらに広まった。高速データ通信環境の加速と拡大に伴う、NetflixやAmazon Prime Videoなどのストリーミング配信サービスが後押しした携帯端末による映像コンテンツの視聴の一般化。ＩＭＡＸ（高精細上映）や４ＤＸ（体感型上映）によるアトラクション的な映画鑑賞やＯＤＳ（非映画デジタルコンテンツ上映）によるライブ中継。そのような新たな状況のなかで、いまではNetflixが配給したネット配信作品がカンヌ国際映画祭やアカデミー賞のコンペティションに出品され、賞を獲得するまでになっている。

　わたしたちはいまや日常空間のあらゆる場所にスクリーンが遍在する世界を生きている。そればかりか、ウェアラブル端末やＶＲ、バイオアートなどのテクノロジーが日増しに発達する現状を踏まえると、そう遠くない未来には、もはや「スクリーン」という媒体すら消滅することになるかもしれない[■2]。本書が描くのは、さしずめYouTubeとNetflixと「５Ｇ」の時代のデジタルシネマ論ということになるだろう[■3]。

　そして、本書には社会・文化的変化からの視点といえるもうひとつの切り口がある。「人間」（もしくは人間中心的な価値観・制度）以後の世界を見据えるポストヒューマニティの問題だ。現代においては、人間に属さない多種多様な挙動を示す存在、ないしはそれらと人間との関係性、あるいは人間が消滅した圏域に現れる存在について思考することの意味が高まっている[■4]。このことはデジタル化の発展の問題とも不可分だ。たとえば、二〇一〇年代には、『ｈｅｒ／世界でひとつの彼女』（二〇一三年）、『トランセンデンス』（二〇一四年）、『エクス・マキナ』（二〇一五年）など、国内外を問わずサイボーグやＡＩをテーマにした映画が続々と作られた。これはいうまでもなく、同時期に起こった第三次ＡＩブーム以降の情報工学の飛躍的な発展を背景にしたトレンドである。

こうした世界観は、たしかに現実やわたしたちの認識に新たな局面をもたらしている。すなわち、これまでの人間＝主体の輪郭が、それと対立しあうとみなされていた外部のさまざまなアクター（人工知能、気候変動……）との交錯によって揺さぶられているのだ。そして、二〇二〇年代にはそこに新型コロナウイルスという新たなアクターが加わったのである。その意味で、本書はまたｗｉｔｈコロナの時代を考える映画論ともいえるかもしれない。

そして、本書が用いるポストシネマという言葉についても触れておきたい。

二〇一六年の連載開始時、わたしはこの言葉を、さまざまな側面の変化から、「映画が映画であること」の輪郭が、かつてとはどこか異なったものになりつつある――というかなり雑駁

■2　たとえば、以下の論文を参照。増田展大「スクリーンの消滅」、大久保遼、光岡寿郎編『スクリーン・スタディーズ』、東京大学出版会、二〇一九年、三五三－三七五頁。

■3　この点で本書は、スマホとインスタ（Instagram）と「自撮り」の時代のデジタル写真論を魅力的に描き出してみせた『新写真論』（ゲンロン、二〇二〇年）の大山顕と、映像文化のなかでの関心を共有している。

■4　こうした状況をも念頭に置きつつ、実際に本書のように、「人間以後」の映画論を構想する仕事も現れてきている。たとえば、佐々木友輔、noirse『人間から遠く離れて』、トポフィル、二〇一七年を参照。

な印象を名指す言葉として使い始めた。ただ、ポストシネマという言葉自体は、一般名詞のようなものなので、わたし自身すでにどこかで目にはしていたはずだ。

管見の限りでは、これと似た言葉を映画理論やメディア・スタディーズの分野で最初に本格的に用いたのは、二〇一〇年の『ポスト・シネマ的情動』（未邦訳）の著者である北米の哲学者・映画批評家スティーヴン・シャヴィロである［■5］。シャヴィロは、グローバル資本主義や金融化の拡大する二一世紀初頭の人間の「感情の構造」（レイモンド・ウィリアムズ）を分析するにあたってデジタルメディアとの影響関係に注目した。このとき、二〇世紀の支配的なメディアとして扱われたのが映画とテレビであり、つまり彼のいう「ポスト・シネマ的」とはまさに映画もテレビもミュージックビデオも取りこまれたデジタル環境を指している。その後、まさにわたしが本書の連載を始めた二〇一〇年代なかばあたりから、この言葉を冠した著作や論文が目につくようになった。

たとえば、現在ネットで「post cinema」と検索すると最初に出てくる、映像メディア研究者シェーン・デンソンとジュリア・レイダが編んだアンソロジー『ポスト・シネマ――二一世紀映画の理論化作業』（未邦訳）は二〇一六年に刊行されている。このアンソロジーには、さきのシャヴィロや、レフ・マノヴィッチ、マーク・B・N・ハンセン、ヴィヴィアン・ソブチャックといった今日のニューメディア研究を代表する気鋭の研究者たちが多数寄稿している。編者のひとりデンソンはそこで、ポストシネマという言葉を、「ニューメディアが積み重ねているインパクトに注意を払いつつも、その内側にこめられた多様性への目配せにも特化した、総合的で、ごく大づかみの概念」だと定義している［■6］。すなわち、デンソン&レイダのいうポストシネマとは、情報通信技術と密接に結びついたデジタルメディアと重なるさまざまな映像媒体を指しつつも、かつての二〇世紀的な映画の美学や制度との連続性も含む戦略的な概念なのである。

こうしたデジタルメディアの到来を前提にしながら、「おおよそ九〇年代以降、そして本格的には二一世紀に擡頭してきた新しいスタイルを伴った一連の映画、あるいはそれをめぐる諸事象」をポストシネマと呼ぶ点については、本書を含め、その概念を扱う書籍の議論でだいたい重なっている。他方でそうした新たな映画たちを、一九世紀末から二〇世紀にかけて古典的な映画が蓄積してきたゆたかな文化的慣習や可能性との連続のうちに捉える「シネマ」という視点も、本書がこれらの著者たちと共有するメディア考古学的な問題意識である。

その文脈を踏まえつつ、書籍化にあたってかつて自分が書いた原稿の全体を読み直すと、本書が描き出すポストシネマの定義が、あらためてはっきりと浮かび上がってきた。これまで対立させられたり、優劣づけられていたヒトとモノ、主体と客体、リアルとフェイク、実写と記

■5　Steven Shaviro, *Post-Cinematic Affect*, John Hunt Publishing, 2010.

■6　Shane Denson and Julia Leyda, "Perspectives on Post-Cinema," Shane Denson and Julia Leyda, eds., *Post-Cinema*, REFRAME Books, 2016, URL=https://reframe.sussex.ac.uk/post-cinema/introduction/

号、歴史的記憶と情動、視覚と触覚、観客とイメージ……。これらの関係性がいまやフラットになり、相互に交わりあい、作用しあうようになっている。その磁場のなかから生まれる映画、それこそがポストシネマではないだろうか。非擬人的カメラ、フェイクドキュメンタリー、人新世的状況、オブジェクト指向の映像文化、現代アニメーション表現、そしてインターフェイス的／タッチパネル的平面の到来。本書の九つの章がこれから提示するキーワードの群れは、すべてこの問題の周囲をめぐっている。

## 映画批評の復権

二〇一〇年代に入ってから、映画批評というジャンルがまた盛り上がっているように見える。かつて日本では、一九八〇年代ごろ、ミニシアターブーム、家庭用ビデオテープや都市型情報誌の普及などいくつかの要因が相俟って、シネフィル文化が各地で花開いた。そのなかで、同時代のニューアカデミズムとも連動する形で、蓮實重彥を中心にした映画批評というジャンルも、文化シーンで——映画業界を越えて——一定の影響力を担っていたことはよく知られている［■7］。

一九八二年生まれで二〇〇〇年に大学入学のため上京したわたしは、そうした八〇年代のシネフィル文化の残り香をかろうじて感じられたギリギリの世代だったように思う。当時は、都内の大型書店に行けば、蓮實の過去の批評文をまとめた『映画狂人』シリーズが新刊として続々刊行されていたし、『カイエ・デュ・シネマ・ジャポン』などの映画批評誌のバックナンバーもまだ書棚に並んでいた。それらを熱心に読んだり、映画館に通い詰めていた大学の先輩から「その程度の知識で映画を語るな」という有形無形の教養主義的なプレッシャーをときに受けたりしながら、映画や映画批評に触れていった。

しかし、その後のブログとYouTubeとTwitterの普及が、映画批評の風景をガラリと変えた。雑誌媒体の影響力の低下とともに既存のジャーナリスティックな映画批評の存在感もかつてより弱まり、ゼロ年代には、個々の映画作品をめぐって、たんに「面白いか／つまらないか」や「笑えるか／泣けるか」についての判定だけが求められる「食べログ的」なレビューが増えていった。「映画評論家」ではなく、「映画コメンテーター」や「映画ナビゲーター」の肩書きを名乗るひとびとがメディアで目立ち始めたのも、ちょうどこのころだった。

もちろん、こうした大きな流れは現在も変わらず続いている。

とはいえ他方で、二〇一七年あたりから近年ではほとんど見られなかったような、大部の映

■7　一九八〇年代における日本の映画文化の変化（ポストモダン化）の現れを、蓮實の映画批評とシネフィル文化、またそれを支えるさまざまな下部構造との関係から考察したものとして、長谷正人「日本映画のポストモダン」、『ヴァナキュラー・モダニズムとしての映像文化』、東京大学出版会、二〇一七年、とくに一八五頁以下を参照。この問題は本書第六章でも論じる。

画評論の著作も立て続けに刊行されるようになった[■8]。蓮實の過去の映画書の復刊が相次いでいることもその動きのなかに含まれるだろう。ここには、たとえば濱口竜介の登場を指して、蓮實が現在を日本映画の「第三の黄金期」と呼んだように[■9]、注目すべき作家や作品が数多く出現したことが何よりも大きいはずだ。そうした一連の状況を意識してか、音楽家の菊地成孔はいみじくも「『シネフィルである事』が、またOKになりつつある」と記している[■10]。まさに至言というべきだろう。いま、「批評的」に語るべき、語らなければならない作品が続々と現れている。ここまでにも繰り返してきたことだが、たしかにいま、映画は変わりつつあるのである。

では、映画を「批評的」に語るとはあらためてどういうことか。

わたしは批評の役割とは、「パースペクティヴの組み替え」だとしばしば語ってきた。「批評 critic」という言葉には、「危機 crisis」という意味も含まれているとはよくいわれることである。わたしたちはふつう、作品であれ作家であれ社会現象であれ、既存の社会や文化に沈殿しているお仕着せの見取り図や方程式を疑うことなく、それらを適用して作品や現象に接し、評価している。しかし、批評的な営みとは、そうしたモノサシを批判的（critical）に問い直し、世界とわたしたちとの、新たな／別の価値基準（criteria）を作り上げていく作業なのだ。そこに批評をやること、また読むことの、ワクワクするような創造性がある。

わたしのこうした批評観は、もしかしたら、人生の重要な節々で、既存の価値観や世界認識が一挙に崩壊するようなできごとを繰り返し経験してきた、この世代特有の感性が多かれ少なかれ影響しているのかもしれない。

昭和天皇の崩御と平成への改元を物心つくころに体験し、阪神淡路大震災とオウム真理教事件とネットの普及を思春期に体験し、成人を迎えるころに9・11を目撃し、SNS革命と政権交代劇の熱狂のなかを過ごした二〇代は3・11で終わりを迎え、三〇代の終わりに差しかかったところ、まさに平成から令和への改元とコロナ禍の混迷に直面しているわたしの世代の人間は、絶えず何かと何かの「あいだ」を歩んできたのだった。

批評家の柄谷行人が、批評とは何をやってもいいのだというようなことをどこかでいっていたような気がするが、わたしはこの言葉がとても好きだ。わたし自身も、映画に限らず、純文学、本格ミステリ、ライトノベル、アニメーション、情報社会論など、さまざまな領域の批評を手掛けてきた。あらゆる領域を吸収し、自明化された足場を揺るがし（あるいは揺るがされ）、

■8　近年のものとして、たとえば廣瀬純『シネマの大義』、フィルムアート社、二〇一七年、伊藤洋司『映画時評集成』、読書人、二〇一七年、菊地成孔『菊地成孔の映画関税撤廃』、blueprint、二〇二〇年、宮台真司『崩壊を加速させよ』、blueprint、二〇二一年など。

■9　たとえば、蓮實重彦『見るレッスン』、光文社新書、二〇二〇年、四〇頁。

■10　菊地成孔『菊地成孔の欧米休憩タイム』、blueprint、二〇一七年、一〇五頁。

この世界の「現在」に拮抗する言葉や風景を捕まえること。そうした試みによって、二一世紀の「映画的」な想像力の輪郭を捉えること。それが、わたしにとっての批評であり、映画批評をやる意味である。

二〇一二年に刊行した、わたしにとって最初の著作『イメージの進行形――ソーシャル時代の映画と映像文化』（人文書院）は、SNSや動画サイトの擡頭がもたらした、「ソーシャル化」と呼ぶべき情報環境の新展開に注目して、映画をめぐる状況にメディア環境や歴史、社会状況などさまざまな角度から検討を加えた。その著作でわたしは、当時はまだ生まれて数年しか経っていなかったニコニコ動画の「嘘字幕MAD動画」や Twitter の「リツイート」を、『リダクテッド　真実の価値』（二〇〇七年）や土本典昭といった映画や作家と並べて論じている。一般的な映画批評の読者からすれば、奇を衒っているようにも見えただろうそのような論述には、以上のような映画的想像力の全体（しかし、それは絶えず全体ではありえないのだが）を摑みたいというヴィジョンがあった。ここ数年に執筆したコラムやレビューをまとめ、昨年に刊行した前著『明るい映画、暗い映画――21世紀のスクリーン革命』（blueprint）、そして本書もまた、以上の問題意識に貫かれている（そのため、本論の脚注では関連する議論の前二著への参照をあえて意識的に付した）。

わたしたちの生きている時代は、自分たちの拠って立つ足場＝根拠を崩壊させるような数々の危機に直面し、いまも直面し続けている。同時に、デジタル化やソーシャル化といったメディア環境の激変に伴うジャンルの危機も目の当たりにしている。だからこそ、いま、映画批評がかつてなく求められているのである。

本書はポストシネマというひとつの筋道だったパースペクティヴのもとに、映画の現在に批評的な展望を与える試みとして、現代の多くの「批評的」な作品たちに見合う、類例のないものになったと自負している。

## 幼形成熟としてのポストシネマ

わたしは、冒頭に記したパリ旅行の墓めぐりで、フランソワ・トリュフォーの墓への巡礼を、映画をめぐる一種の「喪」の作業だったのかもしれない、と書いた。

三〇年以上前、すでにここでも何度もその名に言及した映画批評家によって『映画はいかにして死ぬか』という題名の評論書が書かれたことからも如実に窺われるように、何も二一世紀の現在を待たずとも、映画とはそのはるか以前から繰り返し「死」を宣告されてきたメディアだった。しかし、映画は果たして本当に完成し、死んでしまっているのだろうか？

少年時代のトリュフォーの庇護者であり、のちに彼がその長編デビュー作を捧げたフランスの映画批評家アンドレ・バザンには、「演劇と映画」という批評文がある。近年、映画批評家の三浦哲哉がしばしば取り上げているが[■11]、この文章でバザンは、映画史を「幼形成熟」（ネオテニー）という奇妙な比喩形象で捉えている。幼形成熟とは、ウーパールーパーが有名だが、生き物の個体が成体になっても、幼体のときの性質がポテンシャルとして保持されている状態を指す。バザンは、演劇における古典的笑劇を例に挙げ、そのジャンルがチャップリンらのドタバタ喜劇映画の登場によって突如、自らの潜在的な拘束から解放され、ときならぬ成長を遂げたことに注目した［■12］。三浦が「その思考には生命進化を映画史に透かしみたいという願望がおそらくつねに働いている」と示唆したように［■13］、このバザンの洞察からは、彼が映画もまた幼形成熟の状態にすぎないと考えていたことを想像できる［■14］。サイレントからトーキーへ、そしてネオレアリズモへという戦後の新たな展開を見ながら、いっけんすでに完成されきった芸術に思える映画にも、じつはまだまだわれわれの知らないポテンシャルがはらまれていると、彼は感じたのではないか。

「映画が映画であること」の足場がクリティカルかつプラスチックに揺らがされているこの時代の映画を、わたしはポストシネマ＝「以後の映画」と呼んだ。だが他方で、この言葉には、六〇年以上も前にすでにバザンが示唆していたように、そもそも映画はまだ成熟＝完成さえしていないのではないかというヴィジョンも含まれるべきだろう。さまざまな要素と触れあいながら、未知の姿へと向かっていく生きいきとしたプロセスにある状態としての映画なるもの。

本書ではポストシネマが宿している要素として、触覚性や人間とモノの可塑的な交渉に注目した。そういえば、トリュフォーもまた、あの人肌に触れる手のショットをこのうえなく官能的に撮った、すぐれて「触覚的」な映画作家だったことを思い出す。また、『大人は判ってくれない』の最後のジャン＝ピエール・レオーの印象的な静止画像に始まり、彫像ごっこに興じる『恋のエチュード』（一九七一年）の若い男女から悪夢のなかで自身のマネキンと出くわす『恋愛日記』（一九七七年）の主人公の姿まで、この映画作家が、あたかもモノのように凝固する人間たちのイメージを繰り返し描き続けたことも忘れがたい［■15］。

映画をこよなく愛したトリュフォーの映画のなかのこうしたイメージに出会うとき、あらゆ

■11 三浦哲哉「二つのリアリズムと三つの自動性」、『現代思想』二〇一六年一月号、青土社、二〇六－二一八頁。

■12 アンドレ・バザン「演劇と映画」（大原宣久訳）、『映画とは何か』上巻、野崎歓、大原宣久、谷本道昭訳、岩波文庫、二〇一五年、二一六－三〇七頁。

■13 前掲「二つのリアリズムと三つの自動性」、二〇八頁。なお、ここで参照されている「幼形成熟」や、「理想河床」（「映画言語の進化」）といったバザンの比喩は、イギリスの哲学者アルフレッド・ノース・ホワイトヘッドの思想を髣髴とさせる。このホワイトヘッドの形而上学とポストシネマとの関係については、本書の第二章で論じる「プロセスの可視化」と通じるテーマであり、すでに前著でも簡単に論じている。バザンとホワイトヘッドのポストシネマ的観点からの関係については、あらためて別稿で検討したい。渡邉大輔『明るい映画、暗い映画』、blueprint、二〇二一年、七七－八二頁を参照。

■14 事実、二〇一八年には大部のアンドレ・バザン全集が刊行され、彼が遺した膨大なテクストが網羅的にアクセス可能になったこととも関係し、近年、実写映画の美学（リアリズム）を標榜してきた従来のバザン像とは異なる、テレビやアニメーション、3D映画などの多彩な映像分野に関心を抱き積極的に擁護した新たなバザン像が国内外で発見されつつある。以下の文献を参照。Dudley Andrew, ed. *André Bazin's New Media*, University of California Press, 2014.『アンドレ・バザン研究』第五号、アンドレ・バザン研究会、二〇二一年。

る映画が、ポストシネマに向かって開かれていると確信するのだ。

それでは、まっさらなスクリーンにいまも未知の命を宿し続けている作品をめぐる、いっぷう変わった映画の旅に出発しよう。

■15 トリュフォー映画における「影像」の隠喩については、以下の文献に示唆を受けた。アネット・インスドーフ『フランソワ・トリュフォーの映画』、和泉涼一、二瓶恵訳、水声社、二〇一三年、二〇六頁以下を参照。つけ加えれば、トリュフォー自身の「分身」である「アントワーヌ・ドワネル」の一一歳から三〇代前半までの半生を描いたライフワーク「ドワネルもの」も、演じるジャン＝ピエール・レオーの成長＝可塑的な変貌のプロセスという点で、どこかポストシネマ的な作品との共通性を思わせる。

第1部

# 変容する映画

—— カメラアイ・リアリティ・受容

# 第1章　カメラアイの変容
## ――多視点的転回

### 1　「ゼロ・グラビティ」のまなざし

#### ポストカメラ時代のカメラアイ

映画はいま、数多の映像コンテンツとともに、わたしたちの身の回りのデジタルメディアやネットワーク環境と結びつき、大きく姿を変えようとしている。本書はこれから、そうしたメディア環境や社会、そして思想の変化を踏まえながら、二一世紀の映画文化の状況をポストシネマというコンセプトを足掛かりにしてたどってみたいと考えている。そこでまず、第一部ではポストシネマがこの世界をまなざし、それらをわたしたちに映し出す視線――総じて「カメラアイ」にまつわる問題系をめぐって議論を展開していくことにしよう。

　カメラアイとは、その言葉通り、映画カメラの視点である。カメラアイが撮影者によって、まさに人間の視線のように動かされることにより、カメラワークが生まれるというわけだ。カメラアイは、それが記録しスクリーンに映し出す映像に観客の視線を同一化させる機能を担っている。とともに、わたしたち人間の生理的で主観的な視覚とは異なる、機械的で客観的な目でもあるという特性が、古くから多くの映画批評家や映画監督によって論じられてきた。

　第一部はカメラアイの問題をもっとも直接的に扱う本章を中心に、カメラアイがスクリーンに映し出す映像表現に感じるリアリティの問題（第二章）、そしてスクリーンの画面、またそれと対峙する観客の問題（第三章）へと議論を広げていきたい。

　それではまず、この章では映画の変容、つまり、ポストシネマの問題として、おそらくもっともわかりやすい側面であるカメラの変化について見ていこう。

　わたしたちがハリウッドを中心とした世界中の映画のカメラワークにおいて、ある見逃しがたい変化が起こっていると気づき始めたのは、おそらく二〇〇〇年代の後半あたりではなかっただろうか。それをはっきりとした形で象徴する例が、「マーベル・シネマティック・ユニバース」（MCU）、いわゆるマーベル映画の数々が見せたカメラアイだっただろう。

　二〇〇八年公開の『アイアンマン』から始まったマーベル映画は、いわずもがなの人気アメコミレーベルをもとにした一連の実写映画化シリーズで、二〇一〇年代のハリウッド映画を牽引し続けた巨大コンテンツだ。『アベンジャーズ』（二〇一二年）を思い浮かべてほしい。そこでは、アイアンマンやキャプテン・アメリカ、ソー、ハルク、ブラック・ウィドウ……などどの人気ヒーローキャラクターたちが映画のスクリーンを所狭しと動き回る。本来はマンガだからこそ描けたような彼女ら／彼らの非現実的な動きが、実写空間でことごとくリアルに再現されているこの映画は、まさにポストシネマと呼ぶにふさわしい映像体験をわたしたちに与えてくれる。

そんなマーベルヒーローたちの活躍を描くカメラは、あたかも重力を欠いているかのごとく、ひとところにとどまることがない。物語世界の空間を縦横無尽に飛び回るキャラクターたちの身体にぴったり付随して、猛スピードで動くのである。こうしたカメラの動きは、たとえば二〇世紀の古典的ハリウッド映画の規範的なカメラワークからは過激に逸脱している。一九三〇年代のハワード・ホークスらの作品が典型的だが、撮影所システムの黄金期に成立した物語映画の基本型では、観客がカメラの動きをなるべく意識することなく物語に没入できるよう、人間の目の高さに据えられて対象を画面中心よりややうえに捉える安定的・構築的なカメラワークが至上のものとされた。もちろん、こうした技法は二〇世紀なかば以降の現代映画でどんどん変革されていくことになるのだが、マーベル映画のカメラワークはそれを完全に過去のものにしたといえる。そして本章で具体的に見ていくように、こうした逸脱の傾向は、今後ますます過激化していくだろう。

二一世紀以降、映画は、画面や物語世界のあらゆる場所にカメラ＝視点を設定可能になった。これらのカメラワークは、近年、「非擬人的カメラ」や「ポストカメラ」といった言葉で呼ばれている。ふたつはいずれも、エドワード・ブラニガンやウィリアム・ブラウンといった英語圏の映画研究者たちが二〇〇〇年代後半から提起した、デジタルシネマ研究における概念系である。つまり、古典的映画のような人間中心主義的なものではなく、「奇抜なアングル、超高速パン、不可能なカメラ位置およびカメラワーク」[■1]を伴う新しいポストヒューマン／ノンヒューマンなカメラアイを指すものだ。すなわち、それは『アベンジャーズ』の映像が如実に示すような「マンガやアニメのような実写映画」のカメラアイであり、これまでの実写映画のイメージから覗き見える「人間」の輪郭の、更新あるいは消失と関係している。マーベル映画をはじめとする現代ハリウッドの多くのブロックバスター大作において、視覚的効果の高いスペクタクル表現を満たしているのは、上空を縦横無尽に飛ぶアイアンマンの姿を追う、こうし

■1　Cf. Edward Branigan, *Projecting a Camera*, Routledge, 2006, p. 39. William Brown, "Man without a Movie Camera — Movies without Men," Warren Buckland, ed., *Film Theory and Contemporary Hollywood Movies*, Routledge, 2009, pp. 66-85.「ポストカメラ」概念については、日本では北野圭介や中村紀彦らが早くから言及している。北野圭介「二一世紀のハリウッド」、『ユリイカ』二〇一六年一月号、青土社、七九–八八頁。中村紀彦「映画という亡霊を掘り起こす」、夏目深雪、金子遊編『アピチャッポン・ウィーラセタクン』、フィルムアート社、二〇一六年、四四–五七頁。

たポストカメラ的な映像にほかならない。

ポストカメラ的なカメラワークが氾濫するこの状況は、二〇一〇年代以降にますます顕著になってきている。

## 実写とアニメーションの融合——プリヴィズ、バーチャルカメラ、ドローンの登場

これには、つぎのような同時代のメディアやテクノロジーの進化が背景としてあっただろう。第一に、実写的な映像とアニメーションとの融合を促す「プリヴィズ」と「バーチャルカメラシステム」の擡頭がある。そして第二に、GoProやドローンの映画制作への活用も挙げられる。

まず、プリヴィズとは、「ビデオコンテ」「アニマティック」などとも呼ばれる試作映像を指す。かつて実写映画の現場では、実際の撮影の前段階で各シーンの撮影工程（設計図）として、絵コンテが準備的に描かれていた。

しかし、デジタル映像技術の発達に伴い、制作途上でも試作的なCGアニメーションが簡単に作れるようになった。そのため、複雑かつダイナミックな動きを伴う実写映像を実際に撮影する前に、CGアニメーションなどを用いて、いわば「動く絵コンテ」ともいえるシミュレーション映像が作られるようになる。これがプリヴィズと呼ばれるものである。もともとはハリウッドで先行的に採用されていたが、二〇一六年に庵野秀明総監督の『シン・ゴジラ』がこの

プリヴィズを使って製作されたことが大きな話題となり、日本でも一気に知られるようになった（こちらは作品自体もアニメーションながら、同様の工程は、同じ年に封切られた大ヒット作『君の名は。』でも採用された）。つまり、今日の映画制作においては、実写の撮影に先行してまずアニメーションが制作されるのだ。

他方、ここにはバーチャルカメラシステムなどの新世代の技術の登場も関わっている。バーチャルカメラシステムとは、ソフトウェアで作られたＣＧ空間のなかにある種の擬似的なカメラアイを生成するしくみのことである。カメラマンが特殊な機材を動かすと、それがバーチャルな空間内の仮想的なカメラアイと同期して、物理環境にいながらまるでデジタル映像世界に入りこんだかのように、現実には不可能な自由なカメラワーク（レイアウト）を作成できるシステムだ。これが現代の映画制作にも広範に導入され、革新的な影響を与えるようになった。つまり、このカメラワークをバーチャル空間で作成することが、かつての撮影に取って代わるのである。このシステムは本来、ＣＧアートやデジタルゲームの領域で認知されていたが、ジェームズ・キャメロン監督の大ヒット作『アバター』（二〇〇九年）をおもなきっかけとして映画制作にも取り入れられ、いまや『ブレードランナー２０４９』（二〇一七年）や『レディ・プレイヤー１』（二〇一八年）といったハリウッド映画や『シン・ゴジラ』のような日本映画でも広く採用されている。

先ほど『アベンジャーズ』をはじめとするマーベル映画を「アニメのような（実写）映画」

といいかえたが、たとえばディズニーが過去の自作アニメを驚異的な映像技術で実写化した『ジャングル・ブック』（二〇一六年）のように、自在なカメラワークを可能にするバーチャルカメラシステムと、膨大なCG映像を瞬時に実写的な映像に変換するリアルタイムレンダリングが組みあわさった技術革新は、今後の映画表現に少なからぬ影響を与えていくだろう。

さらに、これらとよく似た表現を実現する新たな機材として、携帯端末のムービー機能や、超軽量小型カメラ「GoPro」、無人航空機「ドローン」の活用も挙げられる。人間（カメラマン）の手を離れて自在に制御しうる数々の機材が、二〇一〇年代に入るころから映画撮影にも積極的に用いられるようになった。iPhone を使って撮られた、「iPhone 映画」は、いまやすっかり珍しくなくなったが、GoPro やドローンを使った映像もまた、ここ数年ですっかり日常化し、映画のみならず、テレビドラマやドキュメンタリー、ニュース映像、テレビバラエティにいたるまで、あらゆるところで目にするようになった。これらが今日のポストカメラ的な映像を支えていることはまぎれもない事実だ。

ここまでの議論で、二一世紀の映像制作の現場が急速に変わってきていることが伝わったのではないか。そのほかにも、今日の映画文化には、映画館のデジタル上映（いわゆる「DCP上映」）や「ODS」と呼ばれるスポーツの試合やアイドルのコンサートの生配信上映、4DX上映、そしてネット配信サービスなど、受容の現場でもデジタル環境のプラットフォームやデバイスと緊密に結びついた新しい状況が広がっている。ポストメディウムと呼ばれるこうした状況のなかで、当然ながら、映画論や映像文化論もいま、パラダイム転換が求められている。

ここまでマーベル映画をアニメの比喩で語ってきたが、映像メディアのデジタル化が実際にもたらす影響を取り上げている今日のニューメディア研究や視覚文化理論の領域でも、まさに実写とアニメーションの融合、または（実写）映画のアニメーション化の問題が、かねてから主要なテーマとなっているのだ。この問題系については、ここ数年のあいだに刊行された視覚文化に関する多くの研究書でもたびたび問題にされている。本書でものちの第三部で検討していくことになるが、ここでごく簡単な教科書的整理をしておきたい。

繰り返すように、今日、映画を支えるメディアがフィルムからデジタルに移行したときに、映画理論やメディア研究のなかで、「映画とは何か」という定義が根本的な変更を迫られている。そこで、しばしば問題として挙げられることになるのが、アナログ写真（フィルム）に基づく映像の「指標性（インデキシカリティ）」に対する再検討だ[■2]。

指標（インデックス）とは、記号論で使われる概念であり、プラグマティズムの創始者としても著名なチャ

■2　トム・ガニング「インデックスの何が問題なのか？　あるいは、さまざまな偽造写真」（菊池哲彦訳）、「インデックスから離れて」（川崎佳哉訳）、『映像が動き出すとき』、長谷正人編訳、みすず書房、二〇二一年、六六－九二、四五－一七九頁。門林岳史「映像理論」、伊藤守編著『ポストメディア・セオリーズ』、ミネルヴァ書房、二〇二一年、一八七－二〇六頁。この点については、以下の著作の略述がわかりやすい。三輪健太朗『マンガと映画』、NTT出版、二〇一四年、三七一－三七九頁。

ールズ・サンダース・パースが提唱した記号の三つのカテゴリーのうちのひとつである。それは、「その意味がその指示対象に対する物理的関係（この現実世界とのつながり）によって成立している記号」を意味する。パースは指標記号の例として、風見鶏や晴雨計を挙げている。パースによれば、屋根のうえに設置された風見鶏は、いうまでもなく「風向き」という意味を伝える記号だ。そして、その意味が発生するのは、現実にある物体としての風見鶏に現実の風が接して向きが変わることによっている。それが、現実とのつながりによって成立するタイプの記号ということだ。それは、現実の大気の湿度変化に物体としての晴雨計が反応することで「雨が降る」という意味を示す晴雨計にもあてはまるだろう[■3]。

他方で、二〇世紀の有力な映画理論の多くは、映画のメディウムがフィルムという物体であることにしばしば注意を促してきた。たとえば、ヌーヴェル・ヴァーグの精神的庇護者でもあったフランスの著名な映画批評家であるアンドレ・バザンは、戦後のイタリアン・ネオレアリズモやオーソン・ウェルズの作品を擁護しつつ、映画の固有性を、フィルムに刻まれた一つひとつのショットが持つ、リアルで客観的な真実を機械的に映し出す力そのもの、つまりリアリズムに求めた[■4]。このバザンのリアリズム論は戦後の映画理論でもっとも影響力を持つ言説のひとつとなるが、イギリスの映画研究者ピーター・ウォーレンはパースの指標記号概念を導入することで、バザンの考えをより理論的に補強した。フィルムは現実にある対象が反射した光を感光乳剤によって表面に刻んだ物理的痕跡であり、その意味でアナログフィルムに基づく映画のイメージは、指示対象との物理的なつながり、すなわち指標性を担っている［■5］。これがウォーレンの主張である。

急いで断っておけば、もちろん、フィルムの時代の草創期から、現実の物体と直接には結びつかないような視覚的トリックや合成映像はあった。しかし、それらはかなり限定的であり、基本的に被写体はこの現実に存在するものだった。実際、これもすでによく知られているように、バザンはある論文の脚註で、映画の映像を、デスマスクやキリストの「聖骸布」（キリストの遺体が包まれ、その姿が刻まれたとされる布）に喩えている。このバザンの考え方にパースと重なるところがあるのは明らかだろう［■6］。その後も、フィルムというメディウムの特性を指標性

■3　チャールズ・サンダース・パース『パース著作集2　記号学』、内田種臣編訳、勁草書房、一九八六年、三八頁。

■4　もっともよく知られた論文のひとつで、バザンは「映画の発明を導いた神話とは、［……］写真から蓄音器に至るまで、十九世紀に誕生したあらゆるメカニックな再現の技術を［……］支配していた［……］総合的なリアリズム、現実そっくりの世界の再創造という神話である」と述べている。アンドレ・バザン「完全映画の神話」（野崎歓訳）、『映画とは何か』上巻、野崎歓、大原宣久、谷本道昭訳、岩波文庫、二〇一五年、三一頁。また、ドイツの社会学者ジークフリート・クラカウアーも、「映画は本質的に写真の延長」である点を強調している。Siegfried Kracauer, *Theory of Film*, Princeton University Press, 1997, p. xlix.

■5　ピーター・ウォーレン『映画における記号と意味』、岩本憲児訳、フィルムアート社、一九七五年、一四七－一五七頁。

■6　「写真は、光による刻印の技術とみなすことができた」、「トリノの聖骸布が、聖遺物と写真の統合をなしとげている」と、バザンは記している。アンドレ・バザン「写真映像の存在論」（野崎歓訳）、前掲『映画とは何か』上巻、二二－二三頁、訳注を削除。

に見出す彼らの考え方は、映画の定義について考えるときの大事な根拠になっていったのである。たとえば、映画研究者たちはしばしば、草創期の映画観客たちが、人間などの被写体よりも、じつはその背後に偶然写りこんでしまった炎や煙、波のような自然に驚き、注目していた事実を指摘してきたが［■7］、これもまた、現実の痕跡であるフィルムの映像が被写体を（つまり現実そのものを）完全にはコントロールできないという性質から導かれた議論である。

ところがフィルムが消滅し、デジタル映像が主流になった現在、映像のリアリズムやその存在論的な根拠を、フィルムの指標性に還元して考えることはナンセンスになってしまった。高精細のCGやVFXでバーチャルに描かれた宇宙人や恐竜たちは、現実に存在しないからである。指標性に依拠したフィルム時代の映画美学は耐用年数の期限が過ぎている。そこで代わって前景化してきたのが、そもそも指標性に本質的に基づいていない「動く映像（ムーヴィング・イメージ）」としての「アニメーション」というジャンルなのである。

ここで、ニューメディア研究の代表的論客として知られるロシア生まれのアメリカのメディア理論家レフ・マノヴィッチの有名な定義を紹介しておこう。

いまや、私たちはようやく「デジタル映画とは何か？」という問いに答えることができる。デジタル映画とは、多くの要素の一つとしてライヴ・アクション［実写］のフッテージを用いる、アニメーションの特殊なケースである。

〔……〕動画像の歴史は、こうして一巡する。アニメーションから生まれた映画は、アニメーションを周辺に追いやったが、最終的にはアニメーションのある特殊なケースになったのである。

〔……〕映画はもはや、写真的なものに厳密に閉じ込められているのではなく、絵画的なものに向けて開かれている。〔■8〕

マノヴィッチが「デジタル時代に、映画は実写の部分が多いアニメーションになる」と書いたのは二〇〇一年のことだった。奇しくも、ちょうど同じ年に、アニメーションも実写映画も手掛ける映画監督の押井守は、『すべての映画はアニメになる』というタイトルの本を出して

■7　イギリスのドキュメンタリー映画制作者ダイ・ヴォーンは、この初期映画の観客が注目したという自然の指標的な偶有性や予測不可能性を、「自生性」と名づけて論じている。ダイ・ヴォーン「光(リュミエール)あれ」(長谷正人訳)、長谷正人、中村秀之編訳『アンチ・スペクタクル』、東京大学出版会、二〇〇三年、三三―四〇頁。また、映画のリアリズムを指標性に位置づける映画理論の言説については、以下の長谷正人の解説に詳しい。長谷正人「序論『想起』としての映像文化史」、同書、一八―二〇頁。

■8　レフ・マノヴィッチ『ニューメディアの言語』、堀潤之訳、みすず書房、二〇一三年、四一三―四一六頁、強調削除。また、同様の認識を映画監督の押井守や映画研究者の藤井仁子も述べている。以下を参照。押井守「すべての映画はアニメになる　インタビュー『アヴァロン　Avalon』」、『すべての映画はアニメになる』、徳間書店、二〇〇四年、三五〇―三五一頁。藤井仁子「デジタル時代の柔らかい肌」、『入門・現代ハリウッド映画講義』、人文書院、二〇〇八年、六七―九四頁。

いる。そもそも押井は、日本のアニメに実写的なレイアウトが導入されていく過程で重要な役割を担った人物のひとりでもある。それが、二〇一〇年代に、新海誠と京都アニメーションへつながっていくことは、第七章で見ていく。

## 「環世界的」なカメラアイへ

さて、繰り返すように、以上のようなポストカメラ＝非擬人的カメラアイが作品表現のなかで注目されるようになったのは、やはり二〇一〇年代に入ってからだろう。その象徴的な事例として、まずはルーシァン・キャステーヌ＝テイラー&ヴェレナ・パラヴェル監督『リヴァイアサン』（二〇一二年）と、アルフォンソ・キュアロン監督の『ゼロ・グラビティ』（二〇一三年）という、一〇年代前半の二本の話題作を見ておきたい[注9]。

『リヴァイアサン』と『ゼロ・グラビティ』の映像表現やモティーフから確認しておこう。前者は、ハーバード大学で人類学を研究しており、また映像作家でもあるふたりの監督が、北米有数の漁港として知られるマサチューセッツ州ニューベッドフォードを舞台に撮影した海洋ドキュメンタリー。そして後者は、宇宙空間での作業中に宇宙ゴミが激突する事故に巻きこまれ、ひとり生き残った女性宇宙飛行士ライアン（サンドラ・ブロック）がソユーズ宇宙船を介して地球に生還するまでを描いたSFサスペンス映画だ。いっけんしてジャンルの対照的な両者だが、

図1　『リヴァイアサン』(2012年)
©Arrete Ton Cinema 2012

それらを照らしあわせたときに当時の観客の目を引いたのは、その画期的な映像演出の驚くほどの類似性だった。

『リヴァイアサン』は、かつて世界最大の捕鯨の拠点として栄えた古い港町を描いている。冒頭、ほぼ視界がふさがれたような真っ暗な画面に、巨大な船の機械音だけが響きわたっている。その後、カメラはグルリと視点を変えて未明の寒々しい船内の様子を映し出すのだが、そのフレームは、画面に水滴が飛び散るのもいとわず、波が荒れ狂う海面スレスレの船の外腹から暗い海中、太いチェーンや綱を操る屈強な漁師たちの、タトゥーが刻まれ膨れ上がった腕の皮膚、そして、海から捕えられた魚やカニといった魚介類が目を剝き口を開いて飛び跳ねる甲板……などをつぎつぎに観客に見せていく。映像は、うまくピントがあっていないものも多く、被写体との距離感もまちまちで、それが逆に不思議な臨場感として迫ってくる。

結論からいってしまえば、『リヴァイアサン』のこの異様なカメラアイは、GoProを一一台

■9　『リヴァイアサン』と『ゼロ・グラビティ』の問題については、以下の拙論でもすでに論じている。渡邉大輔「『可塑性』が駆動するデジタル映像」、限界研編『ビジュアル・コミュニケーション』、南雲堂、二〇一五年、二五－四九頁。

セットアップして使用したことで実現されたものだった。GoProは、二〇〇〇年代なかばに発売された、本来はアウトドア撮影を目的とした防水機能つきの超軽量小型カメラである。本作はこれを、ドキュメンタリー映画の撮影に本格的に起用した最初期の成功例だった（ちなみに、劇映画では本作と同年公開のデヴィッド・エアー監督『エンド・オブ・ウォッチ』〈二〇一二年〉でGoProが用いられている）［■10］。いわば『リヴァイアサン』においては、古典的映画のカメラワークは完全に吹き飛ばされている。その代わりとして、鳥、魚、カニ、貝……などといった、世界のなかにうごめくあらゆる生物の、それぞれの固有の知覚を通して見た風景を感じさせる。つまり、それはドイツの生物学者ユクスキュルのいう「環世界」をカメラアイによって擬似的に仮構し、それら個々の生物固有の知覚世界を思わせる視界のあいだをつぎつぎと往還する多世界的なリアリティを獲得しているのだ。

この映画のなかで、もろもろの魚介類が投げ出された船内に、潰れたビールの空き缶が転がっているのを、濡れた甲板スレスレのローアングルで撮った映像が挿入される場面がある。

ここでわたしは、フランスの精神分析医ジャック・ラカンが一九六四年のセミネールで語った、ある有名な挿話を思い出さずにはいられない。それは、二〇代の若いラカンがブルターニュの小さな漁港で漁師の家族と小舟に乗っていたときのこと、漁師が波間に漂う鰯の缶詰の缶を指さしながら彼に向かって「あんたあの缶が見えるかい。あんたはあれが見えるだろ。でもね、やつの方じゃあんたを見ちゃいないぜ」といった、というものだ。しかし、この若き日のエピソードを紹介しながらラカンは、「ある意味で、それでもやはり缶は私を眼差している［……］その缶は光点という意味で私を眼差しているのです。［……］要するに、私は絵の中にあって多少ともシミとなっていたのです」と註釈している［■11］。

ラカンの精神分析理論はきわめて難解なことで知られており、この挿話からも的確にその意味を汲み取ることは容易ではないが、ここには、彼の後期思想で頻繁に登場する「対象a」のしくみが語られているといわれる。対象aとは（この用語も時期によってその意味がかなり揺れ動くのだが詳細は省く）、主体が意味の司る「象徴秩序」の世界に参入し、それと引き換えに原初の充実した状態が失われたとき、その象徴秩序の世界の風景のなかに部分的に穿たれるひとつの「穴」や「シミ」だと説明される。

精神分析の説明によれば、わたしたちは生まれたばかりの母子未分化の状態にとどまることを「父」によって切断され、欠如や禁止の論理に基づく意味の世界（象徴秩序）に組み入れら

■10　映画におけるデジタル撮影の歴史は、九〇年代なかばにおけるスウェーデンのラース・フォン・トリアーら「ドグマ95」による試みが本格的な発端となり、その後、二〇〇九年のアカデミー賞を八部門で受賞したダニー・ボイル監督の『スラムドッグ$ミリオネア』では、そのドグマ95出身で、本作の撮影監督を務めたアンソニー・ドッド・マントルがデジタル撮影作品で初のアカデミー賞撮影賞を獲得した。これらの経緯については、クリス・ケニーリー監督のドキュメンタリー『サイド・バイ・サイド』（二〇一二年）が参考になる。

■11　ジャック・ラカン『精神分析の四基本概念』上巻、ジャック＝アラン・ミレール編、小出浩之、新宮一成、鈴木國文、小川豊昭訳、岩波文庫、二〇二〇年、一六二頁以下を参照。

れることによってはじめて大人＝主体になる。しかし、その世界のなかでは自分が世界をまなざすときには、不可避的に、自分のパースペクティヴの死角＝シミになっている世界のどこか（＝他者）からもまなざされるという引き裂かれた関係に置かれる［■12］。この象徴秩序の世界の「残余」として開いたまなざし＝シミが対象aであり、それはラカンからは缶のまなざし、缶からはラカンのまなざしとして、それぞれ見出される。ここで重要なポイントは、この挿話が表すラカン的な「缶詰のまなざし」は、あくまでも主体的／人間的な意味の世界を結び直す契機であり、しかも、しばしば欠如や穴、あるいは「クッションの綴じ目」とも呼ばれる対象aが、単一のものだとみなされる点だ。

しかし、以上のラカン的なイメージを確認したとき、先ほどの『リヴァイアサン』の超ローアングルからの空き缶を捉えるGoProの視線が、それとは対極的な性質を宿していることは明らかだろう。それは、わたしたち主体（隠喩的には観客）の世界を支えるものではまったくなく、しかもその視線はいたるところに増殖し、遍在するものになっている。いいかえれば、古典的映画やラカン派精神分析のような人間＝神経症的主体のまなざしではなく、「空き缶の環世界」（！）から眺めた非人間的な視界をリアルに実装してしまっている。

これと似たようなことが、フィクション映画である『ゼロ・グラビティ』にもいえる。すでに述べたように、この作品は、ほぼ全編が無重力（ゼロ・グラビティ）の宇宙空間のなかで展開される。そのため、『リヴァイアサン』と同様、そのカメラアイは必然的に特定の位置を保持しない。とくに、冒頭からの一〇分を超えるワンシーン・ワンシークエンスの映像は、それまでの映画に馴染んできた観客を唖然とさせる。

まず、左下方いっぱいに青い地球が見えるショットの奥から、衛星軌道上のスペースシャトルがゆっくりとカメラにむかって接近してくる。やがて宇宙ステーションの外で修復作業に従事するライアンら宇宙飛行士の姿が見え始める。彼らは最初のうち穏やかな会話をかわしているが、突如、緊急事態が発生。ライアンは宇宙ゴミの襲来によってあれよあれよという間に身体の支えを失い、ステーションとつながった命綱からも切り離され宇宙空間に弾き飛ばされる……。

ここまでのオープニングを、映画は構図を自由自在に変えながら長回しの持続で一挙に見せてしまう。こうした演出は、キュアロンの功績というより、むしろ彼の過去作『トゥモロー・ワールド』（二〇〇六年）からアレハンドロ・ゴンサレス・イニャリトゥ監督の『バードマン あるいは（無知がもたらす予期せぬ奇跡）』（二〇一四年）にいたるまで、たびたびポストシネマ

■12　たとえば以下を参照。福原泰平『ラカンをたどり直す』、河出書房新社、二〇二〇年、一六二頁以下。

的な規格外の長回しを描き続けている撮影監督エマニュエル・ルベツキの面目躍如といったところだろう。さらに補えば、こうした映像が可能になっているのは、やはり本作が採用したプリヴィズゆえであるはずだ。しかも俳優の身体以外のほとんどのイメージがデジタルCG映像で作られている『ゼロ・グラビティ』は、ある意味でマーベル映画以上に、実写映画というよりもはやアニメーションに接近している。

ともあれ、『リヴァイアサン』にせよ『ゼロ・グラビティ』にせよ、カメラの力で観客のまなざしが映画内の時空のいたるところに遍在することになる。このような独特の表象はあらゆる安定的な文法や境界を攪拌してゆき、まさにかつてわたしが映像圏と呼んで定式化した、「世界そのものが映画になりうる」というリアリティの様式をさらに過激に実現しているといってよい[■13]。

総じてこうしたポストカメラ的視点が先鋭化した一〇年代とは、現在、急速に擡頭している拡張現実ウェアラブル端末や、VR、ビデオゲームといった次世代の映像表象や体験と、映画とが急速に重なっていく時代であった。

たとえば、Google Glass だけで撮影されたアニーシャ・チャガンティの短編動画『Capture your journey with Google Glass』（二〇一四年）や、イリヤ・ナイシュラー監督による全編が一人称視点によって作られた奇抜なSFアクション『ハードコア』（二〇一五年）などはその代表的な作品群である。同種の作品は今後もますます作られ続けるだろう[■14]。そして、これらの表象は、おしなべて二〇世紀のフィルム映画が本質的に備えていた「ショット」という単位の意味を雲散霧消させてしまっている[■15]。古典的な映画文法において、映像はフィルムというメディウムの物理的制約上、必ず平均的な長さの限定されたひと続きのフッテージ（映像の断片）が基本であった。ゆえにモンタージュ理論では、それをどのように構成（編集）するかが重要

■13　渡邉大輔『イメージの進行形』、人文書院、二〇一二年、三七頁。

■14　全編が主人公の持つビデオカメラのPOV（主観）ショットで構成されたフェイクドキュメンタリー的なSFであり、FPS（一人称シューティングゲーム）的な要素も感じさせるジョシュ・トランク監督『クロニクル』（二〇一二年）もまた、主人公がビデオカメラを部屋の鏡に向かって据えるオープニングショットから始まる。その後、あるきっかけから超能力を手にした主人公がビデオカメラを自在に浮遊させてあらゆる角度から自らを撮影する姿が描かれるとおり、この作品もまた、カメラアイの多視点的転回とフェイクドキュメンタリー、そしてFPSゲーム的リアリティが相互に結びつくポストシネマ的な特徴を示しているといえる。これらのPOVショットでは画面が激しく揺れることが多く、同じく人間の目の高さを基準に据えられた古典的映画の安定した画面とは対極にある。ちなみに、ユニークなフェイクドキュメンタリー作品で知られる映画監督の白石晃士は、「FPSアクション映画」『ハードコア』を「当面のライバル」とも述べている。白石晃士『フェイクドキュメンタリーの教科書』、誠文堂新光社、二〇一六年、二二三頁。

■15　ここには、「ワンシーン・ワンシークエンス」の映画史的／メディア史的意義の変化を見ることができる。というのも、そもそも古典的映画におけるワンシーン・ワンシークエンスの技法が持っていた意味とは、アンドレ・バザンがオーソン・ウェルズの「パン・フォーカス」を評価したように、世界のなまなましい現実をありのままに映し出すことが映画の本質だとする、フィルムの指標性への信頼であった。しかし、たとえば『ゼロ・グラビティ』のそれは、むしろその映像がデジタルであること――反対に、現実世界との物理的つながり（指標性）をいっさい持たないことの証明として機能している。メディウムの変化は、撮影技法の歴史的意味をも反転させてしまった。

視された。しかし、デジタル撮影やCG映像では、原理的に、カットを割らないでいくらでも長回しで場面が描けるようになった。それゆえ刺激的な表現が出てきている反面、昨今の映画批評では、ショット感覚の弛緩がしばしば指摘されるようになっている。

こうしたポストシネマにおけるカメラアイの変容を、本書では「**多視点的転回**」と呼びたいと思う。

## II　カメラアイ＝同一化のかなたへ

### メタ／ポストシネマSF？

以上のように、現代映画におけるポストカメラ／非擬人的カメラワークの問題系は、実写とアニメーションとを問わず、わたしたちの映画的リアリティの変容に大きく関わっている。この節では、それをあらためてカメラアイ＝イメージへの同一化の問題として捉え直し、映画理論の知見も参照しつつ、もう少し厳密に考えてみよう。

最初に大枠を整理しておけば、現代西欧の映画理論の文脈では、映画や映像におけるカメラアイの問題は、スクリーンに対する観客の「同一化」の機制の問題として、一時期さかんに論じられてきたことが知られている[■16]。その中心をなしたのが、既成価値観の打倒を掲げさまざまなイデオロギー批判が勃発した「六八年」の時代性と同調しつつ、マルクス主義や記号学、とりわけラカン派精神分析の枠組みを取り入れて一九七〇年代に発展した「装置理論」である。この理論は、本節でも後述するように、精神分析理論が描く主体の姿を映画における観客になぞらえて、観客の映画体験を、カメラアイを介した表象＝イメージへの同一化（感情移入）の問題として精緻に定式化したものだった[■17]。

ところが、こうした装置理論的なカメラアイ＝視線のモデルは、それが影響を受けた精神分析の主体像と同じように、特定の文化や時代、あるいは性差につきまとう諸条件を考慮しない、あくまでも抽象的な「欲望のまなざし」に支えられたものだとしてのちに批判された。そしてそれが、カルチュラル・スタディーズや受容美学、メディア論や認知科学などと連動した八〇年代以降の「ニュー・フィルム・ヒストリー」の擡頭以降、いわゆる「観客性（スペクテイターシップス）」の問題系の前景化という形で変容を被り始めて、現在にいたっている[■18]。

■16　たとえば、ジャック・オーモンほか『映画理論講義』、武田潔訳、勁草書房、二〇〇〇年、第五章などを参照。

■17　代表的な文献としては、以下がある。クリスチャン・メッツ『映画と精神分析』、鹿島茂訳、白水社、二〇〇八年。ジャン＝ルイ・コモリ「技術とイデオロギー」（鈴木圭介訳）、岩本憲児、武田潔、斉藤綾子編『「新」映画理論集成2――知覚／表象／読解』、フィルムアート社、一九九九年、三二―一〇一頁。ジャン＝ルイ・ボードリー「装置（ディスポジティフ）」（木村建哉訳）、同書、一〇四―一二五頁。また、その後の八〇年代初頭にはジャック・オーモンが映画における「視点」の問題を論じている。ジャック・オーモン「視点」（武田潔訳）、同書、三二八―三五三頁。

そして、ポストメディウム的状況が本格的に到来した二〇〇〇年代以降、おそらく映画のカメラアイは、メディア技術の進展に伴って、また新たなフェーズを迎えつつある。そのひとつが、ここで問題にしているポストカメラ／非擬人的カメラワークなのだ。

この、いわば「ポスト装置理論的」なカメラの問題系をラディカルに示しているポストシネマの傑作が、二〇一〇年代の日本映画には存在している。鈴木卓爾監督の『ジョギング渡り鳥』（二〇一五年）である。

本作の舞台は、大きな川が流れる武蔵野の郊外、「入鳥野（にゅうとりの）」という架空の町。映画は、毎朝、街中から川べりの土手のうえまでをジョギングする複数の若い男女の群像と、土手の一角に設けられた休憩ベンチからはじまる彼らの交流を、この作家ならではのシュールなおかしみを交えて描いている。

さらに、そこにもうひとつのいっぷう変わった設定が導入される。彼らの暮らす日常世界には、人間のほかに、「モコモコ星人」（鳥人間）と呼ばれる宇宙から不時着したエイリアンの集団が混在しており、しかも、冒頭に手書きのテロップで示されるとおり、未曽有の地震と津波に襲われたのち、人間にはこのエイリアンたちの姿が見えなくなってしまっている。他方、頭までとすっぽりと身体を覆う着ぐるみのような服を着たエイリアンたちは、その手に映画制作で使うデジタルカメラや集音マイク、レフ版（によく似た道具）を持ち、謎めいた言葉を交わしながらいたるところで人間たちの言動を密かに「撮影」しているのだ。

図2　『ジョギング渡り鳥』(2015年)
©2015 Migrant Birds Association / THE FILM SCHOOL OF TOKYO

作中では、同じひとりの俳優が、人間役とエイリアン役、さらに本作の現実の撮影スタッフと、何役も入れ替わりで担当する。しかも、かなり人生迷走気味の若者、瀬士産松太郎(せしうむ)（柏原隆介）が土手の斜面で（この絶妙な傾斜の素晴らしさ！）自主映画を撮影するエピソードまでが含まれている。こうしてこのSF仕立ての群像劇は、必然的に幾重にもメタ映画的な構成を帯びることになる。

ほかにも劇中、たがいの素性を知らぬまま出会い系サイトを介して偶然対面してしまった、旧知のジョギング仲間の地絵流乃(ちえるの)純子（中川ゆかり）と山田学（古屋利雄）が、居酒屋で気まずそうに向かいあうシークエンスでは、最初に、フレーム外から「ヨーイ、スタート」という声がかすかに聞こえる。このように、本作は「映画を撮ることをめぐる映画」であり、このモティーフは『ゾンからのメッセージ』（二〇一八年）や『嵐電』（二〇一九年）といった近年の鈴木の作品にも共通している。



■18　映画研究者の藤木秀朗は、スクリーン上のイメージに同一化する主体として描かれる装置理論的な観客モデルを「スペクテイター論」、特定の歴史・文化的文脈において実際に行為主体として存在するカルチュラル・スタディーズ的な観客モデルを「オーディエンス論」と呼んであらためて捉え直している。藤木秀朗『映画観客とは何者か』、名古屋大学出版会、二〇一九年、四頁以下を参照。

## 循環する三人称客観ショットと一人称主観ショット

この『ジョギング渡り鳥』においても、メタ映画的時空が多視点的な舞台構成によって成立している。しかし本作では、じつはその構造や形式は、すでに挙げた『リヴァイアサン』や『ゼロ・グラビティ』よりも、ある意味でさらに複雑に造形されている。

まず、本作ではおもに二種類の性質を持ったカメラアイが存在する。そして、それらを支えるために、じつに多彩な機材が映像撮影に動員されているのだ。さらに、その使用機材の違いから、ときに連続するショットごとに画質があからさまに切り替わる。そのため、一般的には一編の映画を輪郭づけるはずの現実／虚構の区分が安定せず、不断に脱臼し続けるかのようなモザイク状の映像編集が凝らされているのである。

たとえば、本作で観客に示される映像は、第一に、この映画を撮影するスタッフによる、いわば映画のもっとも外側に位置する「三人称＝客観＝映画外ショット」である。そして第二には、さきにも触れた作中で人間たちを監視するエイリアンたちが携えているカメラ機材、あるいは人間たちがときに手にするツールによって撮られた「一人称＝主観＝映画内ショット」がある。それらのハイブリッドによってこの映画は構成されている（本作の撮影監督を務めた中瀬慧は後者の映像撮影を「撮影芝居」と呼んでいる）。

具体的に示そう。瀬士産が、監督する自主映画のヒロイン役として無理やり駆り出した背名山真美貴（古内啓子）と土手の斜面で撮影するシークエンス。彼らふたりの周囲には、レフ版や集音マイクを担いだ複数のスタッフが立っており、そのカメラは彼らより斜面のやや下から俯瞰気味に固定されていて、劇中の誰でもない、いわば三人称客観ショットとして一連の様子を捉えている。ところが、続けてほぼ正確に対角線で切り返す斜面上のアングルからのショット——先行するショットにはその場所にカメラは見えない——が来るが、人物を挟んだその視界の向かい側にはなんと、先ほどの画面を撮影していただろう、三脚で据えられたカメラが「被写体」として、あっけらかんと写りこんでしまっている。

あるいは、そのあとに続く、小洒落た古本屋で瀬士産と背名山、そして店を営む部暮路寿康（べくれる）（小田原直也）の三人が会話するシークエンス。彼らが座る机の周囲では、ふたりの男女のエイリアン（彼らを演じる俳優もまた、別の人間役としても出演している）が撮影しながら立ち聞きしている。このシークエンスもまた、まずは全体の状況を作中の誰の視線でもない三人称客観ショットが映している。やがて男のエイリアンが座っている部暮路に近づき、彼の顔を覗きこむようにしてカメラを向ける。すると、つぎのショットでは、まさにこのエイリアンが撮影している部暮路の顔のクロースアップショットが挿入されるのだ。

しかもそこで使用される機材は、一般的なデジタルカメラのほか、大半がキャストたちの私物であるという、GoPro や iPhone4s といった市販のモバイルデバイスである。したがってこの多視点的な演出はさらに、撮影機器の違いとしても変奏される。町外れの更地に建つ軍用施設のようなコンクリートの廃墟の二階に、いわくありげな男女、留山聳得斗（古川博巳）と地絵流乃が立つ。その留山の手にはiPhoneが握られ、赤いコートをまとった地絵流乃にレンズを向ける。すると、スクリーンには留山が撮影したiPhoneの作中一人称主観ショットの動画が映し出されるのだ。

また『ジョギング渡り鳥』では『リヴァイアサン』同様、複数のシークエンスでGoProが使われている。物語のクライマックスでは、ハリボテ風のUFOの真下に地面の雑草が写りこむほどの超ローアングルで据えられたGoProが、UFOの離陸を超広角の映像で映す。ここまで見てきたシークエンスでは、デジタルカメラ、iPhone、そしてGoProと、複数の機材で撮られた映像が統一を欠いたまま融通無碍につながれ、当然ながら画質がクルクルと入れ替わる。観客は必然的にメディウムそれ自体の不透明性を強く意識させられる。

## 表象システムの液状化としての「撮影芝居」

さて、『ジョギング渡り鳥』は、カメラアイの人称により主体と客体の関係を拡散・循環させ、あるいは複数の機材により異なる画質を接続させる特異な映像表現をちりばめている。このような、映像の意味と質の両面での多視点性には、ポストカメラの観点からいかなる問題を読み取ることができるだろうか。

ここには昨今の映画の表現が、装置理論に見られるような従来の映画のリアリティ＝同一化の機制を支えていた「表象」の問題系にはおさまりきらず、そこから逸脱していっている様子が表れている。このことは、とても重要だ。

先ほど記したように、装置理論とは、六〇年代末から七〇年代にかけて、おもにマルクス主義や記号論、ラカン派精神分析のスキームに依拠しながら、イメージとしての映画をまなざす観客（主体）の同一化のしくみや、そこで表れるイデオロギー構造を考察したものである。装置理論においては、目の前のスクリーンに投影された可視的なイメージの世界に、カメラアイを通じて円滑に同一化（没入）する映画観客の主体は、まさにその映像を撮影したカメラという唯一の「不在の他者のまなざし」によってこそ成立しているとされる。つまり、スクリーンの映像と観客との関係を支える象徴秩序は、被写体を映すカメラアイと観客の視線がどちらもスクリーンにイメージとして投影されない「欠如」であることを介して綴じられている。この欠如が、先ほどの対象aと重なるものであることはいうまでもない。映画はこの根源的な欠如を絶えず隠蔽することで、観客を映画の意味作用を担う主体として作り上げるのである。

この、可視的なスクリーンの映像と不可視のカメラアイの二重性――メルロ＝ポンティならば「見えるものと見えないもの」、ラカンならば「想像的同一化」と「象徴的同一化」と呼ぶような二重性――のシステムは、現実を記号へと変換するさいにさまざまなゆがみやノイズを刻みこむ。だいたいここ四〇年ほどの文化批評は、その変換のシステムを「表象」と呼び、記号がメディアを介して宿すその不透明性を意識化することを重視してきた。

とはいえ、その意識化はあくまで例外的な事態であり、ふつう表象の不透明性なるものは、スクリーンに没入する観客には基本的には意識されない（意識させてはいけないとされる）ものである。そして、そのシステムは「不在の他者のまなざし」が単一・同一だという信憑のもとに存在する。だからこそ基本的には、その映像において、画質がむやみに変化することは方法論としてありえない。このカメラアイ＝視点の同一性・単一性こそが、長らく映画における「表象」のメカニズムの自明性や安定性、全体性を保証してきたわけだ。

以上の整理を踏まえたとき、『リヴァイアサン』、そして『ジョギング渡り鳥』の遍在的で多視点的なカメラアイや演出が、こうした表象システムの機能不全とみなせることがおわかりになるだろう［■19］。たとえば、『ジョギング渡り鳥』では、本来は映画の象徴秩序を支える「見えないもの」として機能するはずのカメラアイが、画面に登場する何人もの俳優たちによってまさに「見えるもの」へとフラットに差し戻されている。まして映画のいたるところで俳優たちによって展開される「撮影芝居」のカメラアイのモザイク状の交錯は、かつての映画の表象＝象徴秩序の安定した全体性の構造を絶えず動揺させてしまうだろう。

装置理論の代表的な論者のひとりであるフランスの映画理論家ジャン＝ピエール・ウダールは、この「見えないもの」＝欠如の代理としてのシニフィアンを、ラカン派精神分析学者ジャック＝アラン・ミレールの用語を借りて「縫合」と呼んでいる。重要なのはウダールが同名の論文のなかで、縫合の最初の事例として、まさにひとつのショットとその画面からは外れたもうひとつのショットとをつなぐ切り返しの連鎖――「構図逆構図」を挙げていることだろう。

したがって、映画的境域（シャン・フィルミック）のすべてに不在の境域（シャン・アブサン）が対応するのであり、この不在の境域は、観客の想像世界ゆえにそこに措定されたある人物――われわれは彼を〈不在者〉と呼ぶことにする――の場所なのである。［……］

すなわち、画面＝逆画面（シャン・コルトシャン）［切り返しショットのこと］によって連接された映画的言表の枠内においては、ある誰か（〈不在者〉）というかたちでの欠如の出現に続き、そのある誰かの境域のなかにいる誰か（または何か）によりそうした欠如が廃棄されるという点である［……］。［■20］

■19　本文中でも論じた『リヴァイアサン』における複数のGoProを用いたまなざし＝目が増殖し遍在する分裂症的な映像世界にも通じるような、こうした多視点性の問題は、かつて現代美術家の村上隆がコンセプトとして打ち出し、東浩紀が理論化した「スーパーフラット」、あるいは、東の「過視性」（『動物化するポストモダン』）や近年の「触視的平面」（「観光客の哲学の余白に」）の問題に直結している。これらと重なる画面の問題についてはわたしたちもまた、本書の第三部で主題的に検討する。

■20　ジャン＝ピエール・ウダール「縫合」（谷昌親訳）、前掲『「新」映画理論集成2』、一五－一七頁、強調削除。

だが、『ジョギング渡り鳥』には、このウダールの理論的スキームに適合しない過剰なカメラアイが、画面を交錯するように存在していることは明らかである。

確認すれば、不可視のカメラアイを介した切り返しの連鎖（シニフィアンの連鎖）は、「見えるもの」と「見えないもの」の対立という、同一化をめぐる「表象」の論理をなぞっている。しかしながら、『ジョギング渡り鳥』の場合は、ウダールが「〈不在者〉」と呼ぶポジションには、「カメラを持った人間」たちが多視点的かつ可視的に遍在しているのだ。彼らは安定した表象＝象徴秩序システムをいたるところで絶えず攪乱し続けている［■21］。

このような、映像メディアの遍在によりそれまでの確固としていた表象のシステムがグズグズになった現状を、カール・シュミットの用語になぞらえて「**イメージの例外状態**」と呼ぼう。

わたしの考えでは、こうした多視点的な趨勢は、独り映画ジャンル内部の問題ではない。おそらくそれは今日の文化状況全体の内実を反映したものである。ここで参照に値するのが、文芸評論家の渡部直己が二〇一〇年代に「移人称小説」と名指した作品群である。

渡部によれば、およそ二〇〇〇年代後半以降、小野正嗣、岡田利規、奥泉光、青木淳悟、柴崎友香、松田青子、藤野可織、保坂和志……など、若手を中心とする作家による現代小説では「描写」の技術が総じて後退し、その欠如をまさに「人称」の操作（移人称）が埋めつつあるという。曰く、ここにひとつ、昨今の小説風土の一部にかかってなかなか興味深い、少なくとも『日本小説技術史』（二〇一二年）の著者としては見逃しがたい現象がある。

一種の「ブーム」のごとく、キャリアも実力も異にする現代作家たちによる作品の数々が、その中枢をひとしく特異な焦点移動に委ねるという事態がそれである。［……］

上記諸作にあって、一人称と三人称は、同一次元の作中人物としてかかわりあい、あるいは、同じ話者の資格で、語りを引き継ぎ譲り渡すといった関係におかれる。［■22］

たとえば、岡田利規の短編「わたしの場所の複数」（二〇〇六年）では、妻の「わたし」（一人称）の叙述がいつの間にか、遠く離れた夫の様子を三人称で語り出し、「三月の5日間」（二〇〇五年）では、六人の若者たちの喧騒を客観的に綴っていた叙述は、しだいにそのなかのひとりである「僕」（一人称）の「おととい」のできごとの独白へと変化する。渡部が注目するこう

■21　おそらくここで論じたような特徴は、二〇二〇年のコロナ禍のなかで制作された、いわゆる「Ｚｏｏｍ映画」（ウェブ会議サービスを活用して作られた映画）の画面構成にもよりはっきり表れている。というのも、いうまでもなくＺｏｏｍのようなサービスの画面では、映画的な「切り返しショット」が存在しない。この問題については、以下の拙論を参照されたい。渡邉大輔『明るい映画、暗い映画』、blueprint、二〇二一年、第一部第二章。

■22　渡部直己「移人称小説論」、『小説技術論』、河出書房新社、二〇一五年、一五‐一六頁、傍点原文。また、以下も参照。佐々木敦『新しい小説のために』、講談社、二〇一七年。

した「移人称小説」の諸相は、明らかに非人称的な三人称客観ショットがいつの間にか作中の登場人物による主観ショットへと転換する、『ジョギング渡り鳥』の映像演出と形式において通底している。

モノの確固とした手触りが衰退し、代わりにわたし／あなた／彼（女）の視点を伸縮自在かつ任意に往還する「移人称」の方法論は、ほぼそのまま『ジョギング渡り鳥』が試みた「撮影芝居」のそれに重なっている。そして、つけ加えておけば、小説における「描写」が表象のメカニズムに相当するものだとすれば、それはひるがえって映画におけるカメラアイの問題とも重なるものなのだ。それというのも、小説における「描写」も映画における「カメラアイ」も、単一の視点から世界をまなざすことで、作品の現実性を保つために用いられてきたからだ。それらの単一性の失効とは、従来の装置理論的なリアリズムの失効を意味しているのである[■23]。その意味で、『ジョギング渡り鳥』もまた、流動化する映像文化がもたらす想像力の、いまだ茫洋とした輪郭にたしかに触れようとしているのである。現代の文化表現における「多視点性」の問題に着目するのは、それが映像文化にとどまらない、こうした広範な領域の問題と直結しているからにほかならない。

## III 「ポスト9・11／3・11」と重力の問題

## 震災の痕跡と「ミゼラブル」たちの時間

ところで、『ジョギング渡り鳥』にはもうひとつ、作品として重要な文脈が存在している。
そもそも『ジョギング渡り鳥』は、映画教育機関「映画美学校」のアクターズ・コース第一期高等科「ロケ合宿実践講座」作品として制作された、いわゆる「ワークショップ映画」の一編である。映画の参加者の多くがキャストとスタッフを兼ね、もろもろの撮影録音機材が劇中の小道具としてそのまま用いられるという本作のユニークな演出も、まずはこうした製作の経緯に由来するだろう。そして本作の製作陣であるアクターズ・コース第一期は、二〇一一年の東日本大震災の発生直後に開講したという。

『ジョギング渡り鳥』が興味深いのは、本作が示す現実／映像の液状化状態とでも呼べるようなポストシネマ的状況が、「ポスト3・11的状況」ともいいかえうる事態をはっきりと前提としている点である。すなわち、アクターズ・コース第一期は日本社会全体が文字通り例外状態と化した日々のなかで進められたのであり、その影響は、物語の設定のみならず、たとえば「地絵流乃（ちえるの）」（チェルノブイリ）、「羽位菜（ういな）」（ウクライナ）、「摺毎（すりまい）」（スリーマイル島）、「海部路戸（しべると）」（シ

■23　この点については、以下の拙稿ですでに何度か指摘した。渡邉大輔「映像メディアと『ポスト震災的』世界」、限界研編『東日本大震災後文学論』、南雲堂、二〇一七年、三九一－四一五頁。同「『ジョギング渡り鳥』――キャメラアイの多視点化＝多自然化」、『現代思想』二〇一八年三月臨時増刊号、青土社、八四－八七頁。

ーベルト）、「瀬士産（せしうむ）」（セシウム）、「部暮路（べくれる）」（ベクレル）、などといった登場人物たちにつけられた名前からも明らかだろう。『ジョギング渡り鳥』の貴重さは、それが「ポスト3・11」と呼ぶべきある種の映画的倫理と密接に関わっている点にある。

『君の名は。』や『シン・ゴジラ』をはじめ、本書でこのあとに論及していく『牡蠣工場』（二〇一五年）、『この世界の片隅に』（二〇一六年）、『息の跡』（二〇一六年）など、二〇一〇年代に日本で撮られた傑出したポストシネマ的な表現は、その創造的姿勢の核において、ほとんどひとしなみに東日本大震災と福島第一原発事故を何らかの形で引き受けているといってよいだろう。そして、映画批評家の三浦哲哉がいみじくも「震災後の映画」と呼んだ濱口竜介監督の『ハッピーアワー』（二〇一五年）もまた、『ジョギング渡り鳥』と並んでそのもっともかけがえのない成果である［■24］。

## 盲目な個体たちの描く可塑的な時間

濱口竜介の六作目の長編映画である『ハッピーアワー』は、震災後の東北を取材した酒井耕との長編ドキュメンタリー連作「東北記録映画三部作」（二〇一一－一三年）の発表後、神戸に活動の拠点を移し、半年近くにおよぶ市民参加のワークショップ・プログラムの成果として手掛けられた五時間一七分にわたる大作である（劇場では三部構成として上映）。

図3　『ハッピーアワー』(2015年)

神戸に暮らす三〇代後半の四人の女性たちの友情と孤独をフィクションとドキュメンタリーが交錯する独特の演出で描いた本作は、第六八回ロカルノ国際映画祭で日本人初の最優秀女優賞を受賞し、大きな話題となった。さらに驚くべきは、主演を務めた四人の女性たちが演技未経験者であったことだ。つまり、『ジョギング渡り鳥』や、上田慎一郎監督の『カメラを止めるな！』(二〇一七年)同様、インディペンデントな「ワークショップ映画」の一作なのである。ちなみに、映画美学校の実習や修了制作をもとに作られた篠崎誠監督の『死ね！死ね！シネマ』(二〇一一年)、万田邦敏監督の『イヌミチ』(二〇一四年)といった「ポスト3・11的」な傑作群もまた、同じようなカテゴリーに含まれる。

『ジョギング渡り鳥』と同じく、『ハッピーアワー』も「震災の記憶」がはっきりと刻まれた作品だ。物語の前半(第一部)、ヒロインのひとりである芙美(三原麻衣子)に誘われて、友人の純(川村りら)、あかり(田中幸恵)、桜子(菊池葉月)が、芙美の主宰するアートセンターのワークショップに参加するシークエンスがある。「重心に聞く」と銘打たれた件のワークショップの講師役として招かれたのは、鵜飼(柴田修



■24　三浦哲哉『『ハッピーアワー』論』、羽鳥書店、二〇一八年、一四二―一四三頁。

兵）という、現代アーティスト風のいかにも怪しげな男である。そして鵜飼は、自分は数年前の東北の震災のあと、南三陸の沿岸部に転がっていた瓦礫の岩石を一個一個浜辺にバランスよく立てていくという意味もないパフォーマンスをしており、ひょんなきっかけでここに呼ばれたのだと、もっともらしく参加者に説明する。鵜飼は、その経緯を実演するかのように、不意に彼ら参加者たちの目の前で、椅子の片足の角を地面にバランスよく立てて、そのままぴたりと斜めに静止させてみせる。自らの重心を見出した椅子は、そのとき、一瞬だけ、いっさいの重力を消失したかのように、亡霊のごとくスクリーンに浮かび上がり、つぎの瞬間、鵜飼の手の動きと同時に、音を立てて倒れる。

参加者たちはあたかもその音を合図としたかのようにワークショップに引きこまれていき、「正中線を探る」という男の指示のもと、自他の身体の中心点を、距離を推し量って探りながら、輪を描いてゆっくりと回り始める。たがいに不可視の均衡を保つように、じりじり、じりじりと、数人の参加者が入れ替わり、立ち替わり、その輪の連なりのなかに入っては、また抜けていく。男の手が鳴り、参加者はまたつぎの指示に従っていく……。

この場面の直後、ワークショップの打ち上げの席上で、純は突然、自身の浮気が原因で夫と離婚係争中であることを告白し、その告白を転機として、彼女たちの関係とそれぞれの生活に不穏な変化が起こることになる。それゆえワークショップのシーンはのちに、およそ四時間近くにわたって続くこの途方もなく巨大な映画の奔流が一挙に決壊するポイントとなるのだが、そのドラマツルギーに震災の痕跡がなまなましくこめられている事実は見逃せない。そして、震災後の瓦礫に見立てられた椅子の重力をほんのつかの間だけ失わせ、また、即物的な身体によるコミュニケーションを介して、自分と他者とのありうべき不可視の均衡状態を、息詰まるような精妙さで測りあうこのシーンの人物たちの風景は、まさに映画が、スマートフォンで気軽に撮影された無数の動画とデジタル空間のなかでフラットに並列化され、たがいにその関わり具合を測りかねながら重力を欠いた情報の海を漂っている今日的な風景と重なるところがあるだろう。

　思えば、固い友情で結ばれていた四人の女性たちがしだいにバラバラにほどけあい、それぞれが鈍い宙吊りの時間を生きることになる本作の物語は、その冒頭からいっさいの安定や自明性やパースペクティヴを欠いた「盲目性」の符牒に彩られていた。

　ヒロインたちを乗せたケーブルカーが暗いトンネルを抜け、緑の木々の合間から、遠く神戸の街並みが見渡せる山頂に達したところで幕を開ける本作の奇跡的なまでのショットの連なりは、すぐさま唐突な濃霧の風景に覆われる。「何も見えへんやん」「何やうちらの未来みたいやな」と口にしながら弁当をつつくヒロインたちの姿は、その後の、ヒロインの夫たちの見せる数多の不甲斐なさや、熟達した看護師には似あわぬあかりの予期せぬ見落としなどの数々の場面と相俟って、自他や虚実の感触を喪失したまま世界を孤独に漂う現代映画そのものの「盲目性」を暗示している。

あらゆる足場を見失ったまま、カメラの前にその孤独な顔を曝す本作の女優たちは、その意味で、あのワークショップの椅子と同様、フランスの哲学者ミシェル・セールのいう「ミゼラブル」――それ自体が孤立した特異な分子としてスクリーンに存在しているといえる[■25]。セールは、かつてのマスメディアが相手にしていたまとまりを持った自然や集団は、高度情報社会のなかでは解体され、ますます価値付与されない見えざる個人になっていると考えた。彼はそれらをミゼラブルと名づけ、そうした個人たちが織りなす相互干渉のネットワークの様態を「可塑性」と呼んだ。ポストシネマの理解においてきわめて重要なこの概念については、第三部以降の議論であらためて取り上げる。だが、積み上げられた粘土のように、複数の個体がたがいに力をおよぼしあいながら動的に変形していく可塑的な様態と、デジタル以降のコンテンツの本質がきわめて近しい関係にあることには触れておこう。

そして、『ハッピーアワー』において、そうした可塑性の感覚は、五時間以上におよぶ物語を通じて丹念に描かれる、無数の登場人物たちのコミュニケーションのプロセスにこそ表れる。とりわけ先ほどのワークショップのシークエンスで示されていたのは、そうした「可塑的な時間性」だとみなすことができるだろう。映画の後半、ワークショップの場面と同様の演出を伴った新人女性作家の新作朗読会のシークエンスで、急遽トークの聞き手を務めることになった純の夫である生命物理学者・日野（謝花喜天）が、小説の感想について「この朗読の空間を通じて、こずえさんとやよいさんと、聞いている僕らが混じり合う」ようだったと語るのも、そうした可塑的な時間性とたしかに関係している。

　可塑的な時間性とは、いいかえれば、リニアな時間軸を絶えず複数に分岐させていく冗長で潜在的な時間性である。コミュニケーションのプロセスによって動的に変形を被り続ける可塑的個体には、つねにその内部に、ほかの形でもありえた複数の可能性が宿るからだ。長い——だが、驚くほどあっという間の物語が終盤に差しかかるころ、夫に「離婚しよう」と告げる芙美は、その直前、夫と会う前まで彼の返答の「パターン」を無数に思いめぐらしていたと話し、「ありとあらゆる。これはそのひとつ」と冷たくいい放つ。その彼女の姿は、『ハッピーアワー』の女性たちが徹頭徹尾、この可塑的な時間性を孤独に生きていた個体だったのだと、遅まきに観客に気づかせることになるだろう。この可塑的な時間性こそが、おそらくはポストシネマ的な時間性（ハッピーアワー？）なのだ。

## 「ポスト3・11」＝ポストシネマの「重心」

　そして、ここで『ハッピーアワー』は「重心」、すなわちポストシネマが生まれる環境が必然的にはらむメディウムの物質性＝「重力」の問題と接続されることになる。

■25　ミッシェル・セール『アトラス』、及川馥、米山親能、清水高志訳、法政大学出版局、二〇〇四年、二七九―二八二頁。

ここであらためて『ゼロ・グラビティ』に立ち戻ってみよう。このSFサスペンスの画面に氾濫するデジタル映像の大海は、フィルムのようないっさいの物質的重みから解き放たれている。その意味で、じつは「ゼロ・グラビティ」＝無重力という邦題は、宇宙空間という物語の舞台である以上に、ポストカメラ的な本作のメディウムのメタファーにもなっているわけだ（ちなみに、英語の原題は「Gravity」だが、わたしは邦題のほうが適切だと思う）。

いうなれば現在では、現実という唯一の「足場」（それは同時に、「フィルム」というかつての映画の物質的な支持基盤をも意味するだろう）がデジタルによって決定的に雲散霧消してしまい、あとには何をどのように撮ってもよいというイメージの無重力状態だけがスクリーンに露呈している。そのなかで、あらゆる映画は、そのサスペンスやアクション演出を成立させる根拠づけを再構築せざるをえない。思えば、『ゼロ・グラビティ』の革新性は、そうしたデジタル的なシニシズムを逆手に取って生み出されたサスペンス表現にこそあったのであり、また、ジョージ・ミラーの『マッドマックス 怒りのデス・ロード』（二〇一五年）に対する当時の異様なまでの熱狂の一端は、その過激なカーアクションの大半が実写で撮影されたという「反時代性（アナクロニズム）」にあったはずだ。

ひるがえって『ハッピーアワー』で鵜飼の立てた椅子の「無重力化」したイメージは、「ポストメディウム的状況」の内実を端的に寓意しているだろう。その宙吊りぶりは、まさにフィルムという物質的支持体（重力）をなくしたデジタル映像の運命そのものを鮮明にかたどって

図4　『ザ・ウォーク』(2015年)


いるからだ。なるほど、全編にわたって四人の女性たちの「現実」の表情に限界まで肉薄したこのみごとな映画において、ワークショップのシークエンスの斜めに立つ「無重力」の椅子のイメージは、(おそらくそれのみ)デジタル映像で作られているのだ。ちなみに、濱口本人は本作の公開前後にわたしと公開対談を行ったさい、デジタル化へ転換していく現状を認める一方、それでもいまここでなまなましく生起する現実を自動的に記録してしまうのが映画＝カメラの力なのだという、ある種のバザン主義的な信念を強く表明していた。『ハッピーアワー』におけるこのデジタル映像の椅子が象徴しているのは、濱口の、おそらくはスラッシュで記されるべき、「ポスト／シネマ」的な「重心」のありかなのである。

そしてつけ加えておけば、日本において「ポスト3・11」という指標のもとに現れた以上のようなポストシネマ的なメディウム表象の変容は、アメリカ映画においては、おそらく二〇〇一年の同時多発テロ事件後の作品群によって担われたと思われる。実際、映画批評や映像論の分野では「9・11」によるイメージ表象の変容の問題について、すでにさかんに論じられてきた経緯がある。ここでは、奇しくも『ハッピーアワー』と同年に公開された、ロバート・ゼメキス監督の『ザ・ウォーク』(二〇一五年)を取り上げておきたい。

『ザ・ウォーク』は、実在するフランスの大道芸人フィリップ・プティの半生と、一九七四年八月七日、彼の名を一躍世界的に有名にした、ニューヨーク・ワールドトレードセンターのツインタワー間の命綱なしの綱渡りが成功するまでを描いた伝記ものである。この映画においてもまた、その主題と物語のクライマックスを構成しているのは、主人公プティのツインタワーでの綱渡りのサスペンス――すなわち、「重心」と「重力」の問題なのだ。

このシークエンスについて、プティを演じた主演のジョセフ・ゴードン＝レヴィットはプティ本人から綱渡りの猛特訓を受け、撮影のさいには、スタジオの地上一二フィート（約三・六メートル）の位置に実際にプティが用いた方法で張られたワイヤーを使いながら、スタントマンとともに自ら演じたらしい。だが、断るまでもなく、高さ四一一メートル、地上一一〇階を誇るこの二本の高層ビルがいまはもう現実に存在しておらず、すべてがデジタル映像によって仮構されたものであることを観客は知っている。たとえば、この綱渡りの場面においても、ダリウス・ウォルスキーの操るカメラは、あたかも上空を飛ぶ鳥の視点のように、はるかに隔たるふたつのタワーの周囲や、そのあいだに張られたワイヤーを渡りきるプティの姿を、空中のあらゆる角度、サイズから縦横に捉えてみせる。このカメラアイこそ『ゼロ・グラビティ』のルベツキと同様のポストカメラ的なまなざしの実装例のひとつだろう。

ところで、この点について思い起こされるのは、まさに現実のプティがツインタワーを綱渡りで渡ってニューヨーク市民を驚かせたわずか数年後の一九七八年に記された、日本の映画批評家による、つぎのような一文である。

> 映画は、縦の世界を垂直に貫く運動に徹底して無力である。上昇とか落下とか、とにかく上下に位置を移動する対象をその垂直なる運動として表象しえたイメージと音の蓄積というものは驚くほど貧しい。その貧しさは、いうまでもなく映画の物質的＝技術的な条件に左右されている。［……］
>
> 映画における落下の主題は、まさにこうしたシニカルな方法［映像編集］を総動員することでかろうじて映像化されうる特権的な主題である。それは、映画の脆弱さが露呈する一瞬というべきかもしれぬ。［■26］

ここで蓮實重彦が指摘していたとおり、かつて映画における「落下」（落ちること）の表象／主題は、「この現実」との物理的つながり（指標性）を根拠とする映画フィルムの物質的＝技術

■26　蓮實重彦「映画と落ちること」、『映画の神話学』、ちくま学芸文庫、一九九六年、二二二－二四一頁。また、蓮實はこのエッセイで、「映画はその物理的な限界として、たとえば一日の人間の行動を切れ目なしに一つのショットとしてフィルムにおさめ続けることは不可能であり、今日の技術的水準からすれば、それを幾つかの異なるフィルム断片として連続的に上映するというのがせいぜいなのである」（二四一頁）と記しているが、この前提が今日においてほとんど失効していることは、いうまでもない。

的条件を象徴する要素だったのであり、「まさしく映画の限界そのものを映画自身につげる起源なき映画的想像力」と呼ぶべきものであった。

だが、『ザ・ウォーク』のフラットなツインタワーのデジタルイメージと、ゴードン＝レヴィットのどこか重力を欠いた身体イメージは、今日の多くのハリウッド映画と同様、こうした所与の前提をすがすがしく裏切っているといってよい［■27］。したがって、落下のサスペンス／スペクタクルを主眼としたゼメキスの『ザ・ウォーク』を、『ロイドの要心無用』（一九二三年）から『逃走迷路』（一九四二年）にいたる、落下に通じる高所サスペンス映画の歴史的系譜において安易に評価する批評は慎むべきだといえる。むしろここにこそ、『ザ・ウォーク』のポストシネマ性が宿っているからだ。

その意味では、早くも八〇年代からニューメディア的な映像製作に一貫して関心を向け、とりわけ二〇〇〇年代以降には実写よりもデジタルアニメーション作品を多く手掛けてきたゼメキスのキャリアが、近年の映像をめぐる状況にも連動していることはまぎれもない。しかし、こと『ザ・ウォーク』のクライマックスシーンに関していえば、その流麗でいっさいの「重力」を欠いたようなカメラワークや演出それ自体が、皮肉にも、映画的サスペンスの底を抜いてしまっているように思われる。だからこそ、そうした虚構的なデジタル映像の海に囲まれ、「落下」＝重力のサスペンスを希釈されたゴードン＝レヴィットの身体は、必然的にどこか緊張感を欠落させた輪郭におさまるほかなかったのである。

以上のように、カメラアイの多視点的な変容は、いわば重力の問題を介して、ポストシネマの倫理性のありかをわたしたちに突きつけているのだ。

■27　この点については、昨今のマーベル映画を例に、以前論じたことがある。渡邉大輔「ディジタル・ヒーローの倫理的身体」、『ユリイカ』二〇一四年五月号、青土社、九二-九九頁。

# 第2章 リアリティの変容
## ――ドキュメンタリー的なもののゆくえ

### 1 常態化するフェイクドキュメンタリー的リアリティ

**ポストシネマとは「ドキュメンタリーの時代」である**

前章では、デジタル革命によるカメラアイの変容がもたらす問題を確認した。続いてこの章では、そうしたカメラアイの変化とも関係する、映画が描くリアリティ表現の問題について考えてみたい。

それはいいかえると、現代映画に見られるドキュメンタリー（的な）表現について考えるということでもある。この章で扱う「フェイクドキュメンタリー」や本書の第七章で触れる「アニメーション・ドキュメンタリー」をはじめとした、広い意味でドキュメンタリー的な表現やコンテンツもまた、二一世紀に入るころから活況を呈しているきわめてポストシネマ的な領域といってよい。わたしは旧著『イメージの進行形』で、映像の制作・配信環境が日常生活のなかに広範に行き渡った現代のメディア環境を「映像圏 imagosphere」と呼んだ。そうした状況においては、日常のあらゆる瞬間を記録する慣習が一般化することになる。YouTube や Instagram で、わたしたちは日々何気なく、ドキュメンタリー的な映像を膨大に生み出しているのだ。

その意味で、ポストシネマの時代とは、一面で「ドキュメンタリーの時代」だとさえいえる。ただ、そうした表現も、本書のもととなる連載がされていた二〇一〇年代なかばと二〇二〇年代初頭の現在では、ほんの数年のうちに、その捉え方や社会的位置づけがすっかり変わってしまった。この章では、その経緯についても、触れていかなければならない。

## フェイクドキュメンタリーの現代性

それでは、二一世紀のドキュメンタリー的表現について考えるときに避けて通れないフェイクドキュメンタリーについて紹介しておこう。フェイクドキュメンタリーとは、現代映画の一角で長らく流行しているジャンル（あるいは映像演出の方法）のひとつである。海外では「モキュメンタリー mockumentary」、日本では「擬似ドキュメンタリー」ともいわれる。

それは具体的には、POV（主観）ショットによる極端な手ブレ撮影、九〇年代ころのデジタルカメラ特有の肌理の粗い映像、また有名ではない素人俳優の起用などを特徴とする。二〇〇〇年代以降、精力的にフェイクドキュメンタリー作品を手掛けている映画監督の白石晃士は、この手法を「ドキュメンタリーの体裁をとって架空の出来事、つまりフィクションの世界を描く手法」と定義している[■1]。

フェイクドキュメンタリーのような映画は、現代映画に限らず、じつは一九六〇年代以前からあった。たとえば、グァルティエロ・ヤコペッティの『世界残酷物語』（一九六二年）など「モンド・ムービー」と称される残酷描写が売りのエクスプロイテーション映画がそうである。しかし、デジタルカメラが普及し出す一九九〇年代末ごろからポストシネマ的な観点で重要なフェイクドキュメンタリー作品が現れ始め、現在にいたっている。ダニエル・マイリック、エドゥアルド・サンチェス監督『ブレア・ウィッチ・プロジェクト』（一九九九年）、オーレン・ペリ監督『パラノーマル・アクティビティ』（二〇〇七年）、ジョージ・A・ロメロ監督『ダイアリー・オブ・ザ・デッド』（二〇〇八年）、そして二〇一〇年代にもM・ナイト・シャマランの『ヴィジット』（二〇一五年）など数多くの話題作が作られている。ちなみに、ほぼ同じ時期からは、テレビバラエティの世界でも半分素人の日常を記録した（という体裁の）「リアリティ番組」の流行も世界的に起こっている。真実を偽装した映像作品の隆盛がジャンルを問わず並行して生じたのである。

　ではなぜ、これら現代のフェイクドキュメンタリーやリアリティ番組の流行が、それ以前に作られた似たような映画と比較して重要な意味を持つのか。たとえば、六〇年代のモンド・ムービーの実録風の演出は、どちらかといえばスプラッターやポルノに近い、観客の見世物的な関心を惹起する目的で選択されたものだった。だが、九〇年代以降のフェイクドキュメンタリーは、映画と社会の関わりにおいてより本質的な意味を持っている。というのもそれは、監視カメラや携帯端末による写真、動画などが社会全体に普及し、映像が醸し出すリアルとフィクション、素と演技の境界がきわめてあいまいになった現代の映像に対するひとびとの感覚を象徴しているからである。いまやひとは誰でもスマートフォン片手に即席の「ドキュメンタリー作家」になれるし、いたるところで監視カメラの目に曝されている。それゆえに、この眼前の現実がつねにそのまま映像へと変貌してしまうというリアリティが自明化している。そこでは、もはや現実と虚構、撮影者（主体）と被写体（客体）の安定した区別は底が抜け、人間やモノはその区分をあいまいにしつつも、それぞれが単独の個体として、よるべなき「イメージの例外状態」の暗闇のなかを手探りでさまよい続けなければならなくなった。「観客のいない巨大なドキュメンタリーの出演者としての現代人」（『ミニマ・モラリア』）という一九五〇年代のテオ

■1　白石晃士『フェイクドキュメンタリーの教科書』、誠文堂新光社、二〇一六年、三〇頁。

ドール・W・アドルノによる文化産業批判のヴィジョンを、インスタとTikTokの時代の映像は、ベタに実装してしまっているわけだ。

フェイクドキュメンタリーのカメラアイは作中人物の誰かによるPOVショットが基本だが、これは前章で見た『ジョギング渡り鳥』と同様、カメラアイがつねに客観的で安定した位置を確保しえなくなっている状況を前提としている。その意味で、フェイクドキュメンタリー的なリアリティは、ポストカメラや多視点的なカメラアイとも同じ認識論的な地平のうえに成立したものだといえるだろう。

現代の代表的なフェイクドキュメンタリー映画としては、たとえば、J・J・エイブラムスが製作を務め、謎の巨大怪物がニューヨークを壊滅させていく様子を描いたパニック映画『クローバーフィールド／HAKAISHA』（二〇〇八年）が挙げられる。この映画も、全編があたかも登場人物が撮影したように見える体裁で作られており、「ポスト9・11」の映像のリアリティを鮮やかに示す重要な作品といえるだろう。さらに、多彩な形式の作品を手掛けるタイの世界的なアーティスト、アピチャッポン・ウィーラセタクンや、前章でも論じた濱口竜介ら、厳密にはフェイクドキュメンタリーとは呼べなくても、「ドキュメンタリー的」と呼べる演出を大胆に取り入れる作家も国内外でますます目立つようになっている。

## 庵野秀明作品に見るフェイクドキュメンタリーの「浸透と拡散」？

わたし自身も、このジャンルについて、一〇年以上前に映画批評を始めた当初から、たびたび論じてきた［■2］。以上のようなフェイクドキュメンタリーをめぐる見立ても、わたしが二〇〇〇年代の終わりころから考えていたものだが、広い意味では、今日においても有効だと思う。ただ、わたしの考えでは――そして、社会的評価の面でも、二〇一〇年代以降のフェイクドキュメンタリー的な表現や状況は、それまでとは異なった局面を迎えている。それはむろんポストシネマの内実を明瞭に反映したものでもある。

まず第一に、第一章で見た撮影機材と同様、動画サイトなどの画面を使ったフェイクドキュメンタリー的な表現や演出が、メジャーなフィクション映画でもここ数年でごくカジュアルに用いられるようになってきたという変化がある。かつてフェイクドキュメンタリー的な表現は、観客に物語世界のリアルさを感じさせる通常のフィクション映画的な「表象」に対して、ある種の批評的な効果を発揮していた。ところが、最近の作品ではそうしたニュアンスは相対的に希薄化し、フェイクドキュメンタリー的表現自体がたんなる演出として取り入れられているケースも頻繁に目につく。

■2　たとえば、渡邉大輔『イメージの進行形』、人文書院、二〇一二年、三七頁以下などを参照のこと。

その例が、二〇一〇年代の国民的大ヒット映画『シン・ゴジラ』（二〇一六年）にも見られた。たとえば、映画冒頭部分、東京湾アクアライン崩落事故の場面において、一般人が撮影したという体裁の崩落現場の動画が画面に挿入される。そこではニコニコ生放送風のコメント弾幕が流れるという趣向が出てくるが、これなどいかにもわかりやすい。このニコ生風映像の演出は、おそらくシリーズ第一作の『ゴジラ』（一九五四年）で登場した（これも当時の新興映像メディアであった）テレビ中継シーンへの目配せでもあるだろう。

あるいは、同じく映画の冒頭、無人のプレジャーボートの発見場面で、自衛隊員が船内を捜索する現場を背後からやはり隊員と思われる撮影者のデジタルカメラによる手ブレのPOVショットで撮影した映像が挿入される。二〇一六年の公開当時、すでに『シン・ゴジラ』を観るわたしたち観客は、こうしたフェイクドキュメンタリー的な演出を特段気にとめなくなっていたように思う。

しかし一方で、本作の総監督を務めた庵野秀明という作家がそもそも、現代の映像文化におけるフェイクドキュメンタリー的想像力の起源に位置づけられるべき、きわめて批評的なクリエイターだった事実を忘れるべきではない。すぐに思い出されるのは、なんといっても複数の小型デジタルカメラを駆使して、まさに「監視社会的」と評するべき奇抜なアングルからのショットを組みあわせた『ラブ&ポップ』（一九九八年）だろう。本作は庵野にとってのはじめての実写映画にして、デジタル撮影された初の日本映画でもあった。

もともと庵野は、同世代で同じく一九九〇年代に新世代の映像作家として頭角を現した岩井俊二と並んで、日本の映画界でデジタル技術を取り入れた先駆的な存在だった[■3]。じつは『ラブ&ポップ』以前の、テレビアニメ『新世紀エヴァンゲリオン』（一九九五-九六年）の第弐拾壱話「ネルフ、誕生」ビデオフォーマット版や、その後の映画『新世紀エヴァンゲリオン劇場版　DEATH (TRUE)²/Air／まごころを、君に』（一九九八年）には、冒頭に劇中の大規模災厄「セカンドインパクト」の様子を記録したファウンド・フッテージ風映像がすでに登場していた[■4]。画面にタイムカウントが入るこの演出は『シン・ゴジラ』のフェイクドキュメンタリー映像にも共通している。

こうした実写とアニメを跨いだ一九九〇年代の庵野の試みは本来、一九六〇年代モンド・ムービーのパロディであるフェイクドキュメンタリー『ブレア・ウィッチ・プロジェクト』から、ラース・フォン・トリアーらデンマークの若手監督たちが立ち上げたデジタル撮影を伴う映画運動「ドグマ95」、そしてテレビのリアリティ番組から庵野とも交流のある平野勝之らのポルノグラフィまで、同時代の世界的な映像をめぐる表現の変容と並行して捉えられるべきなのである。

■3　この点については、以下の拙論も参照のこと。渡邉大輔「『ポスト日本映画』の起源としての九〇年代」、大澤聡編著『1990年代論』、河出書房新社、二〇一七年、一九五-二〇四頁。

■4　渡邉大輔「『ヱヴァQ』のふたつの顔」、『ヱヴァンゲリヲンのすべて』、BLACK PAST、二〇一三年、一三二-一四四頁。

ともあれ、一九九八年の『ラブ&ポップ』の、GoPro映像を髣髴とさせる多視点的な映像で切り取られた渋谷の女子高校生たちのフェイクドキュメンタリー仕立ての風景は、たしかに映像がもたらすリアリティと時代がもたらすリアリティの変容の重なりをわたしたちに感じさせた。だが今日、『シン・ゴジラ』の演出やそれを観るわたしたち映画観客の多くからは、そうした記憶はすっかり抜け落ちてしまっているはずだ。このことは、次章で論じる『シン・ゴジラ』における「顔」の表象の問題とも関係している。

## フェイクドキュメンタリー表現のメジャー化/ウェルメイド化

その後、二〇一〇年代なかばには、こうしたウェルメイドなフェイクドキュメンタリー的な演出がもっとメジャー化し、地上波のテレビドラマでもかなり頻繁に見られるようになった。当時の代表的な作品のひとつとして、松江哲明と山下敦弘が共同監督をした異色作『映画 山田孝之3D』(二〇一七年)を取り上げたい[■5]。

『映画 山田孝之3D』は、もともと二〇一七年の一–二月期に放送されていた「ドキュメンタリードラマ」作品、『山田孝之のカンヌ映画祭』を前提として作られた異色の3D映画である。このテレビドラマは、二〇一六年の夏、山田が世界三大映画祭のひとつで、世界の映画人のあこがれであるカンヌ国際映画祭に自作を出品することを唐突に思いたち、そこから旧知の映画監督・山下の協力を（なかば強引に）仰ぎつつ、彼を監督に担いだプロデュース作品『穢の森』を製作していく過程を記録した（という体裁の）フィクションドラマである。

映画の主演女優としてキャスティングされた天才子役・芦田愛菜をはじめ、村上淳や長澤まさみ、映画監督の河瀬直美ら、実在の著名人が山田らの映画製作のために続々と駆り出され、追いかけられるも、山田の終始どこか冗談とも本気ともつかない、かなりエキセントリックで誇大妄想気味の言動に、スタッフ、キャストともにしだいに翻弄されていき、現場はやがて悪夢のような混乱の渦に巻きこまれていく。そして結局、『穢の森』は製作中止になるのだが、ドラマの最後、新たにカンヌ国際映画祭へエントリーする別企画の映画として短く予告されていたのが、この『映画 山田孝之3D』だ、という設定なのである［■6］。

■5　本作の共同監督のひとりである松江は、二〇一七年、過去の作品の出演者からハラスメント行為を告発された。この件に関しては現在も進行中の事案であり、また公開されている情報以上の詳細を把握していないことから、ここでは松江の案件とは切り離し、作品のみを取り上げたが、わたし自身はあらゆるハラスメント行為を許さない立場であることを表明しておく。

■6　さらに俳優論の視点からつけ加えれば、これらのフェイクドキュメンタリー的な作品群で山田の演じたキャラクターは、その後にNetflixで配信され、賛否を呼んだ連続ドラマ『全裸監督』（二〇一九－二一年）にほぼそのまま引き継がれている。このドラマで山田が演じた主人公は、一九八〇年代に一世を風靡したアダルトビデオ（AV）の監督・村西とおるだったが、現代のフェイクドキュメンタリー的想像力の起源のひとつにAVがあることを考え併せると、ここには映像史的な符合があるといえる。

じつはこの松江・山下・山田トリオによる虚実入り乱れたドキュメンタリードラマは、『山田孝之のカンヌ映画祭』にさらに先駆けて放送されていた『山田孝之の東京都北区赤羽』(二〇一五年)を発端としている。したがって映画は、いわば山田を主人公にした三部作の「完結編」にあたるわけだ。

『映画 山田孝之3D』では、映画冒頭部分に特別出演の芦田による作品説明が挿入されたあと、山下がインタビュアーとなって山田がえんえん質問に答え、彼自身の半生や人となりを明かしていく。出身地、生い立ちから上京とデビューのきっかけ、子ども、演技、あるいは好きな芸能人にいたるまで、硬軟織り交ぜた無数の質問に、顔色ひとつ変えず淡々と答える山田を、カメラはフィックスショットで映し続ける。先行する『北区赤羽』『カンヌ映画祭』と同様、実在の人物である山田が自らの半生を赤裸々に語るというドキュメンタリー調の物語でありながら、どこか胡散臭い雰囲気がつねに漂い、どこまでが嘘(虚構)でどこまでが実話(現実)なのかがにわかには判別しがたく、両者が複雑に絡まりあっている作品である。

ところで、第一作『北区赤羽』の第一話には、山田の自宅を映した画面にケイシー・アフレック監督の『容疑者、ホアキン・フェニックス』(二〇一〇年)のDVDのパッケージがそれとなく写りこんでいる。この作品は、主演のホアキン・フェニックスがラッパーに転向するという顛末を描いたフェイクドキュメンタリーで、このホアキンという俳優自身も山田と同様、ポーカーフェイスの曲者俳優として知られている。『北区赤羽』をはじめとするこのシリーズの作り手が、このフェイクドキュメンタリーとしての先行作に目配せしていることは明らかである。

『北区赤羽』や『カンヌ映画祭』、そして松江が単独で監督したやはりフェイクドキュメンタリー風のテレビドラマ『その「おこだわり」、私にもくれよ!!』（二〇一六年）には、豪華キャストが多数登場し、視聴者からも注目を浴びた。こうしたノリの軽いフェイクドキュメンタリーの趣向は、山下が監督を、松江が編集を手掛けた『谷村美月17歳、京都着。～恋が色づくその前に～』（二〇〇七年）など、両者がデビューした直後の二〇〇〇年代から発表してきたインディペンデントの短編作品群の延長上にある。とりわけ山下の監督作『不詳の人』（二〇〇四年）などの短編は、いずれも山下の幼馴染みでもある個性派俳優・山本剛史がパラノイアックな怪人物に扮し、彼らを追いかける山下ら撮影クルーを徹底的に振り回すという展開になっている。これらの作品のオフビートで露悪的なノリが、後年の『北区赤羽』や『カンヌ映画祭』に引き継がれていることはよくわかる。なお、似たような設定は、こちらもフェイクドキュメンタリーで有名な白石晃士の映画にも多い。

いずれにせよ、この松江や山下、そして彼らにも先行する庵野らの初期のフェイクドキュメンタリー（的な）作品の数々は、デジタルメディアが本格的に勃興し始めた一九九〇年代から二〇〇〇年代初頭にかけて、テレビアニメやインディペンデントな低予算の自主制作短編といった、劇場用映画からすると相対的にマイナーな領域で試みられていた。だからこそ、当時はメディア論的にも興味深い批評性をはらんでいた。

しかし、そうしたフェイクドキュメンタリー的なリアリティがもはや徹底的なまでに日常化してしまった今日、その演出はメジャー化し、ある面でウェルメイドなものとして認知されている。それは、たとえば批評家の冨塚亮平が巧みに論じるように［■7］、昨今のアイドル産業やプロレス人気の再興などに象徴される、「ドキュメントの要素と演出が混在する」文化産業のリアリティを大きな前提としているに相違ない。また、ひとりの人物がSNSでアカウントを複数開設したり、「所属するコミュニティごとにある種のキャラクターを演じ分け」る若い世代特有の慣習も、冨塚のいう「ドキュメントの要素と演出の混在」を前提にした慣習といえるだろう。

## II　ドキュメンタリーと公共性のゆくえ

### フェイクドキュメンタリーと「ポストトゥルース」時代の倫理

ここまで見てきたように、わたしたちの生きる現実自体が高度にフェイク化してしまった二〇一〇年代以降、フェイクドキュメンタリー的な表現のインパクトはかつてよりも明らかに穏当なものになってきている。

しかしその一方、フェイクドキュメンタリーやリアリティ番組をめぐる問題は、ここ数年のうちに、むしろ大きな社会問題として取り沙汰されてきた。たとえば、オックスフォード大学出版局は二〇一六年の「Word of the Year」に「ポストトゥルース」を選び、現代の政治文化やひとびとのコミュニケーションのあり方が客観的な事実や熟議（啓蒙）よりも、主観的で感情的なアテンションや印象操作（煽動）に偏る傾向にあることを指摘している。それは二〇一七年にアメリカ合衆国大統領に就任したドナルド・トランプの政治手法によって大々的に具現化された[■8]。映されている事象の真偽を意図的に宙吊りにするフェイクドキュメンタリーやリアリティ番組の手法も、そのような趨勢に伴いウェルメイド化とはまた別の隘路に陥ることになった。

そこで問題になってきたのが、この手法が持つさまざまな非対称性や、そこから生まれる暴力性である。二〇一七年ころから世界的に高まっていった「#MeToo」運動の盛り上がりと連

■7　冨塚亮平「『信じること』と『演じること』」、『ユリイカ』二〇一七年八月臨時増刊号、青土社、八四頁。

■8　社会学者の西田亮介は、ネット選挙解禁後の現代政治状況を、かつての討議的コミュニケーションの力が後退すると同時に、SNSを中心にイメージの活用が先行した煽動が有力になっていると分析し、後者を「イメージ政治」と名づけているが、こうした体制もポストトゥルース的な社会状況を反映しているといえる。たとえば西田亮介『コロナ危機の社会学』（朝日新聞出版、二〇二〇年）や辻田真佐憲、西田亮介『新プロパガンダ論』（ゲンロン、二〇二一年）などを参照。また、SNSによるイメージ政治的状況の到来とポストトゥルースとの関係については、リー・マッキンタイア『ポストトゥルース』、大橋完太郎監訳、居村匠ほか訳、人文書院、二〇二〇年、第五章を参照。

動しながら、ここ数年の国内外の映画業界やテレビ業界では、それまで不可視化されてきたリアリティショー的な枠組みの抱える暴力性が白日のもとになる事例が相次いだ。

そもそもフェイクドキュメンタリーは、それが擡頭し始めた二〇〇〇年前後には、シネフィル的な価値観の強い映画批評家からは否定的に評価されてきた。すなわち、「表象」でしかありえない映画というメディアが自分のメディア性に自覚的でありつつ、それでもなお何らかの「現実」を描こうという逆説を試みるとき、フェイクドキュメンタリーという手法は安易にすぎる、という批判である。その手法は、現代のわたしたちの身の回りにすでに溢れているあてがいぶちの「リアル」なイメージのクリシェをただなぞっているだけにすぎない、それでは映画がこの世界と批判的に対峙するにあたってあまりに自堕落ではなかろうか、と［■9］。

もともとわたしは、そうしたフェイクドキュメンタリーへの評価に対して、メディア環境の変化という別の視点から積極的な批評的意味を読み取ろうとしてきた。しかし、いまやそうした「フェイクドキュメンタリー的なもの」の浸透と拡散が、社会に対してネガティヴな効果をもたらすようになってしまっている。

ただ一方で、それでもフェイクドキュメンタリー的な表現について考えることの重要性自体が失われてしまったわけではないだろう。以下では、二〇二〇年代以降にありうる、フェイクドキュメンタリー的な表現の可能性について考えたい。

かつてフェイクドキュメンタリーは、このドキュメンタリー化した現代世界そのものを結晶化させて閉じこめる琥珀のようなジャンルとして存在し、ゼロ年代にはそれをシニカルに観察することに批評的な可能性を見出すことができた。しかし、そうした役割には耐用年数の限界がきている。わたしたちにはこのジャンルについての別の想像力が必要になってきているのだ。

## 日常に忍びこむドキュメンタリー的自意識

そこで、ドキュメンタリー全般を再検討することで、現代の映像文化におけるフェイクドキュメンタリーの擡頭という現象の意味を、捉え直してみたいと思う。

『映画 山田孝之3D』のようなフェイクドキュメンタリーとは対極的な作品を同時代のドキュメンタリーから探すならば、たとえば想田和弘の一連の作品が挙げられるだろう。その二〇一〇年代に発表された一本、『牡蠣工場』（二〇一五年）は、瀬戸内海沿岸に位置する港町・岡

■9　当時の映画批評家のなかでそうしたフェイクドキュメンタリー（当時は「擬似ドキュメンタリー」と呼ばれることが多かった）批判の急先鋒にいたのが、作家としても知られる阿部和重であった。阿部のフェイクドキュメンタリー批判については、以下を参照。東浩紀、阿部和重「過視的なものの世界」、東浩紀『不過視なものの世界』、朝日新聞社、二〇〇〇年、二一七－二一八頁。また、阿部和重「『擬似ドキュメンタリー問題』再考」、『映画覚書 Vol.1』、文藝春秋、二〇〇四年、一五六－一六五頁以下も参照。ただ、阿部は『オーガ（ニ）ズム』（文藝春秋、二〇一九年）や『ブラック・チェンバー・ミュージック』（毎日新聞出版、二〇二一年）などの近年の小説においてはこのフェイクドキュメンタリー的な問題に新たなアプローチを試みている。

山県牛窓で営まれている小さな牡蠣工場の日常を記録した長編ドキュメンタリー映画である。古くは景観が『万葉集』にも詠まれた山陽の名勝・牛窓は、全国でも有数の牡蠣の産地であり、また監督の妻で本作のプロデュースも務める柏木規与子の母の故郷でもある。想田のプロダクション・ノートによれば、以前からたびたび休暇で訪れていたこの地で、当初は漁師を取材したドキュメンタリーを製作しようと計画していたものの、偶然のなりゆきから陸の牡蠣工場の暮らしを主題とすることになったという。

次作の『港町』(二〇一八年)とも主題を共有する本作は、冒頭、数分間におよぶ養殖牡蠣の水揚げのシーンで幕を開ける。音楽もナレーションもいっさいないこの数分間だけで、観客は想田のカメラが切り取る、濃密でふくよかな牡蠣工場の時間にたちまちのうちに入りこんでいく。『牡蠣工場』の二時間半は、ひとびとの生活が生み出す無数の身振りと声、音だけでこのうえなくゆたかに構成されている。

先ほど、想田の作品群はフェイクドキュメンタリー的パラダイムとは対極に位置づけられるものだと述べたが、本章の冒頭で掲げた時代精神としての「ドキュメンタリー的感性」の片鱗は、じつは『牡蠣工場』にも顔を覗かせている。たとえば、年若い漁師が外に出払っているあいだ、彼の妻が工場の広い台所で食事を用意しているシーン。その様子を、そ

図1　『牡蠣工場』(2015年)

ばでカメラを持った想田が彼女に語りかけながら撮影するのだが、被写体となった彼女はあからさまにそわそわしていて落ちつかない。想田の質問に対する答えや彼女から想田への質問も、どこか「いかにもドキュメンタリー」というような紋切型のものとなる。そして彼女は何度も「こんな感じ?」と訊き返すのだ。

このたあいのないシークエンスは観客の笑いを誘うが、他方でドキュメンタリーの被写体である彼ら自身が、わたしたちの社会に遍在する「ドキュメンタリー映画のクリシェ」を無意識のうちに深く内面化している姿も浮かび上がらせている。そしてフェイクドキュメンタリーに登場する多くの人物たちにも、彼らとまったく同じような身振り——「映像によるライフログ化」への自意識を、認めることができるのだ。たとえば、白石のフェイクドキュメンタリー作品でも、登場人物たちはつねに自分たちがカメラで記録されていることに意識的に振る舞っている。その意味で、この世界それ自体が絶えず映像になりうる可能性をはらみ持ったメタ映画=ポストシネマ的な感性や状況は、『牡蠣工場』の描く牛窓の日常にもすっかり浸透してきていることが窺えるのだ。



## 「観察映画」というスタイル

『牡蠣工場』の冒頭の養殖牡蠣の水揚げや牡蠣剝きのシークエンスは、現代のドキュメンタリー映画に親しんでいる読者にとっては、想田の敬愛するドキュメンタリー映画の巨匠、フレデリック・ワイズマンの『メイン州ベルファスト』（一九九九年）の冒頭に出てくるロブスター漁や、作中の鰯の缶詰工場のシークエンスを想起させるだろう。ニューイングランドの美しい港町を舞台に、『牡蠣工場』同様、町の高齢化や過疎化など同時代の社会問題を作中に織りこんだこのワイズマンの代表作を、想田が制作にあたって意識していたことは充分に考えられる。また、小さな港町から同時代の普遍的な社会問題を照射するというモティーフは、土本典昭の一連の「水俣」シリーズ（一九七一－二〇〇四年）にも連なるといえる。

ワイズマンや土本の映画とのアナロジーは、想田のドキュメンタリーを、フェイクドキュメンタリー的な圏域から決定的に隔てるものでもあるだろう。なるほど、『選挙』（二〇〇七年）から始まる想田の一連の長編作品は、近年の日本のドキュメンタリーのなかでも、その方法論や主題においてひときわ異彩を放っている。すでに知られるように、彼は自らの演出や撮影手法にいくつかの制約を課している。

まず、先ほど冒頭のシークエンスについて描写したように、想田の映画では、ナレーション、説明字幕、音楽など「説明的」「効果的」な付随表現は原則としていっさい用いられない。またそのつどのテーマはあれど、被写体や題材に関するいっさいの事前リサーチ、打ちあわせ、台本執筆も行わない。カメラを回すのもつねに監督の想田ひとりである。さらに、市議会選挙（『選挙』）、精神科外来（『精神』）、社会福祉や訪問介護（『Peace』）、アメリカンフットボール・スタジアム（『ザ・ビッグハウス』）など、総じて社会的・公共的問題が扱われるのも特徴だろう。その独特のスタイルを想田は「観察映画」と呼んでいる［■10］。『牡蠣工場』でも、牡蠣工場の日常を取材する過程で、地域の空洞化やグローバリゼーションに伴う外国人労働者問題や震災避難民問題が不意に顔を覗かせる。冒頭で牡蠣の水揚げをしていた漁師は、じつはかつて宮城で牡蠣養殖業を営んでおり、東日本大震災の影響により一家で牛窓に移住してきていたことが明らかになる。また、過疎化と少子高齢化による労働力不足により、牡蠣工場では近年、住民たちが「ちゃいな」と呼ぶ中国人の出稼ぎ労働者を受け入れている実状が捉えられる。

こうした想田の「観察映画」の方法論は、作家自身も公言するように、おもに一九六〇年代以降の現代ドキュメンタリー――たとえば、メイスルズ兄弟やD・A・ペネベイカー、そしてとりわけワイズマンに代表されるアメリカの「ダイレクト・シネマ」運動に明らかな影響を受けている。

ダイレクト・シネマとは、一九六〇年代のアメリカでテレビ業界を中心に勃興した新しいドキュメンタリーの動向を指す。軽量の手持ちカメラ、同時録音装置、指向性マイクなど、おもにテレビ業界で開発された機動性の高い撮影機材を駆使し、また事前の台本や意図的な演出を

■10　想田の観察映画の定義は、以下も参照。想田和弘『観察する男』、ミシマ社、二〇一六年、一二六頁以下。

避けて、あるがままの現実を直接捉えようとするところに大きな特徴がある。ほぼ同時期のフランスで生まれたジャン・ルーシュやクリス・マルケルらを中心とする似たようなドキュメンタリー運動「シネマ・ヴェリテ」としばしば比較されるか、撮影対象に介入せずに傍観するスタンスが強いところに違いがある。そして、そのダイレクト・シネマの旗手として出発したワイズマンの作品群もまた、『高校』（一九六八年）、『病院』（一九七〇年）、『福祉』（一九七五年）、そして近年の『ニューヨーク公共図書館 エクス・リブリス』（二〇一七年）や『ボストン市庁舎』（二〇二〇年）まで、現代アメリカ社会の無数の公共機関（インスティチュート）（とそこでの社会的マイノリティ）の日常を題材に、それらをいっさいの説明的要素なく、できる限り「客観的」「中立的」（に見えるよう）なまなざしで一貫して描き続けてきた。

## 「セルフドキュメンタリー」との距離

こうしたワイズマンに通じる想田のドキュメンタリーの方法は、現代日本のドキュメンタリーのなかで擡頭してきたふたつの流れとは、いっけんして対照的である。

第一に被写体となる世界のリアリティが絶えずあいまい化し、カメラアイの主体が虚構の渦に巻きこまれていくフェイクドキュメンタリーは、想田の観察映画における、できる限り客観的で中立的な地点から世界を見つめようとするカメラアイとはまったく異質なものである。第二にそのまなざしは、およそ九〇年代あたりから日本の若手作家を中心にひとつの主流をなしてきた「セルフドキュメンタリー」とも鋭く対立するものだろう。

セルフドキュメンタリーとは、撮影主体（「わたし」）の親密な日常、出自、経験の諸相を主題にしたドキュメンタリー作品を指す。「記録映画」と呼ばれてきた日本のドキュメンタリーの歴史を遡れば、戦中期の亀井文夫、あるいは一九六〇年代の土本典昭や小川紳介らが、大文字の国家権力に対抗すべく強固な「作家主体」を打ち出す広義の「社会派」の潮流を形成した。それに対して一九七〇年代の原一男の登場に象徴されるそれ以降の作家たちは、こぞって大文字の社会性や公共性とはいったん切れたミニマムな私性をさかんに主題にし始めた。

とりわけ一九九〇年代から二〇〇〇年代にかけては、海外の国際映画祭で評価をえた河瀨直美を筆頭に、平野勝之、ヤン・ヨンヒ、砂田麻美、松江哲明、真利子哲也などなど、作家個人やその家族、知人などを主人公に、過去のトラウマ的記憶やエスニシティ、セクシュアリティなどの自己のアイデンティティを内省的に問う作品が日立ってきた。ただ、「3・11」以降の二〇一〇年代には、メディア・アクティヴィズムなどとの連動により、ふたたび「社会派的」なドキュメンタリーの流行も見られ始め、そのままいまにいたっているといえるだろう。

こうしたドキュメンタリー表現の変容が、政治の季節からタコツボ的消費へ、階級闘争からアイデンティティ・ポリティクスへ、うんぬんといった二〇世紀後半の広い社会的・文化的変化と明確に連動していることは、すでに多くの論者が指摘している。

かつてドゥルーズ&ガタリは、近代社会とそれ以降のポストモダン社会の構成要素を集団（モル）から個体（分子）への移行として描き出した。ドキュメンタリーの主題の歴史的変遷も、まさにこの図式と重なりあう。たとえば、日本でセルフドキュメンタリーの流行した時期は、サブカルチャー評論でいう「セカイ系」の擡頭の時期ともほぼ重なっている［■11］。セカイ系とは、二〇〇〇年代前半のオタク系のサブカルチャーの一群の作品に表れた独特の物語構造を指す言葉で、一般的には物語の主人公（ぼく）と、彼が思いを寄せるヒロイン（きみ）だけの小さな日常性と、「世界の危機」「この世の終わり」といった非日常的な大問題とが、社会や歴史といった中間項を挟むことなく直結している物語を意味している。社会性がすっぽりと抜け落ち、「ぼく」のミニマムな内面世界だけがクロースアップで追求されるセルフドキュメンタリー的な世界は、まさにセカイ系の構図なのだ。

その意味で想田の作品は、「イメージの例外状態」と化した今日の映像環境において、ドキュメンタリーが、いわば「イメージの公共性」（現実／映像の境界画定）の不／可能性を実践的に体現する特権的ジャンルになっているという事実をも示しているのではないか。ワイズマン的な観察映画を一貫して標榜する想田のドキュメンタリーは、ポストトゥルースの時代における映像とわたしたちとの関係を考えるうえで貴重な存在となっている。さらにそれは必然的に、わたしたちの社会それ自体のありうべき公共性の形の模索にも重なっていく。この問題については、第二部であらためて考えてみたい。

## III　リアリティの多層化からプロセスの可視化へ

### 多層化する素、演技、そして「演じ直し」

このように、ワイズマン的な方法論を追求する想田の観察映画の実践は貴重な試みである。とはいえ、現実のフェイク化に伴って、ドキュメンタリーがその足場を支えることが難しい状態にあるのもまた事実である。実際、表現としてのフェイクドキュメンタリーは、もはやその「リアル」批判の方法論としての先鋭さを失い、クリシェ化――フェイクドキュメンタリー自体がドキュメンタリー表現のクリシェ化だったとすれば「二重のクリシェ化」？――している。これが、二〇二〇年代の（フェイク）ドキュメンタリーを取り巻くおおまかな状況である。

だが一方で、『映画 山田孝之３Ｄ』には、二〇一〇年代以降のフェイクドキュメンタリー的

■11　また、日本のセルフドキュメンタリーに関しては、ドキュメンタリー作家の佐藤真の批判に端を発した二〇〇〇年代前半の「セルフドキュメンタリー論争」がよく知られる。その批判の要旨は、作品が「素材先行主義」――映画としての社会的視点がオミットされ、被写体となる人物の「キャラ立ちの濃さ」にばかり依存している、というものだった。佐藤が論考でいみじくも「オタク文化」を例に挙げていたように、これは九〇年代以降のドキュメンタリー表象が、「キャラクター消費化」していたといいかえることもできる。佐藤真「私的ドキュメンタリー私論」、『ドキュメンタリーの修辞学』、みすず書房、二〇〇六年、一四－四四頁。

想像力を考えるにあたって興味深い点が存在する。それは、かつての『不詳の人』における山本剛史のキャラとは異なり、俳優の「素の身振り」と「演技」との区別があいまいにされるだけではないことだ。

どういうことか。たとえば『不詳の人』であれば、山本が怪しげな俳優指導のワークショップを行う自称・ハリウッド俳優の「船木テツヲ」という人物に扮して、いかにも実話のドキュメンタリーのように振る舞う姿が「記録」されている。観客にとってこの作品での山本の身振りはいわば「プロレス」であり、素と演技の境目は不問にされている。それは、『映画 山田孝之3D』の場合も同様なのだが、本作では、そこにさらにもうひと捻りが加えられている。

いうまでもなく、それは山田が演じているのが、ほかならぬ「山田孝之」という役だからである。その演技では、テレビドラマ『勇者ヨシヒコ』シリーズ（二〇一一－一六年）や『荒川アンダー ザ ブリッジ』（二〇一一年）など、すでにさまざまな過去の出演作などを通じて、山田の「どこかエキセントリックでコミカルな役者」というキャラクターが観客にとって所与のものになっていることが前提とされている。しかも山田自身がそのことに対してきわめて自覚的に振る舞っており、作中で自分の世間的なイメージにたびたび言及する。それによって素と演技の境界はより複雑になっている。

すなわち本作における「山田孝之」は、俳優自ら「山田孝之は『山田孝之』を演じている」と告白することで、おそらく観客同様、本人にとってもどこまでが素＝真実なのかわからない、多層的な「嘘」に覆われている。もちろん、山田自身はいわゆる憑依型の俳優ではなく、細部の動きまで綿密に作り込んでいくタイプであることがしばしば指摘されもする。しかし、その自覚的で繊細な演技プランがときにCGによる加工すら視野に入れて行われ、「演劇的なアクターというよりも、［……］映像クリエイターに近」いと評されるように[■12]、映像を通じて見る彼の身体イメージには、やはりいくつもの「フェイク」がはっきりと塗り込められている。つまり松江と山下は、山田自身がもともとある種の「フェイクドキュメンタリー性」を体現している俳優であるという、「存在の強度」を利用することによって、観客が本作に覚える独特のリアリティを形作っているのだ。

こうした「演技」と「素」をめぐる多重性は、たんにフェイクドキュメンタリーに固有の問題を離れて、今日のポストシネマがはらむ重要な論点を浮かび上がらせてはいないだろうか。『映画 山田孝之3D』が示す「演技」の多重性は、たとえばジョシュア・オッペンハイマー監督の『アクト・オブ・キリング』（二〇一二年）からクリント・イーストウッド監督の『15時17分、パリ行き』（二〇一八年）、あるいはロバート・グリーン監督の『ケイト・プレイズ・クリスティーン』（二〇一六年）まで、ここ数年の国内外の映画における大きな潮流を形成していると思われる。

■12　北村匡平『アクター・ジェンダー・イメージズ』、青土社、二〇二一年、一七四頁。

『アクト・オブ・キリング』は一九六五年にインドネシアで起こったジェノサイド、いわゆる「9・30事件」を、『15時17分、パリ行き』は二〇一五年に高速鉄道タリス車内で発生した「タリス銃乱射事件」を、そして、『ケイト・プレイズ・クリスティーン』は、一九七四年にアメリカのニュース番組の生放送中に女性キャスターのクリスティーン・チュバックが拳銃自殺した事件をそれぞれ題材にしている。そして、この三作に共通するモティーフとは、ある種の「演じ直し」の（不）可能性であるだろう。この三作のうち、『ケイト・プレイズ・クリスティーン』は、ケイト・リン・シールという新人女優がチュバックの伝記映画で彼女の役を演じることになり、その様子をカメラが追っていくというフェイクドキュメンタリー仕立ての演出になっている。さらに『アクト・オブ・キリング』と『15時17分、パリ行き』にいたっては、なんと実際の事件の当事者たちが、自分たちが起こした、あるいは自分たちの身に起きたできごとをカメラの前でもう一度再現する（演じ直す）。『アクト・オブ・キリング』というタイトル自体、「殺人行為」と「殺人の演技」のダブルミーニングになっている。

『アクト・オブ・キリング』では、アンワル・コンゴという、当時、実際に虐殺に関わった当事者がカメラの前で、実際に殺害を行った場所でもう一度同じ身振りをやってみせる。しかも、彼らは自分たちの演技を誇らしげに見せつけ、自身をハリウッドスターに露悪的になぞらえたりする。その彼らの自分自身の演技／擬態は、一種の拡張現実的なリアリティすら帯びている。つまり、スクリーンに現前しているのは現在＝二〇一〇年代の演技であるにもかかわらず、その裏にぼんやりと、一九六〇年代のジェノサイドの現場がARのように浮かび上がってくるような気がしてしまうのだ。ここで、彼らが演技をする実際の場所と、それを記録するカメラは、そのARを発生させるインターフェイスと化している。この素と演技、現前と不在の感覚の多重性は、主題はまったく異なるが、『映画 山田孝之3D』にもどこか共有しているものだ。

## 表象と現前性のあわいで――AR化するシチュエーション

今日のポストシネマに頻繁に見られる要素に、こうした「演技的」なモティーフあるいはシチュエーションの前景化が挙げられるだろう。たとえば「演劇の上演プロセス」という映画以外の要素を作品に大胆に取りこみつつ、映画全体を入れ子構造的に描いていくという設定は、奇しくも『アクト・オブ・キリング』と同年に製作された濱口竜介の『親密さ』（二〇一二年）にも重なるところがある。

『ハッピーアワー』（二〇一五年）と同様、四時間以上におよぶ長尺のこの作品は、物語が二部に分かれている。このうち、「short version」として独立した形で公開されてもいる後半部分は、舞台上演の様子をドキュメンタリーのようにそのまま記録したものである。それに加わる前半部分では、その舞台を作る若者たちの物語が描かれる。すなわち、作品全体が映画と演劇、フィクションとドキュメンタリーがくっついたり絡まりあったりする構成になっており、これ自体がいかにもポストシネマと呼ぶにふさわしい。また、この『親密さ』のいわば「演じ直し」とも呼べる『ドライブ・マイ・カー』（二〇二一年）にも、それはあてはまるだろう。ワークショップによる舞台の上演プロセスをドラマの中核に組み込み、作中の主人公によって行われる演技指導と濱口自身のそれが二重写しになって見える本作もまた、まったく同じたたずまいを持っている。

あるいは、これもまた『アクト・オブ・キリング』『親密さ』と同年に作られ、濱口の作品とも少なからず共通性を感じさせる、小森はるか監督の初期の中編作品『the place named』（二〇一二年）。

小森の故郷・静岡で撮影された、「3・11」の影が濃密に漂うこの作品では、ソーントン・ワイルダーの戯曲『わが町』（一九三八年）を下敷きに、田舎町に住む若い女性の少し奇妙な日常と、『わが町』第三幕の舞台稽古を行う若い劇団員の男女という、いっけん無関係なふたつの場面が交互に呼応するように描かれる。この時期にはたしかに、まさに「映画」の自明性の溶解とともに、比喩的な意味も含め「演劇的」な舞台装置を取り入れた注目すべき映画作品が国内外を問わず相次いでいた。海外では、アカデミー賞作品賞も受賞したアレハンドロ・ゴンサレス・イニャリトゥの『バードマン あるいは（無知がもたらす予期せぬ奇跡）』（二〇一四年）などがすぐに思い浮かぶ。

このことは、映画を含めた複製メディアが体現してきた「表象（リプレゼンテーション）」の機能や価値が相対的に失効し、代わりに演劇的とも呼べる身体の直接的な「現前性（プレゼンテーション）」のシステムが映像にどんどん侵入してきたという事態だと理解してよいだろう。

　これは、コロナ禍以前の、ここ一〇年ほどの現代文化全般で脚光を帯びていたアイドルコンサートや二・五次元ミュージカルなどのライブエンターテイメントの盛り上がりにも関係している。かつて、いま・ここにはない音や映像を記録し、自在にひとびとの前に再－現前＝表象（リプレゼンテーション）させる複製メディアの力が注目され、映画を含めその力に基づいた興味深い表現がさまざまに生み出されてきた。しかし、インターネットからSNS、ストリーミング配信などデジタル技術に支えられた現代のリアルタイム指向のメディア環境は、そうした表象の意味や価値を低下させた。その代わりに、すべてがいま・ここで受容されるカルチャーがふたたび隆盛するようになったといわれる。現代映画に広く見られるある種の「演劇性」も、おそらくそうした一連の動向に関わっている［■13］。

　また、それは現代の映画監督たちが、いわゆる「サイト・スペシフィック」な現代アートの領域とも接触するようになっていることと通底するだろう。二〇一〇年代はライブエンターテイメントとともに、アニメ聖地巡礼や地域アートのような、やはり「そこに行かないと体験できない」カルチャーが人気を呼んだ。

　同じく海外では、アピチャッポンのように、どこか特定の場所で体験するようなコンセプトを持った、インスタレーション・アートとも映画ともつかない作品を発表する作家も目立ち始めた。日本では濱口をはじめ七〇年代後半以降生まれの作家にそれが顕著で、『5windows』(二〇一二年)、『PARKSパークス』(二〇一七年)の瀬田なつきや、『潜行一千里』(二〇一六年)の空族などが似たような作品を発表している。空族の『潜行一千里』は、中心メンバーの富田克也が監督し、ロカルノ国際映画祭若手審査員・最優秀作品賞や毎日映画コンクール監督賞を受賞した長編映画『バンコクナイツ』(二〇一六年)と同時に制作された、関連インスタレーション作品である。山口情報芸術センター(YCAM)、映像制作プロダクション「スタジオ石」と共同で制作され恵比寿映像祭などで上映された[■14]。もともと『バンコクナイツ』自体が、富田らスタッフが物語の舞台であるタイに長期間滞在し、現地のひとびとと関わりながら制作したリレーショナル・アートのような作品だった。『潜行一千里』はその映画の主人公が作中でたどったタイからラオスまでの道程を記録したフッテージが会場の四方の壁を覆うように立つ分割スクリーンに映し出されるという趣向のものである。これらもまた、演劇化と同じ、「映画」における現前性の変化を象徴している。

さきに述べた『アクト・オブ・キリング』のような、非在(複製)と現前、フィクションとドキュメンタリーがあいまいに混濁しながら、「拡張現実(AR)的」に重なりあう表現もまた、今日の発達したプロジェクションマッピングやARゲームを参照するまでもなく、ポストシネマ的な特徴のひとつだといえるだろう。

もちろん、フェイクドキュメンタリーも含め、今日の映像の描くリアリティがすべて「嘘」

に溶かしこまれてしまっているというわけではない。たとえば、『アクト・オブ・キリング』の最後では、それまで飄々とした身振りで、かつて自分がやった虐殺行為の「再演」をさんざんカメラの前でやっていたアンワル・コンゴが、激しく嘔吐する場面が出てくる。その急な体

■13　ここで述べてきた現代映画の「演劇化」という事態は、Rhizomatiksに代表されるプロジェクションマッピングなどを用いた近年の舞台パフォーマンスの隆盛ともリンクしている。すなわち、ここには映画を含めたスクリーンをめぐる実践を総体的に捉え直す「スクリーン・プラクティス」と呼ばれる視座から、映像と身体パフォーマンスとオブジェクトを統合する新たな映像史／舞台表現史を構想する可能性が開かれている。この点で、視覚メディア史研究者の大久保遼が示唆している、セルゲイ・エイゼンシュテインの仕事の読み直しは面白い。エイゼンシュテインはいわゆる「モンタージュ理論」で映画固有の物語話法を構築し、「映画芸術の父」と呼ばれる映画監督・理論家である。しかし、彼が映画監督デビュー前の青年期に舞台演出家として活動し、映画のモンタージュ理論以前に、舞台演出におけるモンタージュ理論を構想していたことは、これまでの研究ではほとんど問題とされてこなかった。だが、よく知られるマニフェスト的論文「アトラクションのモンタージュ」（一九二三年）にせよ、実際は映画と演劇の協働や演劇的装置の構成要素（アトラクション）が問題にされており、同年に発表された初期作品『賢人』（一九二三年）は、映画と演劇、照明、曲芸、道化芝居など複数の要素が交錯するまさに「ポストメディア的」な内容だった。つまり、「映画人」エイゼンシュテインは、実際は二・五次元ミュージカルのようなハイブリッドな表現を志向する監督として出発していたのである。その意味で、わたしたちは彼の映画進出によって途絶してしまった「演出理論としてのモンタージュ理論」を今日のデジタル環境のなかで再発見しアップデートすることができるかもしれない。以下を参照。大久保遼「スクリーン・プラクティスの再設計」、大久保遼、光岡寿郎編『スクリーン・スタディーズ』、東京大学出版会、二〇一九年、二二五―二四七頁。

■14　なお、この映像音響インスタレーションの映像は、このあと、向山正洋監督『映画 潜行一千里』（二〇一七年）という『バンコクナイツ』のメイキング・ドキュメンタリーとしても作り直され、公開された。

調異変の理由が語られることはない。ただこのシーンからは、それまで演技によって露悪的に現実の「AR化」を図ってきた者が、不意に演技の不可能性、「現実」に直面して終わったという解釈が読み取れる。ここで顔を覗かせているのは、スラヴォイ・ジジェクのいう「仮想化しきれない残余」[■15]、つまり、どれだけバーチャル化してもしきれない「残り滓のリアル」とでもいうべき要素かもしれない。

いずれにしても、二〇一〇年代のフェイクドキュメンタリー(的な作品)が、こうしたある種の「演じ直し」、つまり「アクト」や「プレイ」のモティーフを通じて、わたしたちの拡張現実的な日常をきわめてアクチュアルに「ドキュメント」していたということができる。

## プロセスの可視化

ここには二〇一〇年代のフェイクドキュメンタリー的想像力の内実を探るにあたって、きわめて重要な論点が見られるように思う。

先ほども述べたように、かつてフェイクドキュメンタリーとは、今日のリアリティの多層化、いわば拡張現実化をもっとも巧妙に体現するスタイルとして用いられていた。他方で、二〇一〇年代の後半に起こったさまざまな変化によって、その表現の一部には耐用年数の限界が来ていることもはっきりとしてきた。それを踏まえたうえでなお、昨今のフェイクドキュメンタリー的な手法には、また新たな可能性が加わっているのではないか。それは、「**プロセスの可視化**」の手法というべきものである[■16]。

プロセスの可視化とは何か。作品や演技の生成するプロセスそのものを作品のなかに繰りこんでしまうことである。それは、ほぼアマチュアのスタッフ、キャストが双方向的にコミュニケーションを積み重ねながら作品を作り上げていく、いわゆるワークショップ映画の類においてもっとも顕著に示されるものでもあるだろう（そして、そうしたスタンスはおそらくはかつて「ユーザ生成コンテンツ」〈UGC〉などと呼ばれたウェブプラットフォーム発のコンテンツとも近似的なものである）。たとえば、上田慎一郎監督の『カメラを止めるな！』（二〇一七年。以下『カメ止め』）がそれにあてはまる。

この作品は社会現象にまでなった大ヒット作だが、じつは監督・俳優の民間養成講座「ENBUゼミナール」の「シネマプロジェクト」第七弾として自主製作された低予算のインディペンデント映画である。簡単にあらすじを紹介しておこう。

まず、冒頭からの約四〇分、『One Cut of the Dead』という、全編長回しのフェイクドキュメンタリー調のゾンビ映画が展開される。幕が閉じると一転、後半ではそのゾンビ映画が、じつ

■15　スラヴォイ・ジジェク『仮想化しきれない残余』、松浦俊輔訳、青土社、一九九七年。

■16　この問題については、たとえば以下の拙稿でもすでに論じている。渡邉大輔「『映像研には手を出すな！』と『プロセス』を描く映像文化」、美術手帖INSIGHT、二〇二〇年。URL=https://bijutsutecho.com/magazine/insight/21365

は主人公のディレクター、日暮隆之（濱津隆之）が、プロデューサーからの「テレビの生放送ドラマで全編ワンカットのゾンビ映画を作ってくれ」という無責任なオファーのもとに試行錯誤の末作り上げた作品だったことが示される構成になっている。すなわち、前半のフェイクドキュメンタリー的な趣向に、それを入れ子構造として回収する後半がつけ加わることにより、前半の劇中劇の映画が成立するワークショップ的なプロセスを観客に示す仕掛けになっているのだ。

ちなみに、『カメ止め』は、『GHOST IN THE BOX!』という舞台作品が着想元になっている。この舞台もやはり物語が二部構成になっており、かつて人体実験が行われていたと噂される山奥の廃墟に登場人物たちが入りこみ、そこで不可解な連続殺人事件が起こるというのが前半だ。後半で、観客が見せられたそのできごとはじつは……と、伏線が回収される構造は『カメ止め』に引き継がれている。それ以外にも、『カメ止め』は映画よりもむしろ現代演劇の潮流との類似がしばしば指摘されてきた。この映画がまとっているのもまた、すぐれて演劇的な想像力だったのだ。

さらに似たような構造が見られるのが、同じENBUゼミナールで製作された『親密さ』、中編作品『不気味なものの肌に触れる』（二〇一三年）、として『ハッピーアワー』といった濱口竜介の作品群だろう。この点については、三浦哲哉が『『ハッピーアワー』論』のなかで的確に指摘している。

本作『『ハッピーアワー』』の観賞後に、世界があたらしく見えるようになるのはどうしてか。いま、その回答を次のようにまとめることができるだろう。

世界があたらしく見えるという経験は、まず第一に、本作の登場人物たちに起きていたことだった。それはどのようにして起こるのか。「重心」こそがそのポイントである。『ハッピーアワー』は、登場人物たちの人間関係の総体が変容していくプロセスを、「重心」の劇として造形する。均衡が維持され、ときに破れ、またそれがべつのかたちで回復する過程が微細に描かれる。また、この「重心」の劇を焦点とすべく本作の台詞は書かれている。［……］

とはいえ、以上の要約はあくまで、観賞体験が終わったあとに振り返って述べた、単なるまとめであるにすぎない。重要なのは、この変化の感触を、観客もまたある意味で作品に参加しながら、具体的に触知する作業それ自体である。［■17］

すでに第一章でも紹介した、『ハッピーアワー』冒頭のワークショップのシークエンスを思い出してみよう。

■17　三浦哲哉『『ハッピーアワー』論』、羽鳥書店、二〇一八年、一三七－一三八頁、傍点引用者。

ここでは、フィクション映画のなかの一場面であるにもかかわらず、俳優たちの身振りや、それらを捉えるカメラワークがあたかもドキュメンタリー映像のような異様な臨場感を醸し出していた。この独特の演出は、作家自身のインタビューでの発言によれば、俳優たちを集めた通常のワークショップの記録として撮影された映像に、後日、その映像をもとにフィクションとして再構成し撮影した同じシチュエーションの映像をミックスすることで成立している[■18]。

すでに触れたようにこうした映画におけるフィクションとドキュメンタリーの関係、すなわち、今日の映像の表象や観客の受容体験における現実性／虚構性のあわいを攪乱し、多層化していくような表現も、近年の濱口作品において顕著に見られる傾向である[■19]。

こうした意味で、濱口作品もまた、ある面でフェイクドキュメンタリー的な作品群と同じ足場を共有している。つまり、さきの引用で三浦が指摘しているとおり、濱口映画ではあたかも「世界がまあたらしく見えるようになる」ように、「登場人物たちの人間関係の総体が変容していくプロセスを、［……］均衡が維持され、ときに破れ、またそれがべつのかたちで回復する過程が微細に描かれる」。

また『ハッピーアワー』については、本作のシナリオおよびサブテクスト、そして本作の制作をめぐるさまざまな付随情報や考察までもが収録された著作『カメラの前で演じること』が刊行されている。この本を読むことは、少なくともわたしにとっては、本作のために行われたという、台本のないワークショップに参加した出演者たちの感じただろう「映画ができていく」過程を追体験することによく似ていたように思う。つまりこの本によって、映画の生成プロセスに「観客もまたある意味で作品に参加しながら、具体的に触知する作業」が可能となるのである。そこでは、観客もまた映画に巻きこまれながら、映画が立ち上がっていく瞬間にともに立ち会い、それを共有する。これこそ、かつてフェイクドキュメンタリーと呼ばれたものとも近しい表現が生み出すことのできる新たな感動ではないだろうか［■20］。

■18　濱口竜介「一瞬でもいい、演技とは思われない瞬間をカメラが捉えてくれたら、何か大事なものが見る人に届く」（聞き手・稲川方人）、『映画芸術』二〇一五年秋号、編集プロダクション映芸、二〇一五年、五頁。

■19　この問題については、以下の拙稿でも論じている。渡邉大輔「現代映画と『モノ＝イメージとの同盟』」、『IMAGE LIBRARY NEWS』第三三号、武蔵野美術大学美術館・図書館、二〇一五年、二－四頁。

■20　これら「プロセスの可視化」という方法論の先駆的存在とみなせるのが、一九九〇年代以降の諏訪敦彦の作品群である。諏訪はデビュー作以来、脚本を用意せず、俳優やカメラマンたちとの絶え間ないディスカッションにより作品を作るという、世界的にも稀な演出スタイルで知られている（その意味で彼は、ヌーヴェル・ヴァーグの精神の正統的な後継者とも呼べる）。その姿勢は、「脚本」や「監督」が特権的に統御する通常の映画作りの自明性を鋭く問い直す。たとえば、彼の映画は、『2／デュオ』（一九九七年）、『M/OTHER』（一九九九年）、『不完全なふたり』（二〇〇五年）、『ユキとニナ』（二〇〇九年）といったタイトルからも窺われるように、他者同士の対話の（不）可能性をつねに主題としてきた。諏訪にとっては、「私」や「あなた」はそれ自体では「不完全」なものであり、両者の不断の交渉のプロセスのなかで、ある映画ははじめて「独白」から「対話」になり、「誰かの映画」ではなく、私たちの映画」になっていく。ここには、「可塑性の倫理」とでも呼べる現代映画の新たな可能性が宿っている。なお、諏訪もまた濱口同様、自らの映画作りのプロセスを記した書籍を刊行している。諏訪敦彦『誰も必要としていないかもしれない、映画の可能性のために』、フィルムアート社、二〇二〇年。

以上のようにして、フェイクドキュメンタリー的な方法論は、いまや現代映画のいたるところで使われるようになっている。ドキュメントのフェイクとしてのリアリティは、かつてのフェイクドキュメンタリーでは、物語世界、つまり空間設計に依拠していた。それに対し、新たなフェイクドキュメンタリーはそのリアリティを時間的な側面において作り直しているのだといいかえることも可能だろう。映画ができていくプロセス（時間）の領域を作品自体に取りこむことによって、映画には作り手以外のさまざまな他者との交渉の痕跡が混じりあい、その影響が作品のなかに保持される。そこでは、映画を支配する誰か（監督やプロデューサーなど）の特権的な意思によって非対称的に現実が「嘘」に捻じ曲げられるポストトゥルースの隘路とは別のあり方が開かれているだろう。ここに、ポストシネマ的なドキュメンタリー表現、ひいてはフェイクドキュメンタリーの新たなフェーズ――いわば「フェイクドキュメンタリー２・０」とでも呼びうるものの可能性がある。

# 第3章 受容の変容
## ——平面・クロースアップ・リズム

## 1 顔の変容

### デジタル化による二極化現象

ここまで、ポストシネマをめぐるさまざまな問題を、カメラアイそのもの、そしてカメラが映し出すリアリティの変化として見てきた。この章では、二一世紀の映画を含む映像の新たなプラットフォームの登場が、映画の画面構成やそれを見る観客との関係のあり方に起こした変化について見ていきたい。

インターネット登場以降の映像をめぐる新しいメディア環境といえば、やはりYouTubeやニコニコ動画、Instagram や TikTok といった、SNSとも紐づいた多種多様な動画共有サービスだろう。

たとえば、ディズニーアニメ『アナと雪の女王』（二〇一三年）や新海誠の『君の名は。』（二〇一六年）など、二〇一〇年代の記録的大ヒット作の受容動向を見てみると、そこには YouTube やニコニコ動画といった、二〇〇〇年代以降に擡頭してきた動画サイトとの新たな相乗効果が多分に見られる［■1］。今日のデジタルコンテンツ――そのなかには映画も含まれる――は、その特性上、ある種の「二極化」の傾向を不可避的に背負ってしまうことがしばしば指摘されている。

かつてのアナログのメディア（支持体）は、キャンバスにしろ、書物やレコード、そしてフィルムにしろ、物質だった。それらははっきりした輪郭（形）を持っていただけではなく、全長一〇〇メートルのキャンバスが存在しないように、また小指ほどの本がないように、人間の身体や認知機能に応じた、一定のサイズを保っていた。しかし、メディアがデジタル化し、ネットワークに接続されるようになると、確固とした輪郭や規模が形のないデータの海に溶け出していくことになる。その結果起きることがコンテンツの「二極化」、つまり極端な「長尺化」

■1　この点については、渡邉大輔「液状化するスクリーンと観客」、大久保遼、光岡寿郎編『スクリーン・スタディーズ』、東京大学出版会、二〇一九年、六九－八八頁を参照。

（または長回し化）と極端な「短尺化」（断片化）なのだ。

すべてがデータになった文化表現の世界では、かつての平均的な長さ・大きさの作品の縛り（映画なら約九〇分）が弱くなり、規格外に長い作品か、逆に規格外に短い作品に分かれがちになる。これらはやはりウェブのコンテンツを例にするとわかりやすい。いまのネットの動画は、「ながら見」を前提にして一〇時間以上もダラダラ配信するものか、ほんの数秒で終わるものに分かれている。後者の代表格はTikTokであり、またYouTubeを筆頭とする昨今のネットの動画も一〇分程度の短いものがほとんどだ。一方で、前者はニコニコ生放送や一部のYouTuberの配信などがあてはまる。ニコ生の長時間配信文化は、一時期と比較してだいぶ落ちついてきたようにも見えるが、それでも傾向としてはいまでも変わらないだろう。［図1］

この傾向は二一世紀の映画やアニメーションをめ

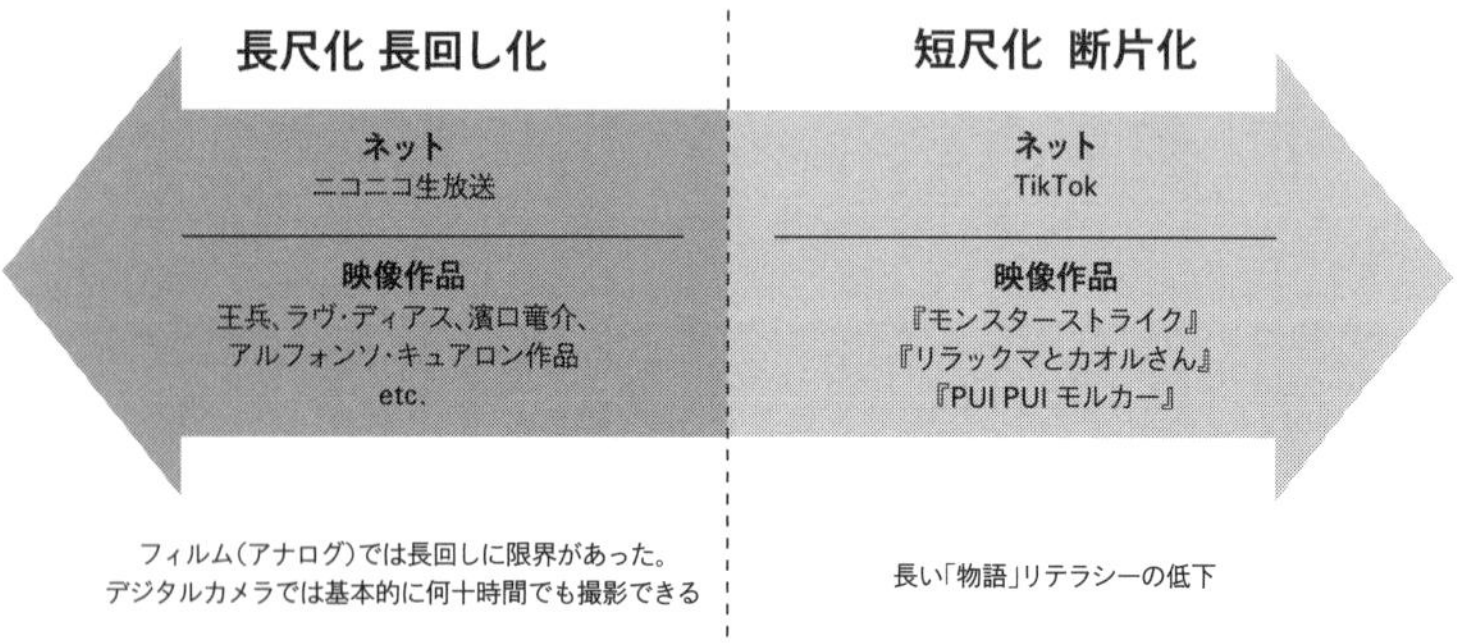

図1 デジタル化による映像・物語の「二極化」

ぐる文化消費やコンテンツの形式に、「映画のYouTube化」「映画のTikTok化」とも呼びうる見逃しがたい影響をおよぼすことになる。

たとえば、王兵(ワン・ビン)やラヴ・ディアス、濱口竜介といったデジタル時代の現代映画作家の作品は（第一章でも見たように）長尺化、長回し化する傾向が増している。フィルム（アナログ）では一リール一〇分ほどしか記録できず、長回し撮影には限界があったのに対して、デジタルカメラでは基本的に何十時間でも撮影できるからだ。実際、ディアスの『昔のはじまり』（二〇一四年）は五時間四〇分、王兵の『死霊魂』（二〇一八年）は八時間半（！）もあるのだ。

また他方で、最近のアニメーションの世界では、YouTube配信の『モンスターストライク』（二〇一五－一九年）やNetflix配信の『リラックマとカオルさん』（二〇一九年）、そして地上波放送の『ＰＵＩ ＰＵＩ モルカー』（二〇二一年）も含めて、ショートアニメが活況を呈している。この理由として、YouTube視聴が日常化しているいまの子ども世代を筆頭にした、ネット世代の長い「物語」のリテラシーの低下が指摘されている。もはやスマホやタブレットでは、動画の視聴時間は数分しか保たなくなっているのだ[■2]。したがって、最近ではアニメの一話ごとの時間もそれに見合う短さに対応している。また、二〇二一年に相次いで話題になった「映画

■2　この問題については、拙稿を含め以下を参照。渡邉大輔「ショートアニメの台頭とスマホファースト化する視聴環境」、『明るい映画、暗い映画』、blueprint、二〇二一年、二七五－二八二頁。数土直志『誰がこれからのアニメをつくるのか?』、星海社新書、二〇一七年、八九－九〇頁。

を早送りで見るひとびと」や「ファスト映画」の登場もまぎれもなくこれらと背景を共有しているだろう［■3］。このようにして二極化は現れている。

## 画面の平面性に見る「生主感」

だが、こうしたプラットフォームの変化による影響が見られるのは、何も作品の形式の側面だけではない。

同様の変化は、現代の映画における表現や演出に、質的な影響も与えている。そして、その影響はやはりカメラアイに関係する部分、たとえばカメラが捉える俳優たちの「顔」のイメージの変容と、画面の平面的なレイアウトという要素として反映されているのだ。

ここでも参照したいのが『映画 山田孝之3D』（二〇一七年）である。前章では本作をフェイクドキュメンタリーの文脈から論じたが、ほかにも注目すべき要素が存在している。それは、本作の特異な画面構成と、現代映画にまつわるメディウムとの関わりについてである。『映画 山田孝之3D』はじつは、七七分の全編のほとんどのシーンにおいて、カメラに対して真正面を向いた主演の山田孝之が、ただひたすらインタビューに答え続けるだけの映画なのである。山田の姿は、椅子に腰かけたフルショットから顔のクローズアップまでのサイズが随時切り替えられる。また、座っている彼の背景には、合成用のグリーンバックが全面に張られており、そこにマンガ家でアートディレクターの長尾謙一郎とアニメーション作家ひらのりょうが手掛けたヴィジュアルイメージがつぎつぎと重ねられていく。

ここで観客に強く印象づけられるのは、おそらくは『映画 山田孝之3D』の画面の、徹底して簡素な「平面性」だろう。あるいはイメージの「レイヤー性」といいかえてもよい。座ったまま ほとんど動かない山田のスタティックな身体イメージと、その背後のダイナミックなデジタル映像とのシンプルな組みあわせは、画面手前と奥に作られる二層のレイヤー構造を強調する。と同時に両者のイメージの立体感を相殺し、ペタッとした平面感をことさら印象づける。

映画評論家のモルモット吉田は、こうした『映画 山田孝之3D』の画面構成について、過去にテレビドキュメンタリーに携わっていた伊丹十三の「三脚にのせたキャメラで、インタビューアーが棒マイクを突き出して、カチンコを打って撮影」していたという述懐を引きつつ、かつての「極めてシンプルで古典的なインタビュー形式」との近さを指摘している[■4]。吉田の指摘は興味深いが、映画を逸脱したこの画面構成はむしろ本書のいうポストシネマ的な映像環境との関係において捉えるほうがより適切ではないだろうか。

実際、『映画 山田孝之3D』の共同監督のひとりである山下敦弘もまた、本作をめぐる鼎談

■3　稲田豊史「『映画を早送りで観る人たち』の出現が示す、恐ろしい未来」、現代ビジネス、二〇二一年。URL= https://gendai.ismedia.jp/articles/-/81647

■4　モルモット吉田「やまだかつてない3D映画」、『ユリイカ』二〇一七年八月臨時増刊号、青土社、四〇 - 四八頁。

で、本作のポスターを映画というよりも「プラネタリウムっぽいというか、科学未来館でやりそうな感じ」をイメージしてデザインしたと語っており、山田もそれに「科学未来館で上映してくれないかな」と応じているのだ[■5]。あるいは作中では、山田がファンだと語るマンガ家・漫☆画太郎の短編マンガ「左翼ボクサーのぼる」のページに、山田の実写の身体だけがデジタル合成ではめこまれるシークエンスが登場したりする。マンガの画面と映画の実写の俳優身体が重ねられるこのシーンには、複数のメディウムがひとつのプラットフォーム＝画面のなかで同居するポストメディア的な表現が顔を覗かせているとともに、マンガ特有の平面性もさらに強調されている。すなわち、この作品には本質的に、伊丹映画も含まれる一般的な劇映画ジャンルの外部にあるさまざまな映像の文脈がハイブリッドに掛けあわされているのである。

以上に見たように『映画 山田孝之3D』の画面構成は、ドキュメンタリーも含む通常の劇場映画のそれからは大きく逸脱している。背景のうえにペタッと人物の姿が重ねられるだけという簡素な構図は、どこかかつてのパソコンゲームなどに見られたキャラクターの「立ち絵」を髣髴とさせもする。映画冒頭の芦田愛菜の立ち姿などは、山田以上にそうした印象が強い。

しかし、その画面が何より似ているのは、やはりインターネットのニコニコ生放送やYouTuberの動画配信者（生主）の動画群である。

画面にまっすぐ顔を向けてとうとうと語り続けるその身振りといい、平面的な構図といい、『映画 山田孝之3D』の山田が如実に醸し出しているのは、動画視聴者とコミュニケーションしながら話すネットの「生主感」なのだ。加えて二〇二〇年代の現在において、いうまでもなくその平面的画面は、コロナ禍がもたらした外出自粛＝ステイ・ホームによって社会のあちこちで使われたウェブ会議サービスの画面を思い起こさせる。

つまり、『映画 山田孝之3D』の持つポストシネマ性とは、山田孝之という特異な「触媒」を用いて、シネコンの巨大スクリーンで展開してみせた、「YouTuber を真似たドキュメンタリー」を真似た趣向にあったのである[■6]。

## 平面性と顔の変容――「YouTube 化」する画面

以上のように、『映画 山田孝之3D』が作り上げていた画面の性質は、通常の物語映画のスクリーンではなく、YouTube や Zoom のようなウェブ環境やモバイル端末のアプリ、あるいはウェブ会議サービスで生まれ受容される映像のそれに近い。

そこで示される特徴は、レフ・マノヴィッチが指摘するように、動画ではない静止画――

■5　山田孝之、松江哲明、山下敦弘「山田孝之を〝立体視〟する！」、同書、八頁。

■6　したがって、本作の画面構成が示す「平面性」や「レイヤー性」とは、東浩紀がポストモダン／情報社会の主体が向きあう世界モデルの特徴として記す「インターフェイス性」とも通底している。東浩紀『ゲンロン0　観光客の哲学』、ゲンロン、二〇一七年、二五六頁以下。

Instagramで流通するデジタル写真の特徴とも重なっている。マノヴィッチは二〇一七年にウェブで公開した論考「インスタグラムと現代イメージ」のなかで、カラー写真が主流となった一九六〇年代以降の写真イメージとの比較から、インスタ写真に見られるスタイルを、「プロフェッショナル写真」、「カジュアル写真」、「デザイン写真」の三つに区分した。そのうち、遠近法的奥行きの強調など旧来のフォト・リアリズムの美学を引き継ぐプロフェッショナル写真、そして美学的関心ではなく経験や状況を記録する目的に特化したカジュアル写真は、インスタ以前の写真の習慣を多く残すスタイルだと彼はいう。そのうえで、現代のグラフィック・デザインのセンスを融合したデザイン写真こそデジタル写真の新たな価値観（マノヴィッチのいう「インスタグラミズム」）を示す例だとしてもっとも高く評価している。示唆的なのは、そのデザイン写真の特徴をマノヴィッチが「モノのクローズアップや、顔や身体のディテール」、「平面的」な構図にあると指摘していることである［■7］。その意味では、現代のデジタル環境で生成するイメージは、形式やジャンルを越えて、ある程度共通の要素へと収束しつつあるといえるのかもしれない。

ともあれ、こうした『映画 山田孝之3D』で示されたネット動画にも似たポストメディウム的な平面性が、昨今の国内外の映画にも広く認められることには注意を払ってよい。

たとえば平面的な構図は、二〇一〇年代アニメで大いに盛り上がりを見せた「アイドルアニメ」と呼ばれるジャンルに顕著に見られる。菱田正和監督のアニメーション映画『KING OF

PRISM by PrettyRhythm』（二〇一六年。以下『キンプリ』）や高松信司監督のテレビアニメ『美男高校地球防衛部LOVE！』（二〇一五‐一六年）などに代表されるアイドルアニメの多くは、アニメ専門チャンネルなどでネット配信もされている一方、劇場版が公開される場合も多い。その上映では、主人公のアイドルたちのライブシーンなどがふんだんに盛りこまれ、観客たちがペンライトなどを振って声援を送りながら楽しむ、「応援上映」と呼ばれる観客参加型のイベントが行われる。そうしたアイドルアニメの画面で目を引くのもまた、ゲームのグラフィックのように、アイドルキャラクターたちが横並びにペタッと配置される平面的な構図である。その並び方は、往年の戦隊ヒーローものも連想させる。

また、同じくマノヴィッチが注目していた「モノのクローズアップや、顔や身体のディテール」のうち、顔のクロースアップという特徴については、『映画 山田孝之3D』のほかに二〇一七年のアカデミー賞作品賞を受賞したバリー・ジェンキンス監督の『ムーンライト』（二〇一

■7　レフ・マノヴィッチ「インスタグラムと現代イメージ」、きりとりめでる、久保田晃弘共訳・編著『インスタグラムと現代視覚文化論』、ビー・エヌ・エヌ新社、二〇一八年、八一頁。ちなみに、マノヴィッチが示している三つのスタイルのインスタ写真の例を見ると（同書、一八七、一八八頁参照）、プロフェッショナル写真とカジュアル写真では人物が中心に映されているのに比較し、デザイン写真では人物の姿は縮小あるいは断片化されて、代わりに本やマグカップといったモノが被写体の中心になっている。このことは第四章以降で論じるポストヒューマン性との関わりを感じさせる。

六年）や、パブロ・ラライン監督の『ジャッキー／ファーストレディ最後の使命』（二〇一六年）、そして、グザヴィエ・ドランの一連の作品群など、ハリウッドをはじめとする海外作品にも近年顕著に見られるようになっている。

また、緊急ダイアルオペレーターを主人公にしたグスタフ・モーラー監督のサスペンス『THE GUILTY／ギルティ』（二〇一八年）は、その奇抜なコンセプトと独特の画面で話題を呼んだ。物語の設定上、主人公は全編を通じていっさい動けない状態のまま、仕事デスクに向かいデスクトップパソコンを見ながら電話で相手と対応をしている。カメラは彼が画面外の不可視の他者に対して話す姿のみをえんえんと映し続け、彼の聴く音声情報だけで物語が進んでいくのである。この構図もまた、『映画 山田孝之3D』同様、昨今のYouTuber（あるいは、かつてのニコ生主？）のそれと、図らずもじつによく似ている。彼らもまた、ウェブカムのついたデスクトップ画面に向かって、たいがい上半身のみを映しつつ、えんえんと喋っているからだ。つけ加えれば、全編がパソコンのデスクトップ上だけで物語が展開するいわゆる「デスクトップ映画」と呼べるような映画や、さらにコロナ禍の渦中で製作された岩井俊二監督の『8日で死んだ怪獣の12日の物語－劇場版－』（二〇二〇年）などの「Ｚｏｏｍ映画」の画面もこの潮流に含むことができるだろう。Ｚｏｏｍ映画でも、映るのはほとんど画面分割された登場人物たちの顔のクロースアップだけである。

これら、ここ数年の映画に共通している表現上の特徴は、やはりデジタル環境の浸透と深く関係している。拙論「『顔』に憑く幽霊たち」（二〇一七年）のなかでも指摘したことだが［■8］、たしかに映画に限らず、二一世紀の映像文化のもっとも先端的な部分は、人間の顔のイメージを中心に組織されつつあるといってよい［■9］。

ウェブ上の人気動画や画像もまた、おもに被写体＝配信者の「顔」（表情）のアップのみで構成されている。そして、この「顔の動画・画像」の氾濫の裏には、「ウェブからアプリへ」、「デスクトップからスマートフォンへ」という情報端末の変遷に伴う、とりわけ若い世代を中心にした受容形態の変化がある。わたしたちはいまや、多様な動画をデスクトップやタブレットの画面ではなく、てのひらにおさまる小さなスマホのディスプレイで眺めることを主流としつつあり、「顔の動画・画像」の氾濫はこの鑑賞条件を前提としているのだ。

■8　渡邉大輔「『顔』に憑く幽霊たち」、『ゲンロン5』、二〇一七年、一七五頁。

■9　現代におけるイメージと顔の関係については、最近でもデジタル写真論の文脈で写真家の大山顕が鋭い考察を展開している。たとえば大山は、「顔」のイメージの前景化ということでは、スマートフォンカメラによる「セルフィー」（自撮り）に注目している。大山顕『新写真論』、ゲンロン、二〇二〇年。とはいえ、写真研究者の前川修は、セルフィーでは顔を中心にしつつも、その周辺には「腕」（アームフィー）、後ろ姿（バム・セルフィー）など撮影者自身の身体部位に基づく無数の下位ジャンルが存在しており、それによって、「顔の遍在化と顔の遠心化が同時に生じる、奇妙な磁場が顔を拡散させ、増殖させている」と指摘している。前川修『イメージのヴァナキュラー』、東京大学出版会、二〇二〇年、二二五頁。

## 「Zoom化」する顔の演出とコロナ禍での「顔の消失」

近年の映画に見られる平面性や顔の強調もまた、こうした映像受容全般の「スマホ・ファースト」の条件を意識して作られた結果である。事実、二〇一七年の『ウォール・ストリート・ジャーナル』のある記事は、「ハリウッドは今、『頭でっかちの時代』を迎えている」と近年のハリウッド映画の顔のアップの増加を指摘していた。

たとえば、この記事が例に挙げるナタリー・ポートマン主演の『ジャッキー／ファーストレディ最後の使命』は、全編の半分近くのショットを顔のアップが占めているようだ。それはストリーミング配信などによるノートパソコンやスマートフォン、タブレットでの映画鑑賞のさらなる一般化を見越した演出上の配慮なのだという［■10］。近年の「映画のロングショット」の消滅と、それに代わる「顔の動画」の氾濫の背景には、「顔」＝表情という、人間の知覚の反応度がきわめて高いイメージを、動画制作者たちが無意識のうちに選択していることがあるのではないか。てのひらサイズの小さな画面では、ジョン・フォードのような雄大なロングショットを撮っても肝心のディテールがよく見えない。それに対して「人間の顔の表情のアップ」は、もっともわかりやすく映像の意味を伝える。顔表情認知がコミュニケーションにおいて大きな役割を果たしていることは認知科学や脳科学の分野でも証明されているという。

そう考えて見直すと、たしかに『キンプリ』も『ムーンライト』も、そして『映画 山田孝之3D』も、映画館ではなく、スマホでの鑑賞にこそ最適化された表現になっていることがわかるだろう。これらの映画の顔のクロースアップはおそらく、そのために要請されている。

いまや映画を含むあらゆる映像作品は、特定の「スクリーン」だけで観られるものではない。それらは、日常空間のいたるところに遍在する、サイズもまちまちで多種多様な「インターフェイス」で鑑賞される。映像を作る側もまた、そうした鑑賞側の状況の変化を織りこみつつ演出を行うようになっている。いうなれば、スマホなどでの動画撮影がもたらした「フェイクドキュメンタリー」というジャンルを巧みに扱った『映画 山田孝之3D』は、他方でその「スマホ・ファースト」の映像環境に最適化したもろもろの形式を身にまとうことにより、「YouTuber化」するポストシネマ的状況に対応しているわけだ［■11］。

■10　エレン・ゲーマーマン「増えるハリウッド映画の超アップ、そのわけは」、ウォール・ストリート・ジャーナル日本版、二〇一七年（URL=http://jp.wsj.com/articles/SB11177354273695693774104582576320715836082）。この点は以下の記事にも示唆を受けた。「10代カルチャーのかたち2016」、『Febri』vol. 35、一迅社、二〇一六年、二四頁。

■11　もちろん、同様の顔のクロースアップの増加は、現代のモバイル端末以前、映画に代わる新たな映像メディアとしてのテレビが登場したときにも、その演出手法としてすでに指摘されていた。映画研究者の北浦寛之が指摘しているように、テレビが家庭に本格的に普及した一九六〇年代後半、そのテレビに対抗する形で登場したワイドスクリーン（シネマスコープ）の映画でも、やはり人物の顔の超クロースアップショットが増加していた。その点では、現代の顔のクロースアップの増加はかつて起こったことの反復でしかないのかもしれない。とはいえ、重要なのは、おおまかな見取り図や対立図式で語るのではなく、多種多様な映像文化内部のヘゲモニーの中で生み出される個々の映像表現を評価していくことである。北浦寛之『テレビ成長期の日本映画』、名古屋大学出版会、二〇一八年、一七五－一七八頁を参照。

同様のことは二〇一六年の大ヒット作『シン・ゴジラ』にも共通している。これまでにもしばしば指摘されてきたように、『シン・ゴジラ』は、登場人物たちによるゴジラを撃退するための会議シーンが、全編を通じて頻出する映画である。公開当時のネット上では「怪獣映画ならぬ会議映画」という絶妙なコメントもあったように、本作は主人公・矢口蘭堂（長谷川博己）をはじめとする数多くの閣僚・幕僚たちの硬い官僚用語による会話劇と、巨大不明生物＝ゴジラの首都襲撃シーンの小気味よいクロスカッティングの連鎖だけでほとんど成立している。

だが、この『シン・ゴジラ』もまた『映画 山田孝之3D』や『ムーンライト』と同じく、何よりも「顔の映画」だといえる。実際、この映画では無数の俳優の顔がやや広角気味のクロースアップで撮影され、その素早い切り返しショットの連鎖がひたすら続いていく。この演出からは、総監督を務めた庵野秀明固有の演出スタイルと、そうした個人の作家性には還元されない、現代のデジタル環境の持つ特徴とのふたつの側面を同時に読み取ることができるだろう。

まず、「顔の映画」としての演出は、庵野作品の特徴、ないしは彼の作品の主要なスタイルでもあった「リミテッド・アニメ性」に帰すことができる［■12］。たとえば人物の顔の「止め絵」のアップとその「口パク」の反復的使用といった、一般的なテレビアニメに見られるリミテッド・アニメーション技法は、最大の代表作でもあるテレビアニメ『新世紀エヴァンゲリオン』（一九九五–九六年。以下、旧『エヴァ』）を筆頭とする九〇年代の庵野のアニメ作品でも顕著に用いられた。とりわけ以降のポップカルチャーに絶大な影響を与えたことで名高い旧『エヴァ』における物語後半以降の展開では、特務機関「ネルフ」の会話シーンに典型的に表れるように、短く素早い編集のリズムや、キャラクターたちの顔を正面や真横から捉える簡素な構図が一挙に増加する[■13]。『シン・ゴジラ』には、こうした旧『エヴァ』的な庵野固有の画面設計が、実写の俳優に置きかえられて巧みに取り入れられているわけだ。実際、『シン・ゴジラ』の物語や演出には、劇中の会議シーンに「ヤシマ作戦のテーマ」がBGMとして二箇所も登場するなど、庵野作品＝『エヴァ』との露骨な類比関係がいたるところに見られ、以上のような画面の特徴もそれを強調している。

そして他方で、この『シン・ゴジラ』のいかにも庵野的な「顔の映画」の演出も、ここまで述べてきたような最近の動画コンテンツの特徴と並べて語ることができるものだと思う。庵野もまた、旧『エヴァ』やテレビアニメ『彼氏彼女の事情』（一九九八年）などでアニメーション

■12　なお、『シン・ゴジラ』の演出のもう一方の参照元は、岡本喜八や実相寺昭雄といった戦後日本の戦争映画や特撮の系譜である。

■13　日本のポップカルチャーを研究するカナダのメディア文化研究者トーマス・ラマールは、九〇年代の庵野のテレビアニメを、「ハイパー・リミテッド・アニメーション」と呼び、近代的な特徴を持つ宮﨑駿の作品と比較してポストモダン的なアニメーションの典型として論じている。トーマス・ラマール『アニメ・マシーン』、藤木秀朗監訳、大﨑晴美訳、名古屋大学出版会、二〇一三年、二三六頁以下。ちなみに、ラマールは庵野独特の編集を「超平面的編集」と名づけている。

と実写のハイブリッド的な演出を試みてきたように、九〇年代からさまざまなジャンルやメディウムを掛けあわせる表現を積極的に行ってきた作家だった。なおかつ、実写映画『ラブ&ポップ』（一九九八年）では、日本映画で最初にデジタル撮影を試みるなど、早くからデジタル技術を導入してきた人物でもある。

また、いわゆる「バーチャルYouTuber」（VTuber）の特異な「有名性」について考察した映画研究者の北村匡平は、同じようにバストショットやクロースアップの構図が多いVTuberの視聴覚的表象の特徴を、いみじくも「リミテッド・アニメーション」になぞらえていたが［■14］、ここにも庵野の例に限らず、現代のウェブ配信動画とアニメーションとの結びつきが示されているといえよう。

この節で述べてきたように、それらはまさに、無数の「顔の動画」の群れとして組織されつつある。ゼロ年代のニコニコ動画の文化では、MAD動画からボカロ小説を経てゲーム実況まで、顔はもちろん、固有の身体性を秘匿するのが暗黙の慣習であった。その後の二〇一〇年代のプラットフォームに起こったこの「顔の動画」の氾濫は、「顔なしの匿名性から顔出しの顕名性へ」という、日本のネット空間における無視しがたい「公共性の構造転換」を示しているといえる。

ただ、コロナ禍を経た現在では、この「顔の映像」をめぐって、ふたたび変化が起こったように見える。なぜなら、コロナ禍によって街中では感染予防のマスクをつけ、「下半分が隠れた顔」のイメージが増殖し、またデスクトップ上では、Ｚｏｏｍなどのウェブ会議サービスの「画面オフ」のイメージが氾濫しているからだ。

加えて興味深いのは、そうしてコロナ禍によって世界中から「顔」がふたたび失われていくのと並行するように、映画の世界でもまた、これは象徴的な意味で、一種の「顔」を失った新たなコンテンツが大衆の支持を集めているように思われることだ。その代表例といえるのが、二〇二〇年の年末、宮崎駿監督の『千と千尋の神隠し』（二〇〇一年）が一九年間にわたって保持してきた国内歴代興行収入記録を更新し、トップの座を奪った『劇場版 鬼滅の刃 無限列車編』（二〇二〇年。以下『鬼滅』）である。

『鬼滅の刃』の原作者・吾峠呼世晴（ごとうげこよはる）は公式には性別も定かではない覆面作家であり、また今回の大ヒットで脚光を浴びている制作会社のufotableもまた、飛び抜けた著名クリエイターが率いているわけではなく、スタジオ全体でブランド性を持っている制作集団だ。事実、今回の大ヒットでも本作の監督の外崎春雄がことさら注目を集めたわけではない。

つまり、映画『鬼滅』は、「宮崎駿」という唯一無二の強烈な顔＝作家性と一体となっていたスタジオジブリの『千と千尋』とは違い、徹底して「顔の見えない映画」として日本映画の

■14　北村匡平「デジタルメディア時代の有名性」、伊藤守編著『ポストメディア・セオリーズ』、ミネルヴァ書房、二〇二一年、二四九頁。

頂点に立ったのである。この特徴は同じく世界興収で二〇二一年まで一位となっていた『アベンジャーズ／エンドゲーム』（二〇一九年）にも共通している。そもそも『鬼滅』にせよ『アベンジャーズ／エンドゲーム』にせよ、どちらもそれ単体で完結している作品ではなく、長いシリーズものや連載ものの途中の物語にすぎない。そして、『アベンジャーズ』シリーズが含まれるMCUもまた、複数作を手掛ける監督はいるにしても、基本的には『鬼滅』のufotableと同様に、シリーズを代表する特権的な「顔」となる監督がいるわけではない。国内でも世界的にもそうした映画が興収記録のトップに立ったという事実は、映画が明らかにNetflixなどの影響を受けてシリアル（連続的）なものになっていっていることを示すとともに、わたしたちの社会の本質を映し出しているようにも思える。あるいは庵野のアニメーション最新作『シン・エヴァンゲリオン劇場版:||』（二〇二一年）の映像表現と絡めても、同じ変化は語れるかもしれない。先ほども述べたように、庵野のアニメでは、短いカット割りによるキャラクターの顔のアップが特徴的に繰り返され、近年の『シン・ゴジラ』のような実写映画でもそのセンスは踏襲されていた。しかし、二〇〇七年から始まるリメイク「ヱヴァンゲリヲン新劇場版」シリーズ（新『エヴァ』）では、そうした傾向は抑制され、とりわけ完結編となる『シン・エヴァ』では、従来の庵野らしいカッティングよりも、戦闘シーンを中心にポストカメラ的な映像表現が全面化し、旧『エヴァ』や『シン・ゴジラ』のような顔のアップは少なくなっているのだ。

そもそも、社会に流通する新型コロナウイルスのイメージ自体がいかにも顔を失った記号的なものである。阪神淡路大震災やオウム真理教事件、あるいは東日本大震災といったそれまでの社会を揺り動かした大きな災害や事件は、異様な宗教施設や広大な瓦礫の山といった、いずれもそれらの衝撃を視覚的に示す指標的なイメージが存在した。倒壊するツインタワービルの姿をひとびとの目に焼きつけたアメリカ同時多発テロ事件もそうだろう。しかし、今回のコロナ禍では、メディアがわたしたちに伝えるのは、あの太陽のようなウイルスの丸い球体のイメージと、その日の感染者を示す単調で抽象化された数字だけであり、まさにZｏｏｍのビデオオフ画面のように、その実相はのっぺりとした非人称性に還元されている。その意味で、コロナウイルスとマスクと画面オフの時代に、『鬼滅』のような映画が空前の社会現象となったのは、どこか必然的な結果に思えるのだ［■15］。

■15　わたしは、前掲の「『顔』に憑く幽霊たち」（二〇一七年）のなかで、当時、おもに若い女性たちのあいだで新たな慣習として定着していた「伊達マスク」を例のひとつに挙げ、そこに、顔と顔を直接突きあわせることで、ある種の他者感覚や倫理を担保するような「顔貌性の公共圏」とでもいえる近代的な社会空間や他者とのコミュニケーションの変容を見出したことがあった。コロナ禍の到来後、イタリアの哲学者ジョルジョ・アガンベンは、二〇二〇年一〇月、「顔」はほかの動物にはない人間に固有のものであり、公共空間でのマスク着用による「顔なきひとびと」の大量の出現は、真の政治的コミュニケーションを阻害するものであるという短い論説を発表している。わたしはアガンベンのいうように、マスクで半分隠れた顔が必ずしも政治的公共圏の失効に結びつくとは考えないが、論点としては共通する。Giorgio Agamben, "The face and the mask," *Enough 14*, URL=https://enoughisenough14.org/2020/10/20/giorgio-agamben-the-face-and-the-mask/

# II 「楽しさ」の映像論

## 新たな「驚きの美学」のために――「貧しさ」と既視感の全面化

これまで見てきたように、今日の映画は、旧来のカメラアイや見慣れた映画の画面を捨てて、数多のデジタルコンテンツの備える新たな特徴をなぞるようになってきている。

ウェブの動画に接近したポストシネマの画面に関して、あらためて注意を促しておきたい点がある。それは、画面全体のイメージの「貧しさ」に由来する既視感の増加である。第一部の議論を締めくくる前に、この問題に注目し、デジタル化以降の映像文化について新たな問いを提起してみたい。

今日の映画の一部では、構図の平面性や顔のクロースアップのみがことさらに強調されるようになっていると述べた。それらの個々の画面では、バラエティに富んだカメラポジションや演出は軒並み後退し、画面の構成要素はあたかも四コママンガのような抽象性や簡素なモジュール群に還元されている。その結果、以前に観たほかの映画や、YouTubeなどで日常的に視聴している無数の動画のイメージとよく似た、ごく見慣れたものとして感じられるようになった。たとえば、それは『シン・ゴジラ』の庵野の創造的な出自のひとつであった日本のアニメの制作体制を踏まえてもいえることだろう。戦後日本アニメの中心となっているテレビアニメには、「バンク・システム」と呼ばれる効率化のために同じ絵を何度も使い回すシステムが存在してきた。そのような制作体制によって作られた映像もまた不可避的に視聴者にある種の既視感を喚起させる。こうしたアニメの画面もウェブの動画群の紋切型のイメージと重なるところがあるだろう。

いずれにせよ、ポストシネマの一部は、観客の認知や美的判断の側面において、個別の作品や映像を超えて「全部がどこかで見たことがある」という収束現象を見せているといえる。そして、こうした新しい傾向が、それをわたしたちが手持ちの映画批評の枠組みで評価するときの困難につながっているのは間違いない。つまり、『映画 山田孝之3D』や『キンプリ』のような作品を、ハワード・ホークスや小津安二郎、テオ・アンゲロプロスの作品群を評価してきた従来と同じ基準で評価することには明らかに無理がある。そこには、たしかに個々の批評家の態度表明以上の、何らかのパラダイムの変化が存在する。

これまでにも確認してきたように、二一世紀以降の映画を含む映像文化は、二〇世紀までに発達してきたアナログ時代の姿とはさまざまな側面で決定的に異なっている。とりわけいまの一〇－二〇代の若い世代は、それ以前の世代と比較すると、映画や映像の受容や意味づけの仕方がまったく異なっている。スマートフォンで撮影した写真や動画をInstagram やTikTok にアップロードし、それらがTwitter やLINEを通じて家族や友人、恋人のあいだを流通し、電車のなかではスマホでオンラインゲームをプレイし、映画館では『キンプリ』や『名探偵コナン』の応援上映に出かけペンライトを振りながら熱狂する……。新型コロナウイルス感染症のパンデミック以降の世界では、さらにステイ・ホームによって、それまでの日常生活の多くの行為がデスクトップ画面を介して行われるようになった。

そうした時代、映像の消費のされ方は、二〇世紀までのアナログ的な映像文化の慣習からは遠く隔たっている。こうしたこれまでにない映像コンテンツやその受容を価値づけようとするとき、既存の映画批評や映像論の言葉では、うまく摑み取れないものがあまりに多すぎるのだ。むろん、映画史研究やメディア史研究がこのような変化をまったく考察の対象にしてこなかったわけではない。

たとえばアメリカの著名な映画史研究者トム・ガニングが「アトラクションの映画」や「驚きの美学」として要約した初期映画研究や、そうした議論を現代映画との比較につなげたドイツ生まれの映画研究者ミリアム・ブラトゥ・ハンセンらのメディア考古学的な主張がある[■16]。これから紹介していくように、彼らは一九七〇－八〇年代に、黎明期の映画やその周辺の映像文化についてその実態を明らかにしていった。そして、そこで示された要素は、わたしたちのポストシネマの解明や評価軸の考察にも参考になるものが少なくない。

物語を円滑に語る機能を獲得する以前のおよそ一九一〇年代ころまでの映画は、まさに日本で呼ばれていたような「活動写真」という名称がふさわしい、ただ「写真が動いている」という視覚的な驚きだけに特化したメディアにすぎなかった。そのために、そうした黎明期の映画は、二〇世紀のなかばころまで、マルクス主義的な目的論的・唯物史観的なイデオロギーの視点から、物語映画の未熟で原始的な前段階として、映画史研究では長らくまともな対象にされてこなかった。しかし、一九七八年にイギリスで開催され、のちに「ブライトン会議」と呼ばれることになる国際フィルム・アーカイブ連盟（FIAF）の会議を起爆剤として、黎明期の映画を「初期映画」と呼び、D・W・グリフィス以降の古典的な物語映画とは異なった固有の表象システムを備えるものとして積極的に評価しようという動きが活発化した。そこでガニングが初期映画の特徴的要素として見出したのが、のちの物語映画の特徴であるコンティニュイティ（連続的な叙述法）とはまったく異なる、視覚的な好奇や快楽、情動に訴えかけるスペクタクルな「アトラクション」性だった［■17］。

このことはガニングも例として挙げている、リュミエール兄弟によってシネマトグラフで撮られた代表的な映画の一本『ラ・シオタ駅への列車の到着』（一八九六年）にもはっきりと表れ

■16　トム・ガニング「アトラクションの映画」（中村秀之訳）、長谷正人、中村秀之編訳『アンチ・スペクタクル』、東京大学出版会、二〇〇三年、三〇三－三一五頁。ミリアム・ハンセン「初期映画／後期映画」（瓜生吉則、北田暁大訳）、吉見俊哉編『メディア・スタディーズ』、せりか書房、二〇〇〇年、二七九－二九七頁。

■17　ここでガニングが用いる「アトラクション」という語は、セルゲイ・エイゼンシュテインがモンタージュ理論（「アトラクションのモンタージュ」）で扱った概念を参照している。前掲「アトラクションの映画」、三〇九頁以下を参照。

ている。プラットフォームに到着する汽車の様子を画面の奥から手前側に向かってくるように記録したこの映像は、公開当時にはじめてこの映像を目の当たりにした観客たちが、汽車がスクリーンを突き破って突進してくると思いこみ、席を立って逃げ出したという神話的なエピソードとともによく知られている[18]。すなわち、これらの黎明期の映画群の本質とは、「観客の注意をじかに引き付け、視覚的好奇心を刺激し、興奮をもたらすスペクタクルによって快楽を与える」表現にこそあったのである[19]。

あるいは、同じくアメリカの映画史研究者チャールズ・マッサーが初期映画研究の文脈から一九九〇年代に提唱した「スクリーン・プラクティス」という用語も、ガニングの研究と深く連動している。スクリーン・プラクティスとは、映像とテクノロジー、語り、音楽、音響効果などから構成される「スクリーンに基づく文化的実践の総体」を指す。「映画の発明」は一七世紀のマジック・ランタン（幻燈）に始まり、パノラマ、コミックストリップ、歌謡曲、演劇、ヴォードヴィル、絵はがき、そして初期映画と密接に結びつくメディアイベントであった汽車旅行にいたるまで[20]、多様な視聴覚文化との連続性・混淆性のうえに生じた。そのように「スクリーンに基づく動画文化」というくくりで考えるとき、映画装置の発明は数ある移行段階のひとつにすぎなくなる。二〇世紀後半に「プレシネマ」を構成する多様な映像文化の存在と重要性が広くひとびとのあいだで知られるようになってきたことに伴って、マッサーは、「シネマトグラフの誕生」というできごとを映画史（映像史）の中心的・特権的な起源とするのではなく、映画をより広い映像文化史の布置のなかで捉える視座を設定したのだった[■21]。

こうして一九七〇年代から八〇年代にかけて初期映画再評価の動きが活発化した背景には、ハンセンが指摘したように、ジョージ・ルーカスやスティーヴン・スピルバーグなどの、古典的映画の枠組みを外れた新世代の映画の登場があった[■22]。初期映画再評価の契機となったブ

■18　このエピソードは、それを滑稽に風刺した『田舎者とシネマトグラフ』（一九〇一年）という映画がわずか数年後に作られていることからも、その「神話性」の強さが窺われる。この点については、加藤幹郎『映画とは何か』、みすず書房、二〇〇一年、第Ⅳ章も参照。

■19　前掲「アトラクションの映画」、三〇八頁。

■20　パノラマや初期映画などの草創期の視覚文化と列車（鉄道）との関係については、ベルナール・コマン『パノラマの世紀』、野村正人訳、筑摩書房、一九九六年、ヴォルフガング・シヴェルブシュ『鉄道旅行の歴史』、加藤二郎訳、法政大学出版局、二〇一一年。また、以下も参照。加藤幹郎『映画館と観客の文化史』、中公新書、二〇〇六年、第四章第二節。同『列車映画史特別講義』、岩波書店、二〇一二年。

■21　Cf. Charles Musser, *The Emergence of Cinema*, Charles Scribner's Sons/Reference, 1990. 小松弘「日本におけるスクリーン・プラクティスあるいは映画以前の動く映像」、『シネマの世紀 映画生誕100年博覧会』、川崎市市民ミュージアム、一九九五年、一四－一九頁。ローランド・ドメーニグ「『映画の誕生』再考」、黒沢清ほか編『日本映画は生きている第二巻 映画史を読み直す』、岩波書店、二〇一〇年。

■22　ただ、一方でルーカスやスピルバーグらの映画が古典的映画の形式や想像力からまったく離れてしまったのではなく、それらをなお受け継いでいる側面にも注意は必要である。たとえば、映画学者の加藤幹郎は、「インディ・ジョーンズ」シリーズなどの彼らの映画に古典的映画におけるスワッシュバックラー映画の文脈が見出せることを指摘していた。加藤幹郎『映画ジャンル論』、文遊社、二〇一六年、第三章を参照。

ライトン会議が開催された一九七八年の前年に相次いで公開され世界中で大ヒットしたルーカスの『スター・ウォーズ』（一九七七年）やスピルバーグの『未知との遭遇』（一九七七年）などのSF大作では、当時における革新的な映像技術が駆使され、スペクタクルな映像表現の数々が全面に展開された。そして、そうしたブロックバスター映画は、ビデオやケーブルテレビなど映画以後の映像媒体、あるいはテーマパークのアトラクションなどとも多角的に結びついて消費されていくことになる。それらの作品やメディアは、まさに初期映画の「観客の注意をじかに引き付け、視覚的好奇心を刺激し、興奮をもたらすスペクタクルによって快楽を与える」アトラクション性とポストメディア性を備えたスクリーン・プラクティスの別の形での再来と呼べるものだった。

こうした傾向は二一世紀の現在にいたっても、映画からYouTuberの動画まで、映像文化全体に継続して見られるものになっている。したがって、映画史研究がここ三、四〇年ほどのあいだに積み上げてきた初期映画やそれ以前の視覚文化における知見は、ポストシネマの検討においても、依然、基本的な認識を共有している。

初期映画固有の表象システムとは、繰り返すように、観客の注意を直接的に引きつけるスペクタクルによって彼らを興奮させ、情動的なショックやセンセーションをもたらす「驚きの美学」にこそあった。そして、こうした初期映画的なアトラクション性は、観念的で理性的な思考よりも、もっと身体的で生理学的なひとの神経作用にこそ基づくものである。

もとより、初期映画の時代が全盛期を迎えていた二〇世紀初頭の西欧では、ドイツの社会哲学者ゲオルク・ジンメルが、一九世紀的な市民社会では見られなかった「神経生活の高揚」の氾濫について先駆的な考察を行っていたことはよく知られている［■23］。

あるいは、ガニングら現代の映像文化史の論者たちは、初期映画と同じような神経的なショック作用を惹起するスポットやアイテムが、写真や映画が生まれる一九世紀西欧の視覚文化に相次いで登場し、それらが相互に結びつきながら当時の文化状況をゆたかに構成していたことを指摘している。たとえば、ガニングは心霊写真、同じくアメリカの歴史学者ヴァネッサ・シュワルツはパリの死体公示所（モルグ）やパノラマ館、そして映画研究者のベン・シンガーはグラフ雑誌などに掲載される交通事故死や転落死など近代的な「死」の形態のショッキングなイラストレーションが、それぞれ当時のひとびとの熱狂的な人気を呼んでいた事実を浮き彫りにした［■24］。心霊写真や死体公示所に置かれた身元不明の遺体をドキドキしながら、怖いもの見たさで見物に足を運んでいた一九世紀の大衆は、さしずめテーマパークのプロジェクションマッピングを

■23　ゲオルク・ジンメル「大都市と精神生活」（居安正訳）、『橋と扉』、酒田健一ほか訳、白水社、一九九八年、二七〇頁。

■24　トム・ガニング「幽霊のイメージと近代的顕現現象」（望月由紀訳）、前掲『アンチ・スペクタクル』、一八一－二一八頁、ヴァネッサ・シュワルツ「世紀末パリにおける大衆のリアリティ嗜好」（菊池哲彦訳）、同書、二二三－二五七頁、ベン・シンガー「モダニティ、ハイパー刺激、そして大衆的センセーショナリズムの誕生」（長谷正人訳）、同書、二六三－二九八頁、および長谷正人『映画というテクノロジー経験』、青弓社、二〇一〇年も参照。

使ったホラーアトラクションや、残酷なスプラッター映画で悲鳴を上げながら楽しんでいる現代人の姿と重なりあうだろう。何よりこうした視覚的なアトラクション性は、Instagram からデジタルゲームまで、あるいは YouTube からマーベル映画まで、今日の映像文化全体においても、より先鋭化された形で広範に見られるものになっている。

したがって、ポストシネマ固有の趣味判断の基準や受容の秩序を見出そうとするならば、わたしたちもまた、こうした現代の初期映画史研究やメディア考古学が注目してきた、身体的な情動に根づいたアトラクション性への注目を受け継いでいくのが有益だろう。実際、最近のメディア文化理論や現代思想でも、いわゆる「情動論的転回」が議論され、ホラーへの関心も高まっている[■25]。

わたし自身も、一〇年前に出した『イメージの進行形』で、ニコニコ動画の「踊ってみた動画」や初音ミクを踊らせる「MMD」(MikuMikuDance)と呼ばれる動画、そして「爆音映画祭」やヒップホップなど当時の多彩な例を出しながら、二一世紀の映像環境において身体的情動性やそれを惹起するリズム、そして触覚性などが重要な要素になるということを論じていた[■26]。その当時、すでに日本の映像理論の分野でも北野圭介がニューメディア研究や現代思想の動向を紹介しながら映像と身体や情動の関係を論じており、他方で初期映画研究の分野でも同じような身体的情動性に着目する研究が現れ始めていて[■27]、わたしの議論は、それらの知見をゼロ年代的な映像文化批評に適用することを試みたものだった。その後、映像研究内部の動きだけでなく、SNSの普及やトランプ政権の誕生などによる情動政治の全面化、現代情動論の翻訳紹介の進展、そしてゲーム研究など関連する諸分野の発展といった複数の要因を背景として、いまではその問題設定がより文化の広範囲におよぶようになり、その重要性も増したといえるだろう。

ともあれ、わたしたちの時代の文化消費には、こうした情動の要素が前景化してきており、しかもそのことはかつての初期映画が持っていた特徴とも似通っている。そして重要なのは、このふたつとも、従来の映画批評の枠組みでは長らく扱いに手こずるものだったということだ。しかし作品の側の変化とともに、それを評価するパラダイムの側にも大きな変化が訪れている。たとえば、メディア学者の石田英敬は東浩紀との対話のなかで、今日では神経科学や認知心

■25　情動論的転回については、たとえばブライアン・マッスミらの情動論を積極的に紹介している伊藤守『情動の社会学』、青土社、二〇一七年などを参照。また、思弁的実在論などの現代思想の分野ではホラーとの関わりもさかんに指摘されている。

■26　渡邉大輔『イメージの進行形』、人文書院、二〇一二年、第二章。

■27　北野圭介『映像論序説』、人文書院、二〇〇九年、第二章第一節。身体的情動性に着目するこの時期の初期映画研究の代表的な事例としては、たとえば以下の松谷容作の論文を参照。松谷容作「ぼやけたイメージ、過剰なイメージ」、『映像学』第八一号、日本映像学会、二〇〇八年、五-二一頁。同「色のヴァイブレーション」、『映像学』第八三号、日本映像学会、二〇〇九年、四三-五九頁。同「震えるイメージ、硬直する身体」、『映像学』第八四号、日本映像学会、二〇一〇年、三八-五八頁。

理学の発展によって、情動を含んだ人間の神経作用が感性や美的判断におよぼす効果が、より科学的に確認できるようになったと紹介している[■28]。そして石田は、いまや「神経学的判断力批判」——神経学的知見によってアップデートされた美的判断（趣味判断）の基準を構築しうる可能性が拓かれつつあるという。この指摘が意味していることは、まさに初期映画や現代の映像文化が物語機能以上に立脚している情動的なアトラクション性に根ざした新しい美学が、科学的な根拠に基づいて構築できる可能性があるということだ。映画はもちろん、絵画や舞台など、わたしたちの美的判断の基準や批評原理は、イマヌエル・カントの『判断力批判』などをルーツとする近代的な美学のパラダイムに長く基づいてきた。しかし、それとは異なる、「ハイパーアトラクション時代の芸術作品」ならではの「美学のようなもの」へのアップデートが、いま求められている。わたしたちはそのことを積極的に試みなければならないと思う。

## 「美しさ」から「楽しさ」へ

たいへん大きな問題に行きついてしまった。もちろん、映画や映像文化の批評を扱う本書で、わたしにはその問いに答えるだけの余裕はない。以下では非常におおまかなことしか書けないが、わたしなりの考えをいえば、そのヒントは、おそらく作品をめぐる「美しさから楽しさへ」の転回と「リズム」への注目に関わっている。

どういうことか。まず、前者の問題から見てみよう。たとえば、哲学者の國分功一郎は、造園家でコミュニティデザイナーとしても活動する山崎亮との対談のなかで、「楽しさ」ということを問題にして、つぎのようなことを述べている。

楽しさについては、哲学的な問題もあるんです。哲学は古代から延々と美しさについて論じてきました。その議論は一八世紀にカントで一定の完成を見たわけですが、その後も美については議論が続けられた。ところが、楽しさの定義っていうのは、まったくと言っていいほどないんです。快楽主義の哲学というのはありましたけど、では快楽とは哲学的には何かということが突き詰められていない。だから現在に至るまで、楽しさというのはほとんど論じられていないに等しいんです。

たとえば自分たちの地域で何か新しいものをつくりだしていく楽しさと、パチンコの快楽は質的にどう違うのか。楽しさをどう定義すれば、これらを比較することができるのか。ここは、哲学がずっと議論をサボってきたところです。[■29]

■28　東浩紀、石田英敬『新記号論』、ゲンロン、二〇一九年、二四八頁以下を参照。

■29　國分功一郎、山崎亮『僕らの社会主義』、ちくま新書、二〇一七年、一〇六頁。

國分は、ここで「美しさ」と「楽しさ」という要素を対比し、西洋哲学においては前者ばかりが注目され、後者に関する深い省察は今日にいたるまでほとんど等閑視されてきたと述べている。この指摘自体は哲学史に基づく抽象的なものだが、アトラクションに特化した映像文化やポストシネマの問題にとっても、じつに刺激的な意味を持っている。

なぜかといえば、『映画 山田孝之3D』のような体裁を取ったYouTuberのゲーム実況動画やTikTokのダンス動画、あるいは『キンプリ』のような観客が一体となって盛り上がるライブアニメ映画もまた、デイヴィッド・リーンや溝口健二の作品のような「美しさ」ではなく、あえて単純化すれば「楽しさ」をもたらす映像たちだからだ。当然ながら、これらのコンテンツをわたしたちが手持ちにしている批評的な分析語彙で俎上に上げても、どこか本質とは嚙みあわない。しかし、それはこれらの新たなコンテンツを測る言葉が、いまは「まったくと言っていいほどない」のであり、それについてわたしたちはこれまで根本的に「哲学的には何かということが突き詰められていな」かったからではないか。

たとえば、石田も言及していたカントの『判断力批判』は、近代以降の美学や芸術理論に絶大な影響をおよぼしたが、このなかでカントは芸術（「美的技術」とも呼ばれる）を「快が単なる感覚としての〔対象の〕表象に伴うことを目的にするような」「快適な技術」と分けている。そしていうまでもなく、この快適な技術よりも「反省的判断力を基準とする」芸術を優位に置く[■30]。近代から現代にいたる美的規範（「美しさ」の基準）のルーツは、このカントの区分と芸術の位置づけにあったのではないか。そして、ここでカントが見過ごしたもう片方の「快適な技術」が作り出すものこそ、「楽しさ」に基づくものであったのではないだろうか。

実際に、これまでの映画や映像の価値判断をめぐる言葉もまた、國分の述べるとおり、ある意味でほとんどすべてその表象の「美しさ」をめぐる美学だった。それは、映画がその黎明期から、演劇や文学、絵画の延長（もしくは混淆体）として捉えられてきたことにも深く関わっているだろう［■31］。もちろん、その後の映画は、一九二〇年代以降の古典的映画の成立や純映画劇運動の擡頭などにより世界的に自立を遂げる。しかしそれ自体も、フィルムというメディウムへの注目に象徴されるように、近代的な諸芸術（美学）を範例としたものだったことは間違いない。

ところが、今日の消費社会や情報社会で生み出され、ひとびとの注目を集め、価値づけられている創作物とは、むしろ「楽しさ」をめぐる価値によってこそ駆動されている。そして、わたしたちはそれに関する評価の言葉をいまだ充分に持ちあわせていない［■32］。実際、こうした「楽しさ」をめぐる解釈言語の必要性は、昨今のゲーム研究（ルドロジーなど）の勃興や、ポジティヴ心理学におけるフロー理論への注目などにも認めることができる。では、そもそも「美

■30　イマヌエル・カント『判断力批判』上巻、篠田英雄訳、岩波文庫、一九六四年、二五二、二五四頁、傍点削除。

■31　映画はおよそ一九一〇年代まで、演劇や文学、講談など、多種多様な先行芸術との関係のうちに成立していた。この点については、たとえば小川佐和子『映画の胎動』、人文書院、二〇一六年などを参照。

しさ」と「楽しさ」の差異とは、どこにあるのか。

### 感性とアディクションの時代の映像美学？——リズム、リメイク、リプレイ

ここでひとつ手掛かりとなるのが、「リズム」である。それは音楽の拍子のような、ある一定の周期的な動きのまとまりであり、それが繰り返されることによって増幅する。いいかえれば、リズムは一定のパターンであり、同じものの反復（冗長性）だ。そして、音楽のリズムに乗るときを想像するとよくわかるが、それは身体的に何度も親しまれる、つまり「癖になる」ものでもある。リズムはその反復の規則性による快を生み出す。

たとえば、先ほど触れた人間の「幸福」や「楽しみ」を研究するポジティヴ心理学の分野において、アメリカの心理学者ミハイ・チクセントミハイは、彼が「フロー」と名づける創造的な没我状態を構成する要素のひとつに、日常生活のなかでの「些細な、ほとんど自動的に行なわれる行為のパターン」を挙げている[33]。チクセントミハイはこの「小さな（マイクロ）フロー」のような「私たちがかかわる行動のパターンを秩序立てること」（彼はこれを「リズム」という語とも並べて語っている）が人間の創造的なモチベーションに関与していることを指摘している[34]。このことも人間の「楽しさ」の経験にリズミカルなパターンの存在が関わっていることを示唆しているだろう[35]。

ほかに、チクセントミハイは日常生活におけるフロー経験の例として、「他者への大した意味のない話しかけ」や「友人と一緒にいる体験」を挙げる［■36］。興味深いのは、『判断力批判』のカントが快適な技術の例として挙げているのも、「もっぱら享楽を旨とする、食卓を囲む一座の人達に満足を与える感覚的刺戟」、「お客の興がる話をして如才なく座を取りもち、食卓仲間が心おきなく活潑に談話を取り交すように仕向け、また諧謔や笑をまじえて座中に一種の陽

■32　國分が指摘している「美しさ」と「楽しさ」との対比は、わたしの見立てでは、彼がかつて『ドゥルーズの哲学原理』の最後で簡単な図式のみ素描していたフーコー（権力）とドゥルーズ（欲望）の対比（と権力に対する欲望の優位）にある程度重ねられるものである。ここで國分が特定の権力様式が前提としているとドゥルーズ&ガタリが考える「欲望のアレンジメント」こそ、「楽しさ」に通じるものである。この問題とその映像批評における展開については、また別稿であらためて考えてみたい。國分功一郎『ドゥルーズの哲学原理』、岩波現代全書、二〇一三年、第五章。

■33　ミハイ・チクセントミハイ『楽しむということ』、今村浩明訳、思索社、一九九一年、二一三－二一四頁。

■34　ミハイ・チクセントミハイ『クリエイティヴィティ』、浅川希洋志監訳、須藤祐二、石村郁夫訳、世界思想社、二〇一六年、一六三頁。

■35　リズムの語源は、ラテン語を経由した古代ギリシャ語の「リュトモス ῥυθμός rhythmos」とされ、その来歴については「流れる」「流動する」を意味する「ライン ῥεῖν rhein」に基づくと長らくみなされてきた（リズム－波浪説）。この俗説については、ヴェルナー・ウィルヘルム・イェーガーやエミール・バンヴェニストといった二〇世紀の重要なリズム論者たちがのちにこぞって否定していったが、まさに「流れ」を意味する「フロー」体験の要素にリズムがあることは少なからず示唆的である。

■36　前掲『楽しむということ』、二一四頁。ミハイ・チクセントミハイ『フロー体験入門』、大森弘監訳、世界思想社、二〇一〇年、一一四頁。

気な気分を醸し出すような技術」だということである[■37]。いうなれば、ここではチクセントミハイもカントも、「楽しさ」(快適さ)について、パターン化された冗長なコミュニケーションの持続というきわめて似たイメージを提示しているのだ。

なお、管見の限りチクセントミハイはとくに言及していないが、こうしたリズムがもたらす創造性や「楽しさ」の惹起は、スイスの作曲家エミール・ジャック＝ダルクローズが二〇世紀初頭に開発した、身体運動を伴う子どものための音楽教育法「リトミック」とも重なる[■38]。ジャック＝ダルクローズもまた、まさに当時の生理学や心理学の最新の知見を援用しながら、「本来リズミカルな性質のものである音楽的感覚」を身体運動とともに子どもの教育に導入し[■39]、「子供達の身体的・知的生活を充実させる生来のリズムを目醒めさせること」を目指した[■40]。今日のゲーミフィケーションのように、ある種の遊戯的な快とともに習得＝教育を施そうとするリトミックが、音楽を伴う反復運動(リズム)を重視していた事実は見逃せない。

ところで、現代の映像文化のなかで注目されている動向の多くは、まさにこのリズムのように、何らかの形で反復しているもの、繰り返されているもの、パターンになっているもののアトラクションに関わっているといえないだろうか[■41]。

たとえば、ここ数年、過去のヒット作や話題作の「リメイク」や「リブート」の企画が目立っている。庵野が関わった『シン・ゴジラ』や、公開が予定されている『シン・ウルトラマン』、『シン・仮面ライダー』もそうだし、テレビアニメ『おそ松さん』(二〇一五–二一年)、『ド

ラゴンクエスト　ダイの大冒険』(二〇二〇年―)や劇場アニメ『美少女戦士セーラームーンEternal』(二〇二一年)といった往年のヒット作のリメイク、あるいは『おジャ魔女どれみ』(一九九九―二〇〇三年)をモティーフにしたリブート企画アニメ『魔女見習いをさがして』(二〇二〇年)などの作品が多くの話題を集めている。また、日本に限らず、リメイクはハリウッドなど海外の映画やアニメーションでも盛り上がっており、それまでの映画研究では顧みられなかったリメイク研究も活発化している[■42]。

■37　前掲『判断力批判』上巻、二五二―二五三頁、傍点引用者。

■38　リトミックへの直接の言及はないとはいえ、チクセントミハイも「小さなフロー」概念の論述において、リトミックと影響関係にあった北米における新教育運動(進歩主義教育)を推進したジョン・デューイに軽く触れている。前掲『楽しむということ』、二一五頁。リトミックと新教育運動の影響関係については、たとえば細川匡美『ジャック=ダルクローズの教育観の発展』、風間書房、二〇二一年を参照。なお、リトミックもその一部に含まれる二〇世紀初頭の新教育運動のルーツには「恩物教育」で知られるドイツの教育運動家フリードリヒ・W・A・フレーベルがいる。このあと、第八章の脚註でも触れるように、恩物教育は戦前の玩具映画から現代のタッチパネルにいたる「触覚的」な視覚/教育メディアの歴史を考察するさいにも重要であり、フレーベルと身体性(情動や触覚)を蝶番にして、リトミックと玩具映画やタッチパネルが通底するさまを見ることができる。

■39　エミール・ジャック=ダルクローズ『リトミック論文集リズムと音楽と教育』、板野平監修、山本昌男訳、全音楽譜出版社、二〇〇三年、ix、傍点引用者。

■40　エミール・ジャック=ダルクローズ『リトミック論文集リトミック・芸術と教育』、板野平訳、全音楽譜出版社、一九八六年、一一〇頁、傍点引用者。

■41　この欲望=楽しさと冗長性(反復性)の論点については、東浩紀氏の過去の発言から示唆を受けた。

　こうした昨今のリメイクの流行については、もちろん、さまざまな要因が考えられるだろう。たとえば、少子化などの社会問題とYouTubeやNetflixなどの新たな視聴環境の到来によって、消費者ボリュームの大きい中年世代のヒット作復活の需要が増している。と同時に、子ども世代はスマホで簡単に昔のコンテンツにアクセスできるため、「親子二世代コンテンツ」として、過去のヒット作のリメイクやリブートが市場から求められている。また長年愛されている名作をリメイクすることは、過去に一定規模でヒットしているという実績に支えられた、商業的なリスクヘッジにもなる。趣味が細分化していくなかでも間口の広いターゲットにリーチできるし、あるいは海外作品のリメイクならばオリジナル製作国の市場獲得も見こめる。

　しかし何より、やはり最近の文化消費が同じものの再認に収斂しつつあることが、リメイク作品の擡頭として表れているのではないだろうか。

　わたしはすでに、YouTuberの平板な顔のクロースアップを例にして、「どこかで見たことがある」見慣れた印象の拡大が起きていることを問題にしていた。いまや、まったく観たことのない新しいもの、ほかに置きかえの効かないオリジナルで特異なものというよりは、まさにヒット作のリメイクのように、すでにみんなに観られているもの、すでに知っており安心して観られるもの、そして繰り返し観たくなるものの需要のほうが高まってきているのだ。そして、そうしたイメージの再認メカニズムや既視感の源泉となるものこそ、ほかならぬわたしたち人間の「顔」だろう。人相学から顔認証にいたるまで、人間の顔は個々に似たもの、、、、、、、であ、、、りなが、、、らも明確に差異が宿り、それぞれが固有の再認可能性を備えた特権的な対象である。つまり、その意味でも現代のネット空間に顔の動画が増殖していたことは不自然ではない。

かつてはむしろ、新規なもの、特異なもののほうが人気もあり、価値も高かった[■43]。そして、凡庸なもの、知っているものの価値は低かった。だが、その対比はいま逆転している。ひとびとは、何度もループして観るなかで、それらのコンテンツや演出のあいだの微妙なズレが生じることこそを楽しんでいる。いわば文化消費のあり方そのものが、リメイク的で、「リズミカル」なものになっているのだ。

そうした傾向は、やはりネットやSNSなどのデジタルコンテンツにより直接的に現れているだろう。それはバズっているYouTuberやTikTokの動画を見れば一目瞭然だ。それらはみな、だいたい「どこかで見たことがあるネタ」、あるいは内容自体がパターン化された繰り返しにすぎない。しかし、というよりはだからこそ、誰もがそれにハマってしまう。そもそも、定型的ないくつかの身振りと楽曲にあわせてユーザがリップシンク（口パク）する動画であるTikTokにしろ、テンポのいい独特の細切れの編集で見せるYouTuberの動画にしろ、それらの

■42　近年、日本でもリメイク映画の本格的なアンソロジーが刊行されている。北村匡平、志村三代子編『リメイク映画の創造力』、水声社、二〇一七年。

■43　たとえば、カントは芸術を生み出す主体としての「天才」の「第一の特質」を「独創」だと考えた。前掲『判断力批判』上巻、二五七頁。

映像そのものが「リズム」を重要な要素としている。

　同じことは、二〇〇〇年代後半ころから定期的に流行り続けている、お笑いと音楽を掛けあわせた「リズムネタ」にもいえることだ。二〇一六年に世界的に大流行したピコ太郎（古坂大魔王）の「ペンパイナッポーアッポーペン」（PPAP）が象徴的な事例だが、リズムを媒介にした笑いは、反復的な律動や振動の作用が、中毒的な楽しさ＝アトラクションを視聴者にもたらしている。そもそもリズムネタを含む「お笑い」というジャンル自体が、「ボケ」と「ツッコミ」の定型的なパターンとそのズラしが重要な要素となる、「緊張の緩和」（桂枝雀）による表現でもあった[■44]。また、現代のポップカルチャーを代表するジャンルとなっているゲームもまた、ほかの多くのジャンルにはない「リプレイ」という特徴にその魅力が裏打ちされている。

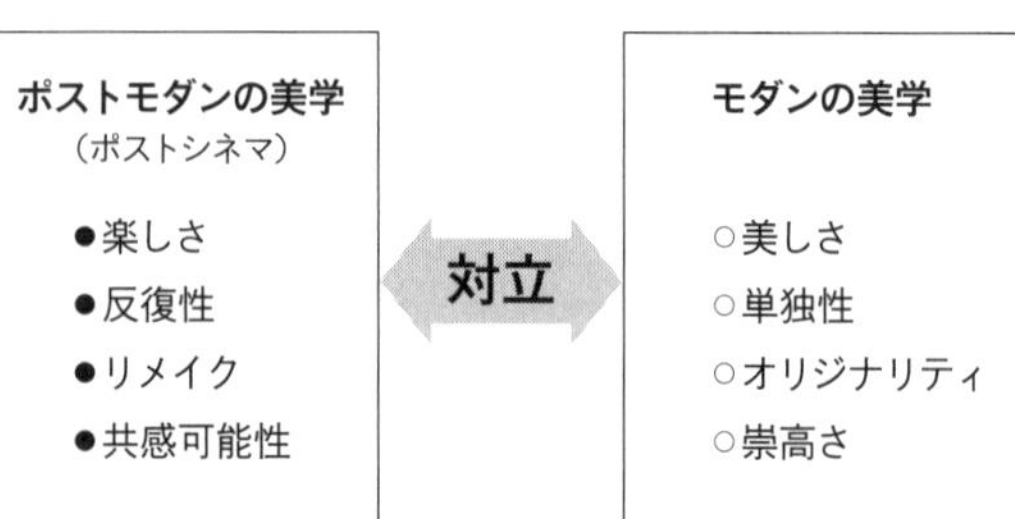


図2　モダンとポストモダンの作品鑑賞パラダイムの違い

　このように、現代のさまざまな文化消費の本質には、リズムやパターンの快がきわめて重要な部分を占めている。人間は意識する以前の身体に馴染んだもの、見慣れたものにこそ「楽しさ」を感じる。また、映画ライターの杉本穂高が示唆したように[■45]、SNSによっていま・ここの「共感」や「同調圧力」が大きく醸成されるこの社会では、「自分しか知らないもの」よりも「みんなが知っているもの」のほうがより価値づけられるということもあるのかもしれない。[図2]

　しかし、國分が指摘していたように、そうしたものがもたらす「楽しさ」は、「美しさ」に比べて、これまであまりまともに扱われてこなかった。それらは、近代的な美学にとっては、美の範疇の埒外にあるのかもしれない。しかし、わたしたちはこの無数の「リre-の文化論」について真剣に考える必要に迫られている。そして、マーベル映画とYouTuberの時代の新しい映像美学（？）のようなものが生まれるとき、本当の意味でポストシネマの映画批評が可能になるのかもしれない[■46]。

■44　かつてジークムント・フロイトは「ヒューモア」（機知）を定式化したさい、月曜日に絞首刑になる囚人がいった「おや、今週は幸先がいいぞ」というジョークを例に挙げている。だとすれば、ここにもヒューモアにおける冗長性（「週」という反復可能性）が作用しているといえるかもしれない。実際、フロイトもまた、「何か新しいものが期待されてもよいところで、いつも既知のものが再発見されるということ」を、ヒューモアの技法的手段のひとつに挙げていた。ジークムント・フロイト「機知」、『フロイト全集』第八巻、中岡成文、太寿堂真、多賀健太郎訳、岩波書店、二〇〇八年、一四四、二七六頁。

■45　杉本穂高、藤津亮太、渡邉大輔「アニメにおける「映画とは何か」という問い　2020年を振り返るアニメ評論家座談会【後編】」、リアルサウンド映画部、二〇二一年。URL=https://realsound.jp/movie/2021/01/post-699600.html

■46 ここで仮説的に記した「楽しさの映像美学」というテーマは、それに基づいたいわば「楽しさの映像文化史」とでもいえるような歴史記述の可能性を含んでいると思う。たとえば、現代の「楽しさの映像」を形成する代表的な慣習のひとつに、「インスタ映え」に象徴される視覚的消費のコミュニケーションがあるが、近代的ツーリズムと一体化した一八世紀のピクチャレスク景観も、視覚文化研究者の佐藤守弘が「見られ楽しまれるべきスペクタクル」(『トポグラフィの日本近代』、青弓社、二〇一一年、一〇七頁)だったと述べたように、同じ系譜のなかに跡づけることができるかもしれない。さきの國分は、「カントには、美しい物を見たという体験を人に伝える喜びという観点もある」(前掲『僕らの社会主義』、一〇七頁)とも述べていたが、これも現代のインスタ映えに通じるものがある。

# 第2部

# 絶滅に向かう映画

## —— 映画のポストヒューマン的転回

# 第4章 オブジェクト指向のイメージ文化

## ——ヒト＝観客なき世界

### 1 絶滅の映画

#### ポストヒューマニティ／オブジェクト指向時代の映画

第一部では、映像の制作や受容における技術革新がもたらした、ポストシネマにいたる映画の変化に焦点をあてて見てきた。それはカメラアイなど撮影現場に起こった変化であり、また動画サイトなどの新しいメディア環境での作品受容の変化だった。

第二部では、問題のパースペクティヴを広げて、現代の社会や思想状況に起こっている変化と、それに対して映画がどのように応答しているのかを見ていこう。いま、じつにさまざまな領域にわたって起こっているその大きな変化とは、思想史においてはしばしば「ポストヒューマン的転回」と呼ばれるものだ。

ポストヒューマン、あるいはポストヒューマニティとは、文字通り「人間（中心的な価値観・制度）以後の世界や存在」を意味している。この概念は、まずサイボーグやクローン技術が脚光を浴びた一九八〇年代から一九九〇年代にかけて、機械補綴や人体改造による「人間を超えた存在」への志向を意味していた（理系的なポストヒューマン）。その後、二一世紀に入ると、社会のいたるところで、わたしたち人間とモノとの関係性に大きな変化が見られるようになってきた。たとえば、それまでたんなるモノにすぎなかった日用品にAIが搭載され、それらがわたしたちに語りかけてくる。あるいは、人間と穏やかな関係を保っていた気候やウイルスが人類の生活圏をいまもまさに侵蝕しようとしている。すなわち、それまではっきりと区別され、異なる領域にあった人間とモノが、相互に混ざりあったり、むしろモノの側が人間に対して主体的・能動的に働きかけ、人間の圏域を脅かし始めている。近年では、そのような局面を思想的に扱う立場を指すようになっている（文系的なポストヒューマン）。

いずれにせよ、ポストヒューマン的転回とは、生物としての、あるいは近代的な理念としての「人間」をただ単純に放棄したり否定したりしようとするものではなく、二一世紀的な状況において、その批判的な再検討を目指すものでもあることには注意が必要である［■1］。とりわけ二〇一〇年代以降、「ポストヒューマニティーズの哲学」とも総称される一連の新しい思想が生まれ、日本でも積極的に紹介されてきた［■2］。

このように、ポストヒューマン的世界とは、人間と「人間ならざるモノ」が共生し、相互干渉する世界である。また、人間の地位を脅かすモノばかりになった世界とは、ノンヒューマン、つまり人間が消失した無人の世界をも意味するだろう。

ところで、ここでいう本来はモノを操る立場の「人間」とは、映像の世界に置きかえて考えれば、カメラを操る映像の撮影者や登場人物（人間）を演じる俳優、そしてそれらが記録されたスクリーンというモノを鑑賞する観客の存在にあたるだろう。だから、ポストヒューマンの問題は、第一章のカメラアイの変容の問題のなかで論じた、ポストカメラ／非擬人的カメラの問題とも密接に関連している。

そして、ポストカメラ的なシチュエーションでは、通常の映画制作で介在する撮影者＝人間＝主体の思考や手を離れて、たとえばＡＩを搭載したドローンや GoPro のカメラアイ、ＣＧで描かれたキャラクターなどの人間ならざるモノが映像の中心を担いつつある。そうした人外のモノたちが撮影現場に侵入してきている状況は、当然ながら、現代の映画が描く主題や物語にも大きな影響を与えている［■3］。この章では、従来は人間＝主体と区別・対立して考えられてきたモノ＝客体を「オブジェクト object」と呼び、その新しい関わり方を描き始めている映画や映像文化の状況を、――しばしば用いられる「オブジェクト指向の哲学」という用語を借りて――「**オブジェクト指向のイメージ文化**」と呼んで論じてみたいと思う。

　ただ、ここからの議論において、わたしはポストヒューマン／ノンヒューマン的な状況のなかに垣間見える「人間」のイメージや物語に何度か立ち返る。いま、人間ならざるモノや人間のいなくなった地平が目の前に大きく広がる状況があるからこそ、かつてあった「人間的なもの」の息遣いや存在感が逆に鮮明に感じられる瞬間がたしかにある。それによって、人間の存在は新たに定義される。オブジェクト指向の映画世界をたどることは、わたしたち人間を新たに生き直すことでもあるだろう。

## 現代映画作家が描く「絶滅」——新世代ディザスター映画の流行

　それでは、まずはここ最近急速に擡頭してきた「オブジェクト指向のイメージ文化」が描く、現代映画の典型的なモティーフについて確認していくところから始めよう。

■1　近年のポストヒューマン的転回については、たとえば以下の文献を参照。ロージ・ブライドッティ『ポストヒューマン』、門林岳史監訳、大貫菜穂ほか訳、フィルムアート社、二〇一九年。

■2　この「ポストヒューマニティーズの哲学」という呼称は、以下の著作を参照した。岩内章太郎『新しい哲学の教科書』、講談社選書メチエ、二〇一九年。

■3　実際、以下の論文ではポストカメラの問題とも絡めながら、「ポストヒューマン的映画」という問題設定が論じられている。William Brown, "Man without a Movie Camera — Movies without Men," Warren Buckland ed. *Film Theory and Contemporary Hollywood Movies*, Routledge, 2009, pp. 66-85.

それは、地球上の生物種や個体群が絶え果てること――「絶滅」である。

二一世紀的なポストヒューマニティのテーマを描き続けている作家として新海誠が挙げられる。新海は、フォトリアルで情感溢れる風景表現が高い支持をえている。一方、（とくに初期作品は）人間描写の希薄さがよく指摘されている。ゲームのオープニングムービー出身ということもあってか、どのキャラクターの造形もあっさりしていて、どことなく無機質なのだ。そして、新海のこの「人間」へのある種の無関心さとは対照的に、彼の創意は風景描写とともに人間以外の対象に向けられる［■4］。その人間以外のモノとは、動物――もっと具体的にいえば、彼がかねてからその偏愛ぶりを公言している猫である。習作的な初期作『彼女と彼女の猫』（二〇〇〇年）をはじめ、『猫の集会』（二〇〇七年）、『だれかのまなざし』（二〇一三年）など、新海は、猫の視点から語られる物語を好んで何度も描き続けている。

興味深いのは、近年の新海が、人間の大規模な死滅のモティーフに接近していることだ。大ヒットとなった『君の名は。』（二〇一六年）がその好例だろう。このアニメ映画では、ティアマト彗星の分裂落下によるヒロインを含む糸守町のひとびとの死滅が物語の重要な展開として描かれるからだ。このような新海の描いてきた物語は、ポストヒューマン的な現代映画のなかで、ひとつの基調をなしているといえる。

そのように文脈を立てると、ダン・トラクテンバーグ監督の長編デビュー作であり、J・J・エイブラムスが製作した『10 クローバーフィールド・レーン』（二〇一六年。以下『10CF

L』）も、似たような破滅を描いた作品の一本である。

本作は、心理サスペンス、SF、怪獣パニックもの……といった複数のジャンルが無造作に掛けあわさったような、いかにもエイブラムスらしい、風変わりな映画だ。主人公の若い女性、ミシェル（メアリー・エリザベス・ウィンステッド）は、夜の田舎道を自動車で走行中、スマートフォンに届いた恋人からの電話に気を取られた一瞬、脇から飛び出てきたトラックと追突し、車ごと崖下に転落する。目覚めた彼女は、いつの間にか腕に点滴を打たれ、ギプスを巻かれた右足を壁に鉄鎖でつながれ、窓のない密室に寝かされていた。

しばらくして、ハワードと名乗る謎の大男（ジョン・グッドマン）が現れる。彼はここが自分の作った地下シェルターだと説明する。そして、早くここから出してと懇願するミシェルに、彼女が気絶しているあいだに地上は大きな攻撃を受けた、もはや大気は汚染されている、ここから出すことはできない、ミシェルの家族もおそらくは生き残ってはいまいと語る。シェルターには、ミシェルに少し先駆けて到着したというエメット（ジョン・ギャラガー・Jr.）という青年もいた。ハワードはいったい何者なのか、そして彼のいっていることは真実なのか。たった

■4　なお、以下の論文では、わたしの新海論の「ポスト・デカルト的」な「非人間中心主義的解釈」を紹介しつつ、しかし新海アニメがデジタル制作でありながら「仮想的にレンズが使用されている」ことで、主客の区分を生み出している点に注目する。そこから東浩紀の議論を援用し「半透明性」という概念でその風景表現の解釈に新たな視座を提起している。渡部宏樹「風景から光景へ」、『表象』第一五号、月曜社（表象文化論学会発行）、二〇二一年、一六七－一八三頁。

三人で奇妙な共同生活を送りながら、何度も疑心暗鬼が渦巻くなか、ミシェルとエメットはハワードの目を逃れて、ありあわせの素材で防護服を作り、シェルターからの脱出を計画する。

そして映画の終盤、防護服を着たミシェルはハワードの手を辛くも逃れ、空調室の小窓からついに地上への脱出に成功する。一息ついて空を見上げると、まったく人気（ひとけ）のない広い畑のうえ、赤く広がる夕暮れの空に、奇妙な飛行物体がひとつ漂っている。つぎの瞬間、脱出時に発生した火災により地下シェルターが爆発する。そして爆発音に反応して、物体がミシェルのほうへ向かってくる。ミシェルは急いで近くに乗り捨てられていた乗用車のなかに逃げこむが、そこにエイリアンのような不気味な生物がすさまじい勢いで次々と襲ってくる。機転を利かせて謎の生物の口に火炎瓶を投げこみ、撃退したミシェルは、逃走する車のなかのラジオニュースで、人類がエイリアンの攻撃を受け、甚大な被害が広がっていることを知る……。以上のように、本作はその終盤において、一挙に謎のモンスターが襲来するパニック映画に転調する。そして多くの含みを残したまま、幕を閉じる。

図1　『10 クローバーフィールド・レーン』（2016年）
©2016, 2017 Paramount Pictures.

つまり『10CFL』もまた、エイリアンの謎の襲来と環境破壊により、人類のほとんどが死滅したあとの世界を描いているのだ。この映画には、主要キャストの三人以外は、ほぼ人間が登場しない。じつはハリウッドを中心とした現代映画には、ここ三〇年ほどのあいだ、「絶滅」の表象や主題が繰り返し登場している[■5]。たしかに、似たようなテーマの映画はそれ以前からも存在した。しかし、一九九〇年代ころから『インデペンデンス・デイ』（一九九六年）、『デイ・アフター・トゥモロー』（二〇〇四年）、『２０１２』（二〇〇九年）といった一連のローランド・エメリッヒ監督作品に象徴されるような「ディザスター・ムービー」と呼ばれる災厄パニック大作映画が目立って増えて現在までいたっているのだ。その隆盛は、ＩＴの発展、気候変動の深刻化など、人間の生活をモノが侵略していく過程と同時代の現象である。

## ＩｏＴ社会における人間の消失と映像のうごめき

二〇一〇年代にはほかにも、気候変動下の世界を描いたクリストファー・ノーラン監督の『インターステラー』（二〇一四年）など、いままさに起こっている喫緊の社会的・思想的課題ともリンクするテーマを描くものが目立ってきている。つまり、それらの映画には、無機的な

■5　たとえば、以下の論文を参照。ユージーン・サッカー「絶滅と存在についての覚え書き」（島田貴史訳）、『現代思想』二〇一五年九月号、青土社、七九‐九一頁。トム・コーエン「映画、気候変動、ユートピア主義の袋小路」（清水一浩訳）、同書、九二‐一一一頁。大澤真幸、吉川浩満、千葉雅也「絶滅と共に哲学は可能か」、千葉雅也『思弁的実在論と現代について』、青土社、二〇一八年、二七九‐三一五頁。

モノたちによって支配されている「無人の世界」のイメージが溢れている。そして、そのイメージの背後には、この現実世界のいたるところで起きている変質が関係している。

それには、第一章で非擬人的カメラの問題として見たような、主体から乖離した無数の客体＝オブジェクトたちの能動化・自律化という、今日のポストメディウム的状況における映像の「存在論的転回」それ自体が深く関与している。

また、こうした映像の変容の兆候は、現代思想や生態学などの分野で近年脚光を浴びているポストヒューマンの主題とも明確に連動している。

現代の物語表象における「絶滅」のモティーフの氾濫に今日のメディア環境の変化が関わっていることは、つとに指摘されてきた。というのも、現代の情報メディア社会では、有象無象のオブジェクトたちが、人間と対等な自律性を獲得し、前者の圏域を攪乱していく局面がいろいろな場所で現れ始めているからだ。第一章で取り上げた『リヴァイアサン』（二〇一二年）の魚や『ジョギング渡り鳥』（二〇一五年）のエイリアンから見たまなざしは、モノがヒトの役割を肩代わりしていくという事態をまざまざと体現していた。

近年、国内外を問わずサイボーグやAIをテーマにした映画が続々と作られている。その理由は、いうまでもなく新技術「ディープラーニング」（深層学習）以降に隆盛している二〇一〇年代の「第三次AIブーム」が関係している。また、いわゆるIoT（Internet of Things　モノのインターネット）の社会的普及は、人間とオブジェクトの関係性を変えつつある。IoTは、この分野の第一人者である坂村健がいうように、従来の「人対モノ」のコミュニケーションではない、「コンピュータ－の組込まれたモノ同士がオープンに連携できるネットワーク」を作る新たな技術で[■6]、スマート家電などが典型的な実装例だ。そのスマート家電にもAIが搭載されていることが示すように、IoTとAIはともに「人間の特権的制御を超えるテクノロジー」として密接に結びつきながら発展してきた。

AIが人間の制御を超えるという世界観の例として、一〇年ほど前に話題になった「二〇四五年問題」というものがある。これは未来学者レイ・カーツワイルが提唱する仮説で、この年にAIの知性が人間の能力を超える「シンギュラリティ」(技術的特異点)に達するというものだ。カーツワイルは、AIが人間の予測を超えて暴走する可能性に対して警鐘を鳴らしており、同様に、スティーヴン・ホーキング、イーロン・マスク、ビル・ゲイツらもこの「AIの暴走」を核戦争に代わる二一世紀の脅威として警告している。日用品ひとつすらネットワークにつながったIoT社会が拡大し続けている今日、かりにAIの暴走のような事態が起これば、たしかにわたしたちの未来は重大な危機に陥るだろう。

この点で、AIとの恋愛をシニカルに描き、アカデミー賞脚本賞も受賞したスパイク・ジョーンズ監督『her／世界でひとつの彼女』(二〇一三年)の物語は示唆的だ。この作品では主

■6　坂村健『IoTとは何か』、角川新書、二〇一六年、一三頁。

人公の男性セオドア（ホアキン・フェニックス）が人間と見紛う人格を持ったＡＩ型ＯＳの女性——本来、ＡＩに性差はないが——「サマンサ」（声：スカーレット・ヨハンソン）に恋をしてしまう。しかし、皮肉にも物語のラストで、サマンサは彼と同時に何百人もの男性と同時に「恋愛」をしていたことが発覚する。こうした物語は、現代すでにある「『ラブプラス』的恋愛像」——コナミのゲーム作品『ラブプラス』のようにＡＩやキャラクターと恋愛をするひとびと——を戯画的に描いているといえるだろう。

『ｈｅｒ』に見られる世界観は、わたしたちの世界認識に、「ヒトとモノが共生する世界」、あるいは「モノだけの世界」という新たな局面をもたらしている。たとえば現在、応用倫理学や情報倫理の一分野では、「サイボーグ倫理」や「ＡＩ倫理」という新しい領域も提唱されている。わたしたち人間はもはや、「Ｓｉｒｉさん」や「Alexaさん」の「責任」や「お気持ち」を問うような世界に突入しつつあるのかもしれない［■7］。

以上のように、いまや有象無象のオブジェクトたちがわたしたち人間と対等にコミュニケーションを取ってくるＩｏＴ的世界が出現しつつある。さらに現在、ＩｏＴのつぎの段階までもが議論されている。ＩｏＢ（Internet of Bodies）がそれだ。すでにいまでもインターネットと接続したデバイスがわたしたちの身体へ日常的に装着可能になっている。ＩｏＢはそれがさらに進み、わたしたちの身体を直接インターネットと接続させる可能性も含むフェーズである。つまり人間が、たとえばアニメ『ＧＨＯＳＴ ＩＮ ＴＨＥ ＳＨＥＬＬ／攻殻機動隊』（一九九五年）の草薙素子のように、一種のサイボーグになるような未来も議論されているのだ。

これは少なくとも現段階ではまだまだSF映画の世界に近いが、だが一方で、現代人はすでにして「生まれながらのサイボーグ」なのだという主張もある。それは、「認知科学の哲学」という領域の一部である「拡張された心」と呼ばれる理論である。まさに『生まれながらのサイボーグ』という名の著作でイギリスの哲学者アンディ・クラークは、二一世紀の人間をめぐる状況を次のように説明している。わたしたちは生まれたときから常時、Googleで検索し、Siriを使い、Apple Watchで考えている。そこでは、「こころ」（思考・記憶・認知・感情）の機能の一部がすでに外在化され、ネットワークやAIと協働しているのであり、そのような存在はもはやサイボーグと呼ぶべきだろう、と[■8]。その意味でも、わたしたちは、従来の人間像

■7　以上のような近年の社会的動向に関しては、すでに現代のメディア研究や技術哲学、認知科学の哲学などの領域で思弁的洞察の蓄積がある。たとえば、ドイツのメディア学者フリードリヒ・キットラーやフランスの技術哲学者ベルナール・スティグレールは、コンピュータやリアルタイム・ネットワークをはじめとするメディア技術が、わたしたちの知覚や記憶といった主体化の根源的な契機としてつねにすでに介入しているとみなしていた。以下を参照。フリードリヒ・キットラー「メディアの存在論に向けて」（大宮勘一郎訳）、石田英敬、吉見俊哉、マイク・フェザーストーン編『デジタル・スタディーズ第1巻　メディア哲学』、東京大学出版会、二〇一五年、四一－五六頁、ベルナール・スティグレール『技術と時間3　映画の時間と〈難－存在〉の問題』、石田英敬監修、西兼志訳、法政大学出版局、二〇一三年。

■8　アンディ・クラーク『生まれながらのサイボーグ』、呉羽真、久木田水生、西尾香苗訳、春秋社、二〇一五年。

のかなた、「ポストヒューマン」の世界に足を踏み入れているのだ。

さて、この事態を映画も含む映像文化の状況と照らしあわせて見てみよう。

現在、映像がヒトの手から離れて自生するという事態をもっともわかりやすく想像させるのが、SNSに溢れるショート動画アプリ「TikTok」や、GIFフォーマットの動画群である。いまTwitterのタイムラインを開くと、そうした無数のショート動画が投稿されており、スクロールしていけば、つぎつぎに映像が再生される。そのなかで人目を引く人気動画は、リツイートによって拡散され、さらにはアクセス稼ぎを目的とする有象無象のアカウントが勝手に再投稿し（いわゆる「パクツイ」に近いもの）、もともとの投稿者の手を離れて増殖していく。その光景はあたかも、情報環境という生態系のなかで自然発生した動画が、人間たちのあずかり知らぬところで生き物のごとく自律的にうごめいているかのような、奇妙な錯覚を起こさせる。

そんな世界を思わせる今日のネットの映像環境は、先ほど記した現代映画における人類の絶滅のテーマを髣髴とさせるところがある。というのも、本来は別々の問題であるこのふたつを結びつける映画があるからだ。『10CFL』に先立つ関連シリーズ作品と位置づけられている、エイブラムスがプロデュースしたマット・リーヴス監督のモンスター映画『クローバーフィールド／HAKAISHA』（二〇〇八年。以下『CF』）である。本作は巨大なモンスターがニューヨーク市街を壊滅させるという、『10CFL』と同じようなカタストロフを、いくつもの謎をちりばめて描いたフェイクドキュメンタリー映画である。すでに触れたように、この手法は、「イメージの例外状態」と化した状況下での映像のリアリティを擬態することで、批評的意味を発揮していた。『CF』の場合、これに加えて、物語と関連する意味ありげな擬似ニュース映像を、公開前にYouTubeにアップするという当時としては新奇なプロモーション戦略を取った。こうして新世代の映画の姿を公開当時のひとびとに強く印象づけたのだった。

その『CF』のフェイクドキュメンタリー風の映像は、「アメリカ国防総省が『クローバーフィールド』というコードネームで保管している記録映像である」こと――つまり、人間が死滅したあとに残された映像断片（ファウンド・フッテージ）であるという体裁の説明が挿入されていた。その災厄を経験したひとびとがいまやすべていなくなり、あとにはオブジェクトとしての映像（アーカイブ）だけがぽつんと残される……こうした『CF』の趣向は、人間なき世界と、それでも自生し続けるオブジェクトのリアリティを描くものだ［■9］。

## 人新世とオブジェクト指向の哲学

先ほど、いわば「絶滅とオブジェクトとノンヒューマンの作家」として新海誠を紹介した。

■9　この点は、以下の共同討議における北村紗衣の発言に示唆を受けた。石岡良治、北村紗衣、畠山宗明、星野太、橋本一径「『爆発的メディウム』の終焉?」、『表象』第一〇号、月曜社（表象文化論学会発行）、二〇一六年、八一頁以下。

その新海の『天気の子』（二〇一九年）は、異常気象による大量降雨に包まれた東京オリンピック後の近未来の日本が舞台である。その点で、「絶滅」のモティーフをはっきりと引き継いでいる［■10］。物語の終盤、主人公の森嶋帆高（声：醍醐虎汰朗）がアパートでめくる大学のパンフレットの記事のなかに「アントロポセン」（人新世）という文字が見える。じつは、このキーワードも昨今の絶滅論に対する関心と深く呼応するものである。

人新世とは、地質学の分野で提起されている概念である。ノーベル賞も受賞した大気化学者のパウル・クルッツェンと生物学者のユージーン・ストーマーによって二〇〇〇年に提唱された仮説で、「人類の生きているこの現在を指す新しい地質年代」のことをいう。これまでのもっとも新しい地質年代区分は、最終氷期が終わった約一万年前以降を指す「完新世（ホロシーン）」だった。しかし、人類の活動は地球温暖化をはじめとする急激な気候変動など、地球に対して惑星規模の影響を与えるようになっており、現在形成されつつある地層は、もはや完新世とは異なる痕跡を地球に永続的に残す可能性がきわめて高くなっている。人類自体の生存・絶滅可能性も含め、人類による環境変動を地質学的に確定するための仮説として提唱された人新世は、現在では地球科学などの専門分野を離れ、哲学や現代アート、アニメまで幅広く注目されている。

今日の映像作品における絶滅というモティーフの擡頭が、こうした人新世的な問題とリンクしていることは間違いない。人新世をめぐる議論は、ほぼ同時期の二〇〇〇年代なかばころから活況を呈し、日本にも積極的に紹介された「ポストヒューマニティーズの哲学」と総称される一連の思想に広範に共有されているものである。

ポストヒューマニティーズの哲学では、カント以来の「人間中心主義」を見直し、「オブジェクト中心の哲学」を作ろうと試みている。近代西洋哲学は、一貫して「人間にとって世界がこうなっている」と世界を捉えてきた。しかし、「相関主義」とも呼ばれるこの見方では、世界そのものの実在を捉えることはできない。ましてやここまで述べてきたように、二一世紀には「人間でないモノ」たちの存在感が増してきている。こうした批判意識から立ち上がった彼らの哲学は、平たくいいかえれば、AIやドローンのような存在を中心に世界について考えようというものである。カンタン・メイヤスーの思想を起爆剤として出発した「思弁的実在論」(SR)、グレアム・ハーマンを中心とする「オブジェクト指向の存在論」(OOO)、マヌエル・デランダの「フラット存在論」、日本でもジャーナリスティックな反響を呼び起こしたマルクス・ガブリエルらの「新しい実在論」(NR)、そしてそれらの思想とも呼応する「人類学の存在論的転回」など、広く「思弁的転回」や「実在論的転回」と呼ばれている潮流がそれにあたる。

たとえば、オブジェクト指向の哲学の代表者であるハーマンは、以下のように記している。

■10 『天気の子』とポストヒューマン的問題との関係については、以下の拙論を参照。渡邉大輔「父の不在と狂気の物語」、『文學界』二〇一九年一〇月号、文藝春秋、二五二－二七二頁。同『明るい映画、暗い映画』、blueprint、二〇二一年、二六一－二七四頁。

「人間と同様にプラスチックや砂丘も論じようとしている存在論のなかには、感覚的対象のための場所がないことになってしまうのだ。そのように感性を人間の王国に閉じ込めてしまうことは、否定すべきである」[■11]。ハーマンによれば、カント以来の西洋の形而上学は、哲学の範囲を「人間の王国」に閉じこめてきた。しかし、いまや（ここが彼の哲学の挑発的なところだが）わたしたちは人間と並んで、プラスチック、砂丘、洗濯機、空気ポンプ……たちのための哲学も作らないといけない、というわけだ。彼は、モノの宿す新たな個体性・自律性・能動性や、モノたちとヒトとの対等な関わりあいに注目し、IoT以降の新しい哲学を打ち立てようとしているのである。

これはいいかえれば「人間がいない世界」を考える哲学でもある。この点については、フランスの哲学者メイヤスーとイギリス生まれの哲学者レイ・ブラシエが検討を加えている。たとえばメイヤスーは「人間が現れる以前の状態」を「祖先以前性」と呼び、それを自分の哲学の出発点とする。また、ブラシエは、メイヤスーを批判的に摂取しながら「人間が絶滅したあとの状態」に注目し、それを「事後性」と呼んでいる。着目するポイントは真逆だが、どちらもい、い、い、い、い、人間の存在しない世界を考えようとしている点では共通しているわけだ。すなわち、オブジェクトを中心に据える哲学は、ポストヒューマンの哲学であるとともに、絶滅の哲学でもある[■12]。

絶滅という言葉の語感が持つ長大な時間的スパンの感覚が、二〇二〇年代のわたしたちにとってリアルに響くとするならば、そこにはやはり一一年前に起こった東日本大震災と原発事故の余韻が関わっているだろう。「一〇〇〇年に一度」といわれた未曽有の震災と、もしかすると人類が絶滅した何万年先もなお残り続けているかもしれない放射能被害を目の当たりにしたわたしたちの時間感覚は、震災以降、急激に広がった。3・11以降の論壇や思想界でも國分功一郎『暇と退屈の倫理学』（二〇一一年）から吉川浩満『理不尽な進化』（二〇一四年）、ごく最近ではユヴァル・ノア・ハラリまで、数千年や数万年単位の時間を相手にするマクロな人類史観が流行したけれども、メイヤスーやブラシエが提起する人間不在の哲学もまた、それらと同じような受容のされ方をしているに違いない［■13］。二〇二〇年以降はもちろん、同様の規模で人類の生活を変えつつある新型コロナウイルスの脅威も加わっているだろう。

何にせよ、これらポストヒューマニティーズの哲学の提起する問題に即していえば、フィル

■11　グレアム・ハーマン「代替因果について」（岡本源太訳）、『現代思想』二〇一四年一月号、青土社、一〇五頁。ハーマンは多様な個的実在がいかなる相関関係によっても絶対に汲み尽くされえず、相互に隠れあっていると主張する。こうしたハーマン的なモノのプライヴァシーもまた、人間の干渉や介入を離れてネット空間でうごめき増殖する動画の姿を思わせる。Graham Harman, "Brief SR/OOO Tutorial (2010)," *Bells and Whistles*, Zero Books, 2013, p. 7.

■12　メディア考古学の代表的論客であるユッシ・パリッカは、メイヤスーやブラシエの議論も参照しつつ、オブジェクトに過去・現在・未来の多元的な時間性が組みこまれるメディア考古学的な問題を論じるさいに「化石」という比喩を用いている（もともとメイヤスーに「原‐化石」という概念がある）。Jussi Parikka, *A Geology of Media*, University of Minnesota Press, 2015, chapter 5.

ムからデジタルへというポストメディウム的状況に曝されていたわたしたちは、いまや表象の体制の映画文化からオブジェクト指向の映画文化へと向かいつつあるといえる。あるいは、そうした時代の映画批評とは、いわば絶滅後の映画について考えるということでもあるだろう。すなわち、表象の体制の条件であった映像と観客、つまりはモノとヒトの対立関係が途絶え、人類なき「映像＝モノのネットワーク」だけが繁茂する静謐な世界……。

Ｓｉｒｉやｂｏｔの挙動が主体の従属を離れて拡大しうる諸相を捉える「デジタル人文学（ヒューマニティーズ）」がその存在感を急速に強めつつあるいま、「人間性（ヒューマニティ）」も更新される。メディウムとしての現代映画の想像力もまた「絶滅」のイメージに向かっていることは、ある意味でごくわかりやすいのである［■14］。

## II　絶滅後の倫理

### 絶滅、密室とゾンビ映画の記憶

さてふたたび『10CFL』の物語に視線を向けてみよう。わたしがこの映画で魅了されたのは、なんといっても主人公のミシェルがハワードによって密室に閉じこめられたあと、シェルター外の人類が滅びゆく謎の終末世界と、ハワードの謎めいた行動とのあいだで、徐々に、だが確実に彼女が変化を遂げていく過程である。

たとえば、ハワードとエメットと三人ではじめてテーブルを囲んだ晩、ミシェルは隙を見てハワードからシェルターの外に出る二重扉の鍵を奪い、脱出を図る。追ってくるハワードを振りきり、なんとかひとつ目の扉を開けたあと、外と接した扉を開けようとするが、そのとき、顔が赤く爛れた女性が必死の形相で外側からガラス窓に近づき、窓を頭突きで割ろうとする。恐れおののき、ショックを受けたミシェルは以後、ハワードの言葉を信じるようになる。

ところが、しばらくしてふたたび彼らの信頼関係に亀裂が入る。かねてからハワードが口にし、ミシェルに見せていた彼の愛娘ミーガンの写真が、数年前に行方不明になったまったくの別人であることが判明するのだ。ハワードがミーガンのものだといってミシェルに着せたTシャツは、その行方不明の少女のものだった。ここからミシェルのハワードに対する疑いが加速

■13　絶滅＝進化論的言説と「3・11」との関係については、以下の座談会でも軽く触れられている。前掲「絶滅と共に哲学は可能か」、二八二－二八三頁。また、こうした絶滅論的問題設定と表裏をなすのが、近年、マスメディアでも話題の「SDGs」や未来倫理（世代間倫理）だろう。未来倫理については、ハンス・ヨナス『責任という原理』、加藤尚武監訳、東信堂、二〇〇〇年などを参照。

■14　現代映画をおもに扱う本書では詳細には扱えないが、無数の鳥に住処を奪われ、人間が消失した黙示録的世界を描くアルフレッド・ヒッチコック監督の『鳥』（一九六三年）や、環境破壊をニヒリズムを交えて主題化したロベール・ブレッソン監督の『たぶん悪魔が』（一九七七年）など、「人新世映画」「絶滅の映画」という視点から過去の古典を新たに解釈し直すこともできるだろう。

する一方、ハワードのほうはミシェルをまるでミーガンに代わる娘のように扱い始める……。おそらく重要なのは、この密室と、そこでミシェルの主体が変容するなかで現れるサスペンスとの関係だろう。

あらためていえば、『10CFL』とは、主人公がほぼ全編にわたって「密室」（地下シェルター、自動車、納屋……）に閉じこめられている物語だといえる。この点は、監督のトラクテンバーグがビデオゲームの人気タイトルを短編映画化した『Portal: No Escape』（二〇一一年）にもほぼ共通している。とはいえ、「密室」の頻出は、じつはこの監督の作品に限ったことではない。国内外を問わず、ここ最近の映画では、「絶滅」の主題と同様、物語の登場人物たちをその内部に閉じこめる舞台装置がかなり目につくようになっているのだ。

「絶滅」と「密室」の結合について考えるときに参照したいのが、『10CFL』にも立ちこめるゾンビ映画のジャンル的記憶である。シェルターを脱出しようとしたミシェルがガラス窓越しに目撃してしまう、理性を失い、変わり果てた風貌の女性には、明らかにジョージ・A・ロメロ以降のゾンビ表象が参照されている。この場面をゾンビ映画と対応させて考えることは、エイブラムスのキャリアからも不自然ではない。なぜなら、エイブラムス自ら監督し、当初は『CF』の続編ともアナウンスされていたモンスター映画『SUPER8／スーパーエイト』（二〇一一年）は、主人公の少年少女たちが、まさにロメロ風のアマチュアゾンビ映画を撮影する物語だったからだ（ちなみに、ロメロもまた『ナイト・オブ・ザ・リビングデッド』から四〇年近くを経た二〇〇八年にフェイクドキュメンタリースタイルのゾンビ映画『ダイアリー・オブ・ザ・デッド』を公開している)。

より注目すべきは、ゾンビ化した女性を目撃した直後に、密室内にいるミシェルやハワード自身もまた、ある種の「ゾンビ的」な存在と化していくことだ。すなわち、ミシェルはかつてミーガンが着ていたとされるTシャツを身にまとい、ハワードからミーガンと同一視される。そのことで彼女は、おそらくもはやこの世には存在しないだろうミーガン＝死者と限りなく近づいていく。そう、ミシェルはこの時点ですでに「感染」していたのだ。さらに、クライマックスで逃走するミシェルを追いかけるハワードもまた、いかにもゾンビ的な形相に変貌することになる。

じつはこの『10CFL』の物語のプロセスをかなり正確になぞっているのが、黒沢清監督の『クリーピー　偽りの隣人』(二〇一六年)である。彼は九〇年代以降の日本映画で数々の「ゾンビ」を描いてきた。この作品では隣人の西野(香川照之)の自宅地下にある『悪魔のいけにえ』(一九七四年)ばりの密室に閉じこめられた、主人公の高倉康子(竹内結子)とその夫・幸一(西島秀俊)、そして西野の妻、多恵子(最所美咲)が、腕に薬物を注射され、つぎつぎと前後不覚のゾンビ的存在と化す。物語のクライマックス、駐車場に停められた西野の黒いバンの座席に手錠でつながれたまま、人形のように動かない幸一の逆光のシルエットは、その生死不確定のゾンビ性において、まぎれもなくミシェルたちと重なるだろう。

では、密室との関係において、ゾンビ的表象の何が問題になるのか。

結論からいえば、ゾンビとはこの場合、絶滅や無人、非人間的なものとも関係する、わたしたち主体の存在論的身分の転回を如実に示す存在だといえる。たとえば、かつてスラヴォイ・ジジェクが好んで論じたように（『ラカンはこう読め！』）、映画のゾンビとはカントやヘーゲルのいう「無限判断」（～しないことを欲する）を体現する存在である。ゾンビは生者でも死者でもなく、あくまでも「死なないヒト（アンデッド）」なのであり、その意味で排中律（ある命題についてそれが成り立つか成り立たないかのどちらかで中間はないとする論理学の法則）を逸脱した存在である［■15］。そして第三部の議論を先取りしていえば、生と死、人為と自然、一と多、そして主体とモノといった従来の二項対立を組み換えるゾンビ的な存在が、いま急速に注目を集めるようになっている［■16］。フランスの哲学者ミシェル・セールならばその媒体を「準‐客体」、セールに影響を受けた科学人類学者ブルーノ・ラトゥールならば「ハイブリッド」などと呼ぶだろう。つまり、ヒトとモノ、文化と自然といった本来対立しあう要素が半分ずつ掛けあわされながら、たがいにネットワークを形作っていく奇妙な存在だ［■17］。

そしてその現代のゾンビ的存在のラインナップに、たとえばほかならぬ『CF』のファウンド・フッテージのような、「デジタル・アーカイブ」も加えることができるだろう。というのも、今日のデジタル表象を支える「情報」という概念もまた、かつてサイバネティクスの創始者ノーバート・ウィーナーが定式化したように［■18］、生気論と機械論、つまり生命と物質という近代的な対立項を統合するものだったからだ。

その意味で、『10CFL』のミシェルは、絶滅後の映画世界にふさわしいゾンビ／ハイブリッド性を身にまとったといってよい。『10CFL』に配されたいくつもの舞台設定や主題は、そのことを雄弁に物語っている。密室に培養された無数の「ノンヒューマン」と化したかつての人間たちがうごめくこの世界こそ、わたしたちが直面しつつある、「絶滅後」の映画なのかもしれない。

■15　この論旨は、レイ・ブラシエやフランソワ・ラリュエルの哲学的戦略を、ゾンビ的主体の例を出しつつ無限判断との関連で検討する以下の卓抜な論文に示唆を受けた。仲山ひふみ「聴くことの絶滅に向かって」、『現代思想』二〇一六年一月号、青土社、一九四－二〇五頁。

■16　思想家の中沢新一は近年、同様のハイブリッド性を南方熊楠が注目した粘菌と華厳経（レンマ）の構造的共通性に見出している。中沢新一『熊楠の星の時間』、講談社選書メチエ、二〇一六年。同『レンマ学』、講談社、二〇一九年。

■17　フランスの科学人類学者でアクター・ネットワーク理論の提唱者であるブルーノ・ラトゥールは、二〇世紀的な地球のイメージが人間と気象が対立する関係にあったとすれば、二一世紀の地球は人間と気象が相互に干渉・共生しあう関係に入ったといい、これを「テレストリアル」と呼ぶ。そして、二一世紀の「政治」は、右派と左派ではなく、この人間と気象＝オブジェクトとの競合的な関係（新気候体制）のなかで生まれると述べている。これもまたハイブリッド的な関係性であり、新海の『天気の子』はこの新気候体制を描いたアニメだといえる。ブルーノ・ラトゥール『地球に降り立つ』、川村久美子訳・解題、新評論、二〇一九年を参照。

■18　ノーバート・ウィーナー『サイバネティックス』、池原止戈夫ほか訳、岩波文庫、二〇一一年、一〇二頁。

## 絶滅後＝ノンヒューマンの倫理

人新世的世界において、わたしたちの眼前に拓けているのは、すっかり人気（ひとけ）が絶え、表情を欠いた、のっぺらぼうのモノだけがそこここに散らばる風景である。問題は、そうした世界のなかで紡がれる映画の物語に、それでも公共性――いうなれば「人間的」な他者の手触りが宿りうるのか、宿るとすればそれはどのようなものかということだろう。

おそらく、小森はるか監督の長編ドキュメンタリー映画『息の跡』（二〇一六年）が、そのひとつの手掛かりとなる。

図2　『息の跡』（2016年）
©2016 KASAMA FILM＋KOMORI HARUKA

『息の跡』は、東日本大震災の大津波による爪痕がいまだなまなましく残る東北地方の郊外の街道沿いで、小さなプレハブ小屋の種苗店を営むひとりの中年男性の日常を、被災地の四季の移ろいとともに記録したドキュメンタリー作品である。

岩手県陸前高田市で「佐藤たね屋」を経営するこのドキュメンタリーの主役、佐藤貞一は、二〇一一年三月一一日の津波で自宅兼店舗を流されたのち、ライフラインも満足に整備されていない店の跡地に手作りのプレハブを建てて、営業を再開している。本業を営むかたわら、佐藤は、還暦近くになった齢に独学で習得した英語で、自らの被災体験と被災地をめぐる独自の分析を綴った冊子『The Seed of Hope in the Heart』を自費出版していた。彼はカメラを向ける二〇代前半の監督の小森に対して、自らの日々の活動や震災復興に対する思いを映画全編にわたってじつに精力的、かつ饒舌に語り続ける。津波によって変貌した日常の仕事を丁寧かつ慎ましくこなしながらも、彼はその旺盛な好奇心の赴くまま、陸前高田の歴史や津波の惨状を縦横に探索、発信していく。その平凡でありながら、どこかユニークな姿に寄り添うように、小森のカメラはほぼ佐藤のたたずむ「小さな日常」だけを追っていく。

『息の跡』は、簡素な構成を持つ、いたってシンプルなドキュメンタリーである。全編にわたって被写体はほぼ佐藤ひとりに限定され、ロケーションもほとんどが種苗店のみで完結している[■19]。作中で一シーンだけ佐藤の母親が登場し、また彼には妻がいることもほのめかされる。したがって家族を含む他人の、作品世界からの徹底した排除は、小森の意図的な演出だと考えてよい。小森のカメラが切り取る佐藤の世界は、家族からも家の周囲に存在するだろう街からも切り離された、彼と小森だけが閉じこめられた「密室」のようである。

公開当時に三浦哲哉も指摘していたことだが[■20]、観客には、周りのものを何でもブリコラ

■19　作中では主要な登場人物は佐藤と、撮影者の小森（声のみの出演）のほか、佐藤たね屋の顧客数人、そして佐藤の母親がそれぞれ一シーン登場するのみである。陸前高田市の住民たちも何度か映されるが、それはどこか別世界の風景のように佐藤の世界とは切り離されているように見える。

■20　三浦哲哉「映画川『息の跡』」、『boid マガジン』二〇一六年一月号 Vol. 1。URL=http://boid-mag.publishers.fm/article/10690/

ージュして生活や仕事をこなしていく佐藤の姿が、絶海の孤島で孤独に生きるロビンソン・クルーソーのようにも思えてくる。わたしはここから、二一世紀の現在に存在した「人間らしい」日常や文明が崩壊し、あとに殺伐とした無人の風景のみが広がっている「ポストヒューマン的」な手触りを濃厚に感じ取る。それは、原発事故後の非日常を描いた深田晃司監督の『さようなら』(二〇一五年)や、まさにロビンソン・クルーソーのような生活を描くマイケル・デュドク・ドゥ・ヴィット監督の『レッドタートル ある島の物語』(二〇一六年)、リドリー・スコット監督の『オデッセイ』(二〇一五年)にも共通する感触だ。『息の跡』もまた、こうした人間以降の世界とポストシネマ的状況を結びつける映画の系譜に連なる特徴を帯びている。

さて、『息の跡』において観客を魅了する最大の要素は、やはりなんといっても本作のほぼ唯一の被写体といってよい佐藤の持つ、独自の知的なたたずまいだろう。

そもそも『息の跡』は昨今の多くのドキュメンタリーと同じように、佐藤という、本人曰く「普通よりやや下の収入の庶民」でありながら、かなり風変わりな、アクの強い人物の存在感によって成立している。ただ、その印象は、映画を追っていくうちに、しだいに変化していく。観客は佐藤のそれ自体魅力的な身振りの一つひとつが、彼の人格的な個性とはまた別に、彼を取り巻く世界ともっと深いところで有機的に関係しあっていることに気づく。そして、佐藤の鷹揚で、奥深さを感じさせる言動の数々は、まさに聡明さそのものだと感じるにいたるのだ。

わたし自身は当初、佐藤のキャラクターを切り取る小森の演出に、多少の戸惑いと違和感を覚えていた。映画のオープニングからしばらくして、キャベツの苗木を馴れた手つきで素早く選り分ける人物の手許がローアングルからの接写で捉えられる。その後、ビニールハウスのなかで撮影者に大声で饒舌に話しかけながらてきぱきと作業をこなす佐藤の姿が、ここではじめて登場する。「歳なんぼだっけ？　二七、八か？」、二三歳だと答える小森に、「まだそんなもんか！　まるで豆粒だ！」――強い東北訛りで高笑いを連発する佐藤の姿が、小森によって絶妙な距離で捉えられる。佐藤が当初醸し出す（ように見えた）、このような風変わりで奇矯なキャラクター像に対して、わたしはかつて佐藤真がセルフドキュメンタリーに対して批判的に述べた「素材先行主義」のようなものを感じて、いささか警戒してしまった。

しかし、そうしたわたしの当初の印象は、佐藤の姿と、それをかたわらで捉える小森のカメラを追っていくうちにたちまち消えていった。たとえば、佐藤は種苗店の業務を日々こなしながら、おそらくは震災をきっかけとして、アマチュアの「郷土史家」へと変貌している。彼は図書館などから文献を借り出して、地元の古い津波の記録を自力で調査し、近隣の御神木をフィールドワークして、何百年も前の津波の推移を計測している。彼の幅広い渉猟の対象には、なんと一七世紀のスペインの探検家が遺した文献資料までが含まれている。ブログを使ったネット上での情報発信も精力的に行う。さらに彼は、驚くべき記憶力の持ち主で、それらの記録を詳細な年代まで暗記しているのである！　自らの調査分析の過程と成果を小森のカメラに向かってつぎつぎと披露していくその風貌は、しだいに力仕事をこなす被災地の自営業者というよりも、エンジニアであり、歴史学者であり、フィールドワーカーであり、そしてときに哲学者のような雰囲気すら帯び始める。

## 慣習＝倫理としての「息の跡」

佐藤の活動を象徴するものとして、本業の合間を縫って行われる、上記の記録をまとめた冊子の制作がある。にわかには信じがたいことだが、佐藤はこの冊子作りのためにそれまでまったく専門的に勉強したことがないという外国語をいくつも独学で学び、各国語版の冊子を執筆しているのだ。のみならず、それらの冊子は初版発行後も終わりなく加筆修正が続けられ、二〇一七年三月の時点では、英語版の第五版が発行されるという！

いったい、どのような体験をすれば、中年を過ぎて、外国語（それも複数！）を独学で習得し、それらの言語で高度なルポルタージュを書くという途方もない営みを決意し、そしてただちに実行しうるものなのか。わたしたちは佐藤の見せるこの大いなる——しかし、ごく慎ましやかな——謎と奇跡に、ただただ、スクリーンを通して魅入られるほかない。すると、震災の喪失感による圧倒的な「失語」の感覚と、それをあえて母語の日本語ではない複数の外国語で綴ることによって、逆説的に、より正確に他者に伝えるためたというその営為の理由が、作中で佐藤自身の口からさりげなく語られる。

つまり、佐藤が体現している、ある透徹した知性の内実とは、本来は伝達不可能な固有の体験や記憶を、小さく断片的ではあれ、だが他者とつながりうるかけがえのない「物語」として昇華させようという倫理的な意志だといえる。そして、それは「3・11」という凄絶な「失語」＝「物語の解体」の体験を経たのち、「（複数の）外国語」というメディアに仮託することで、かろうじてなされるものでもある。

無味無臭な「情報」や「データベース」にはけっして還元されない、広大な世界の内側で見落とされているささやかな断片にこそ積極的に瞳を凝らし、それを「物語化」しようという姿勢は、岸政彦のエッセイ『断片的なものの社会学』（二〇一五年）や土居伸彰のアニメーション論『個人的なハーモニー』（二〇一六年）、さらに片渕須直監督のアニメ『この世界の片隅に』（二〇一六年）など、震災以降の言説や表現に目立ったものでもある。『息の跡』は、いわばそうした姿勢をこのうえなく硬質な結晶として、嘘のような自然さで観客の前に示すように思われる。

それは、『息の跡』のショットの一つひとつが、震災からのけっして短くはない年月の蓄積を経てできあがった佐藤の新しい習慣と、それを捉える小森の同じく習慣化されたカメラのまなざしを、文字通り佐藤と小森の体温のかよった「息の跡」のように、手で触れられるようなたしかさをもって「記録」することに成功しているからだ。佐藤も小森も、けっして特別な存在ではないだろう。ふたりはたがいに、被災地でふつうに暮らす住人と、まだ「豆粒」のような若者という、どこにでもいる人間として震災を記録しているだけである。しかし、映画は同時に、ふたりがまるでドン・キホーテとサンチョ・パンサのように分かちがたい、じつに魅力的な「記録者」のコンビであるとも強く実感させる。このふたつの異なる印象を観客に対して違和感なく結びつけるのが、映画のなかで流れる時間とふたりの会話の積み重なりの痕跡＝「息の跡」なのである。「物語」は、すっきりと整理されないまま、小森のカメラがふたりの生きる小さな日常の断片を記録する過程で生まれる。

そして、それはまた戦後日本のドキュメンタリーが獲得してきた力でもある。本作のプロデューサーである秦岳志がパンフレットに掲載されたテクストで明かしているように[■21]、作品の舞台となる土地に撮影者自身が数年単位の年月をかけて滞在し、被写体の生活を記録におさめるという『息の跡』の方法論は、佐藤真の傑作『阿賀に生きる』（一九九二年）にインスパイアされたものであった。また、彼らのドキュメンタリストとしてのスタンスは、戦後日本ドキュメンタリーの巨匠、小川紳介を重要な先行者としている。その意味で、『息の跡』は彼らの試みを受け継ぐ作品でもある。

と同時に、本作は、巨大な災害の後の、誰しもがロビンソン・クルーソーにならざるをえない「無人の世界」のなかで、それでも誰かとの「よき生」を営むための重要な手立てを考えさせてくれる稀有な作品である。スピノザによれば、倫理（エチカ）の語源であるギリシャ語の「エートス」とは「習慣」を意味する。震災後の生活のなかで、新たな習慣＝倫理を獲得した佐藤の姿は、彼がわたしたちに見せてくれた、ささやかだが強い、「絶滅後の倫理」である。

## III 「人間以後の世界」の公共性のありか

### 「準 - 家族」と「準 - 公共性」の日本映画史

『息の跡』の佐藤の営みは、震災後＝絶滅後の世界に、それでも人間としてあり続けるための倫理を示しているように思われる。こうした新たな倫理が人間以外のモノも含む不特定多数の他者と関わりあい社会化されるとき、そこにある種の「公共性」のようなもの（準 - 公共性？）が生まれるのだろう。わたしたちはおそらく、こうした現代のノンヒューマン的変容を受け入れた公共性の形を見定めていかなければならない。ポストヒューマンの時代における「人間の条件」を考えることは、このあと第六章で論じるポストシネフィリーの問題にもつながっていくだろう。

ポストヒューマン的世界の公共性のひとつの姿とは、複数の異なる視野（パースペクティヴ）を持ったモノたちの世界が重なりあいながら共生する場所だ。そして、その兆候は、かたや公

■21　秦岳志「production note」、『息の跡』劇場パンフレット、二〇一七年、二七頁。

共性とは真逆の、家族＝親密圏の側にも認められる。『息の跡』は、家族から徹底的に隔絶した（ように描かれる）「無人の世界」で、孤独な個体と化した佐藤と小森が手探りで、震災によって崩れかかった社会的な足場とそれを語るための言葉をたがいに協働して回復していく試みだった。では対照的に、家族を主題にした映画は同じような状況で人間的な関係性をいかに描こうとするのか。是枝裕和監督の長編映画第一二作『海よりもまだ深く』（二〇一六年）は、その問題を扱った典型だと思う。

この映画は、郊外の団地で暮らす母とうだつの上がらないその中年の息子、そして彼の「元家族」を主人公に、近年の是枝が繰り返し描く、「他人以上家族未満」のひとびと——いわば「準 - 家族」の物語である。

興信所の探偵業で日銭を稼ぎながら大好きなギャンブルに明け暮れるダメ男の篠田良多（阿部寛）は、もう一五年前に私小説風の純文学作品で「島尾敏雄賞」を一度獲ったきり、まったく鳴かず飛ばずの小説家。妻だった響子（真木よう子）には三下り半を突きつけられすでに離婚、一一歳になるひとり息子・真悟（吉沢太陽）とも月に一度しか会えない。彼には、東京郊外・清瀬にある「旭が丘団地」の一室で暮らす母・淑子（樹木希林）がいた。そんななか、月に一度の良多と真悟の面会日、暴風雨のため、連れ添って訪れた響子とともに、「元家族」は淑子の団地の部屋で一晩を過ごす。元妻や息子への未練を払拭できないまま、それでもだらしない生活を送ってしまう良多をはじめ、誰もが「こんなはずじゃなかった」という思いを抱えながら生きる（準）家族の日々を淡々と切り取っている。

長編映画監督デビュー作『幻の光』（一九九五年）からプロデュース作品『エンディングノート』（二〇一一年）、そしてカンヌ国際映画祭でパルム・ドールに輝いた『万引き家族』（二〇一八年）やフランス進出作品『真実』（二〇一九年）にいたるまで、是枝の諸作品が初期から繰り返し「家族」（の不在や不可能性）を主題としてきたことはよく知られている。その点でまず興味深いのは、この作家の場合、その物語的な主題が作中の具体的細部にこめられたもろもろの映画史的記憶や舞台設定、さらにその間テクスト的な構造と緊密に関わりあっていることだ。『海よりもまだ深く』もまた、是枝が敬愛する数々の映画作家の断片的記憶が随所に感じられる作品になっている。成瀬巳喜男、相米慎二、ジョン・カサヴェテス、ロベール・ブレッソン、そしてエドワード・ヤン……。それら固有名のなかでもすぐに観る者の脳裏に浮かぶのは、やはり小津安二郎だろう。

是枝と小津を並べる見立て自体はいまさらとくに珍しくはない。たとえば、鎌倉を舞台にした『海街diary』（二〇一五年）では、『小早川家の秋』（一九六一年）のラストを思わせる火葬場の煙突のショットなどが挿入される。二〇〇三年の小津生誕一〇〇年の国際シンポジウムにも、是枝は登壇している［■22］。

だが、わたしがここであらためて注目してみたいのは、そうしたモティーフやショットではなく、『海よりもまだ深く』を含む近年の是枝作品と、小津作品固有の演出スタイル――「小津調」の構造的・形式的な類似性である。そうして並べてみると、小津の描く世界は、どこか「無人の世界」を想起させる要素にも満ちている。

周知のとおり、戦後の小津の諸作品は、「おれは豆腐屋だから豆腐しか作らない」とたびたび自称したように、主題や具体的細部が作品を横断してよく似ている。極端にパターン化された主題や演出の繰り返しは人間を介さない記号的なものに映るし、何より海外の研究者が和歌の枕詞になぞらえて「ピロー・ショット」（枕ショット）と名づけた、映画冒頭の誰も映っていない小津特有の情景ショットは、文字通り無人の静謐さを湛えている。

注目すべきは、「子どもたちの日常」や「近代的家族の崩壊過程」を好んで描く是枝の映画もまた、とりわけゼロ年代後半以降、小津的な作風に接近していることだ。阿部寛が是枝作品で主演を務めるのは、『歩いても 歩いても』（二〇〇八年）、テレビドラマ『ゴーイング マイ ホーム』（二〇一二年）に続いて『海よりもまだ深く』が三度目だが、彼の役はすべての作品において「良多」（横山良多、坪井良多、篠田良多）と名づけられている。さらに、『そして父になる』（二〇一三年）で福山雅治演じる主人公の名前もまた「野々宮良多」。小津には原節子を主演にした有名な「紀子三部作」があるが、この時期の是枝の作品群は、いわば阿部による「良多三部作」、ないしは福山も加えた「良多」シリーズとも呼べる、まさに「家族的」な連なりを持っていたわけだ。

さらに『歩いても 歩いても』と『海よりもまだ深く』では、これも小津と同様、あたかも鏡像のように似通った複数のシーンが反復して登場する。後者では良多が、息子に運動靴を買ってやるために興信所の若い後輩・町田健斗（池松壮亮）から借りたなけなしの一万円を、「これで何か買いなよ」と台所で母の淑子に渡してしまうシーンがある。これは、前者でやはり台所で良多が母のとし子（こちらも樹木希林が演じている）にお小遣いといって一万円を渡すシーンと重なっている。また前者では、とし子が家のなかに迷いこんだ蝶を一五年前に亡くなった長男の純平の姿だと思い、必死で捕まえようとするシーンがある。これも、後者で団地の道路脇に植えられた緑に止まった蝶を半年前に急逝した夫に見立て、「こっちはこっちで楽しくやってますから」と語りかける淑子の姿にぴったりと対応しているだろう。

このように是枝の映画もまた、小津と同様に、個々の映画の細部がまるで親子や兄弟のように似通っている。彼らの作品群を輪郭づけているこの間テクスト的な類似と反復は、名作『東京物語』（一九五三年）で平山周吉（笠智衆）が、東京で昔の旧友ふたりとひさびさに会い、料亭で旧交を温めるシーンの台詞を思い出させる。周吉が旧友たちと二次会の飲み屋に流れたのち、東野英治郎演じる沼田三平は周吉に向かって、飲み屋の女将を指しながら「なあ、平山君。どうかなこの女、どっか似とるじゃろうが」「なあ、似とらんですか」と語りかける。ここで彼

■22　蓮實重彥、山根貞男、吉田喜重編著『国際シンポジウム　小津安二郎　生誕100年記念「OZU 2003」の記録』、朝日選書、二〇〇四年。

は、彼女の顔がなんとなく自分の妻に似ていると語るのだが、この部分（細部）がなんとなく共通している「似たもの同士」があちこちに見つかるという特徴は、まさに是枝と小津の映画世界にぴったりあてはまっている。それは、奇しくもホームドラマを得意とする両者の個性を象徴するように、文字通りの「家族的類似性」（ウィトゲンシュタイン）とでも呼べるものだろう。

## 不純な存在たちの視線劇としての「団地」

『海よりもまだ深く』がわたしにとってことのほか感動的だったのは、角が少しずつ欠けたパズルのピースのように、それぞれがどこか嚙みあわない、不純な「かつて家族だったもの」の群像を、「団地」を舞台にして、繊細な手つきで描いていたことによる。

すでに政治学者の原武史、また写真家の大山顕やライターの速水健朗らが丹念にまとめているように[■23]、郊外の「団地／ニュータウン的」な生活空間とは、高度経済成長期以降の「核家族」を最小単位とした戦後日本社会の姿をもっともよく体現するものだった。核家族は日本では第二次大戦後に確立し、近代的な愛と性と再生産のミニマムな三位一体を社会的に普遍化した。戦後日本映画は、そうした近代的な核家族の持つ微妙な襞を、細胞を思わせる均質な個室に分断された団地のイメージに託して、きわめて的確に描いてきた。たとえば、六〇年代の『ウルトラマン』シリーズは郊外の新築団地を襲う怪獣や宇宙人のドラマに仮託して、近代的公共圏と、それが抑圧し始めていた古い風景とのあいだのひずみを描く。七〇年代の一連の日活ロマンポルノ『団地妻』シリーズ（一九七一－七九年）は核家族固有の婚姻結合の矛盾を表現する。また、八〇年代の森田芳光監督『家族ゲーム』（一九八三年）は核家族の虚構性そのものをシニカルに暴き出してみせた。

やもめのひとり住まいの母が登場する『海よりもまだ深く』の団地は、現代の「団地／ニュータウン的なもの」の本質を巧みに表現している。さらにいえば、かつて団地の空間が象徴していた核家族的なシステムが同時に「パパ－ママ－ボク」のオイディプス的構造をなぞっているのだとすると［■24］、破天荒だった亡き父の欠点や優秀だった亡き兄の長所をかたや受け継ぎ、かたや裏切る『海よりもまだ深く』や『歩いても 歩いても』の主人公・良多は、いわば「永遠に未完成な父」（象徴的去勢の挫折）として従来の核家族図式をも逸脱していることがわかるだろう。

このように、団地という近代的・核家族的世界のなかで、いつまでも一人前の父＝主体になりきれず中途半端な存在でいる良多や、昆虫＝オブジェクトを死んだ夫とみなして語りかける淑子がいる『海よりもまだ深く』の「家族未満」の物語には、どこか小津とはまた別の形で、

■23　原武史『滝山コミューン一九七四』、講談社、二〇〇七年。同『団地の空間政治学』、NHK出版、二〇一二年。大山顕、佐藤大、速水健朗『団地団』、キネマ旬報社、二〇一二年。

■24　核家族を説明変数として導入した人類学や社会学がフロイトの強い影響下にあることは明らかである。

不純な「人間未満」の領域が入りこんでいるように思える。逆にいえば人間的成熟から逃れ続け、また虫とフラットに交流する人物が登場する『海よりもまだ深く』の団地は、いわばポストヒューマン的な状況のなかでかろうじて保たれている人間的な領分だといってよい。

そして是枝は、高齢化と均質化が浸透しきった現代の団地と、すでに「他人以上家族未満」の関係性へと溶解しつつある現代の「準－家族」像とを二重化しつつ、そうしたフラットで不純な環境のなかにも精妙なコミュニケーションの回路がありうるということを、きわめて具体的な演出を通じて描き出そうとしているように見える。そもそも自分の「家族」をテーマにした小説を書いている主人公という設定自体、物語に自己言及性を添えている。

最後に短く、ジェンダー論的な切り口からひとつだけ触れておこう。すべてが均質化し、バラバラにほどけたように見える『海よりもまだ深く』の物語世界のなかで、じつは「準－家族」と化した登場人物たちの営みを唯一、つなぎ止めるような要素が存在する。それが、団地のなかを行きかう、「準－家族」の男女たちが投げかける複数の不可視の視線である[■25]。

本作において当初、特権的な視線を担っている主体は男たちの側だった。たとえば興信所で探偵稼業をしている良多は、離婚後、響子が早くも新たな若い恋人（小澤征悦）と連れ立って息子の野球の試合観戦に行っている様子に嫉妬し、車中から彼らを双眼鏡で監視している。このほかにも、良多と後輩の町田は、同様の方法で浮気調査を始める。つまり、彼らは作中を通じて無数の他者を一方的にまなざす主体として存在しているのだ。なるほど、良多は映画の冒頭、淑子のいない隙を狙って団地の部屋に上がりこみ、金に替えるためか、亡き父の遺品である高価そうな掛け軸を探して簞笥を物色するが、ここでも彼自身は一方的に対象をまなざし、他者からのまなざしを極力回避する主体として振る舞っている。

しかし、こうした男性たちの一方的なまなざしは、彼らがそれを行使すればするほど、自らが所属したいと望む「家族」の枠内からは、皮肉にもしだいに排除されていってしまう。台風の夜、団地に泊まった響子は、新しい恋人との逢瀬を良多が監視していた事実に気づき、未練がましく近づく彼をあらためて強く拒絶する。本作において、男性的な視線とは、自らが所属したいと望む家族を特権的な位置からまなざすことで、そこへの参入を目論みながら、かえってその目的が頓挫してしまうアイロニーの担い手としてある。

だが本作には、そんな男性たちの逸脱的な視線を受け止めつつ、離れていく相手と自らの距離を慎ましく結び直そうとするかのような、もうひとつの視線が存在する。いうまでもなく、女性たちのまなざしがそれである。たとえば、母が預金通帳と印鑑をストッキングに包んで天袋に隠していると小耳に挟んでいた良多は、映画の後半、その場所を物色し、それらしい袋を見つける。焦る手つきでなかの封筒を開けたものの、そこには姉の千奈津がマジックペンで書

■25　是枝作品における視線劇については、以下も参照。伊藤弘了『仕事と人生に効く教養としての映画』、ＰＨＰ研究所、二〇二一年、二二四－二三三頁。

いた「残念でした！」の文字が。ここには、弟の視線を事前に見通している姉の視線がある。

さらに、映画のほぼ全編を通してまなざしの主体として描かれてきた良多が、はじめて、明らかな第三者の主観ショットでまなざされる対象に転化する地点を、観客たちは映画の終盤に認めるだろう。先ほどの台風の夜、良多は息子の真悟を――かつて自分も父としたように――、近所のタコ山に連れ出す。激しい風雨の闇のなか、こっそりと部屋を抜け出す父子の姿を、カーテンとガラス越しに見下ろす視線の主体は、すでに床に就いたと思われていた響子のものである。この視線のあとに続く一連のタコ山のシークエンスにおいて、響子を交えた三人の「元家族」が、かつてあっただろう、たしかなやりとりをつかの間取り戻すのは、映画を観た誰もが知るところだ。そして、台風一過の翌日、晴れ上がった空の下、彼ら「元家族」はそれぞれ帰宅の途に就こうとする。そのとき、ふと良多が誰かの視線を感じて顔を上げる。すると、その視線のさきには上階の階段の手すりから母が笑いながら手を振っているのだ。すなわち、ややもすればポストヒューマン的な世界へと散らばっていってしまう「準‐家族」のひとびとの輪郭をゆるやかにまとめていくものとして女性の視線はある。

以上のような「準‐家族」を織りなす複数の人物たちのあいだを交錯し、ひとところに落ちつくことなく、それでいてゆるやかに重なりあいもするこれらのまなざしは、つぎの第五章で見る『牡蠣工場』（二〇一五年）における猫のまなざしともどこか似ているようにも思う。また、ポストヒューマン的な世界における人間的な営みについては、第六章のシネフィリーの問題にもつながるだろう。『海よりもまだ深く』で感動的な瞬間とは、この男と女、親と子のあいだで、それぞれのまなざしから見られた世界＝パースペクティヴが交錯し、たんにそれぞれの閉じられた世界ではない、新しい「世界の見え方」が人物たちに自覚される場面である。それは、人間以外のまなざしがはっきりと現れるようになったこの世界で、ヒトとヒト、ヒトとヒトならざるものたちとの結びつきがいかにありうるかを問いかけているように思えるのだ。

思えば、『海よりもまだ深く』が舞台とする団地の部屋とは他方で、本章で取り上げた『10ＣＦＬ』のシェルターや『息の跡』の種苗店と同じ「密室」でもあった。団地が建つ郊外はショッピングモールを筆頭に、数多くのゾンビ映画の舞台にもなっている。ポストシネマにおける密室とは、もともとは人間の生きる場でありながら、人間が根こそぎ絶滅し、あとにはのっぺらぼうのオブジェクトだけが残った世界の、孤絶や均質性、非人称性のイメージを体現する空間として位置づけられる。

『10ＣＦＬ』の描く密室は、今後も広がり続けるだろう人新世とＡＩの時代の密室の向かうさきを指し示しているように見える。だが一方で、『息の跡』や『海よりもまだ深く』といった作品が、そのポストヒューマンな空洞化した密室と重なりつつも、どこか違った人間的な彩りを持っていることもまた興味深い。『海よりもまだ深く』の良多や響子の「準‐家族」の視線が、『リヴァイアサン』の魚たちのノンヒューマンなまなざしとは異なることもたしかである。この人間と非人間の広がりのなかに、ポストシネマは立ち上がっているというべきだろう。

# 第5章 映画の多自然主義
## ――ヒト＝観客とモノ

### 1　パースペクティヴの複数性と公私の変容

#### オブジェクトたちの世界＝パースペクティヴ

今日、ポストシネマ的な作品とそれらを取り巻くさまざまな状況は、「オブジェクト指向性」、すなわち、モノを中心とする世界との新しい関わり方を示している。『リヴァイアサン』（二〇一二年）のGoProで視覚化された海洋生物たちのまなざしのように、個々のオブジェクトたちは、それぞれが固有の「環世界」を持っている。なおかつそれらオブジェクトたちは、わたしたち主体の側とも対立せず、流動的かつ競合的な関係性のネットワークを築いていく。オブジェクト指向的に世界を描写すれば、このようにいうこともできるだろう。

こうした見取り図に対しては、前章で参照したポストヒューマニティーズの哲学以外にも、現代の人類学的な知見がいくつもの有益な視座を提供している。たとえば、ブラジルの人類学者エドゥアルド・ヴィヴェイロス・デ・カストロは、世界の風景を客観的な認識ではなく、個々に特異な身体を持った主体から解釈する立場を――ニーチェの道徳批判を引き継ぎつつ――「パースペクティヴィズム」と名づける。本章では、彼のいうようなオブジェクトたちの描き出すパースペクティヴィズムの諸相を、映画作品を通じて観察していきたい。

ふたたび想田和弘の『牡蠣工場』（二〇一五年）の画面を見てみよう。

想田の手掛けてきた一連の観察映画は、すでに述べたように、同時代に作られていたセルフドキュメンタリーの作品群とは一線を画している。社会の過剰流動化に曝される地方の現状をごく客観的に観察した『牡蠣工場』にも示されるとおり、その基底には、内閉的な私性に容易に還元されない、明快な社会意識がある。そこには彼がニューヨークで映像制作を学んだという経歴も影響しているだろう。

フレデリック・ワイズマンらに代表される二〇世紀のダイレクト・シネマは、公共機関や社会組織を題材にしつつ、「室内劇」「会話劇」の体裁を借りて「政治的公共圏」の諸相をみごとにドキュメンタリー化してみせた。それに対して、二一世紀の想田は公共的なテーマを扱ってはいても、自身の家族や友人関係から撮影の糸口を摑むなど、私的なつながりにも立脚しているところに違いが見られる。しかも、想田の場合は被写体との距離感もかなり柔軟に変動する。『牡蠣工場』においても、ともに牛窓に滞在している妻の柏木との日常的なやりとりがたびたび登場し、それが本作の社会派的な演出に魅力的な彩りを添えている。病院や裁判所といった公共機関をドキュメンタリーの題材にして、同時代の社会問題と大上段に切り結ぶようなワイズマンと比較すると、震災後の社会を記録しながらも撮影者自身も含まれる被写体の小さな日常を掬い取ろうとするスタイルは、どこか『息の跡』（二〇一六年）の小森はるかの姿勢とも共通する部分がある。

## 猫のまなざしと「イメージの公共性」の不／可能性

わたしにとって興味深いのは、観察映画の方法論が、多くの現代ドキュメンタリーのような私性にもかつてのような社会性にも単純に収斂せず、その両者が絶えず循環するような、「準－社会性」といったものの感触を生み出していることである。『牡蠣工場』は、そうした準－社会性をファーストショットから象徴的なイメージで登場させている。それが、一匹の猫のまなざしである。

この映画は、のどかな陽光が照りつけるコンクリートの浜に寝転がってカメラを見つめる猫の顔をローアングルの接写で覗きこむショットから始まっていた。この猫は住民たちから「シ

図1　『牡蠣工場』（2015年）


ロ」と呼ばれており、いつも浜辺をうろついているが、じつは野良ではなく、どこかの民家の飼い猫で「ミルク」という本名もあるらしいことがあとで判明する。シロは、餌を目当てに想田夫妻の住む敷地内にもたびたび出没して、我が物顔で部屋に上がりこみ、そのたびに想田の妻によって追い返される。

作中に繰り返し登場し、想田ら人間たちをまなざすシロは、生活圏の外部／内部を往還する「半・野良猫」と呼ぶべきあいまいなたたずまいにおいて、撮影者である想田自身の映画のなかでの立ち位置とどこか似通った立場にある。さらにこの中途半端な存在は、今日のグローバル化に曝される牛窓の地元漁師や震災避難民、中国人労働者たちの姿とも隠喩的に重なりあう。彼らの姿は、近代社会の「公共性／公共空間」の基盤が不明瞭になっている今日の状態をその生活の端々でわたしたちに窺わせるからだ。

本作における猫の存在を公共性との関係において捉えることは、想田作品の文脈からしても不自然ではないはずだ。たとえば、『牡蠣工場』の猫は、かつて『Peace』（二〇一〇年）で登場していた猫たちとほぼ直接的に重ねて見ることができる。岡山市に住む想田の義父が従事する福祉車両業務を取材した『Peace』では、義父が高齢者や障害者たちをケアするシーンとほぼ並行して、彼が自宅に群がる大量の野良猫たちをまるで自分の子どものように世話するシーンが印象的に挿入される。おそらく想田の想像力において、猫は現代社会の公共圏や共生のあり方を模索するさいの、重要な指標になっているのだ。

『牡蠣工場』のシロもまた、日常で意識されることのない公共圏の外部をわたしたち観客に垣間見させる。そしてその内部では円滑なコミュニケーションを担保された公共圏の外部が不意に顔を見せる瞬間が、作品の後半に訪れる。ある老年の漁師の牡蠣工場に、中国からのふたりの若い出稼ぎ労働者が到着する日、それまでカメラを回す想田と和気あいあいとつきあっていた漁師が、撮影する彼に背中を向けて牡蠣剝きをしたまま、突如、低い声でもう撮影をやめてくれ、とつぶやくのだ。そして、彼らを「ちゃいな」と呼ぶ漁師は、つぎのように言葉を続ける。

「ちゃいながうちに来て、いきなり写真［映画］を撮られたら、恐がるかもしれない。広島ではそれで殺人事件も起きた。ちゃいなには言葉もつうじないし、何か起こったら迷惑だから、もう写真は撮るな」。想田は狼狽しつつ、背中を向けた彼に「中国のかたがいらっしゃったら、事前に撮影の許可を取りますから」と懇願する。その直後、若いふたりの中国人男性が工場に現れ、女性通訳を介して想田が映画の撮影許可を申してでると、彼らはすぐに快く了承する。ふたりの面倒は、かつて宮城の南三陸町で牡蠣養殖業を営んでおり、東日本大震災の影響により一家で牛窓に移住してきた「渡邊さん」という漁師が見ることになった。三人はそれぞれ片言の中国語と日本語を交わして、仕事にかかり始める。しかし映画は、翌日の早朝、牡蠣の水揚げから戻ってきた漁師と中国人の若者の姿を追い、なかば唐突に終わる。

この、映画のリズムを息をのむほどに転調させてしまう終盤の一連のシークエンスは、いうなれば、それまではごく自然に映画＝公共空間のなかに漁師たち（日本人）とともに現れていた「中国人労働者」の姿が、不意に登場人物のひとりによって「映すべきでない対象」、すなわち一種の「わたしたちの社会」の外側として名指されてしまう瞬間を図らずも捉えている。ここには、一本のドキュメンタリーのなかで、個々の対象が被写体として許容される「排除と包摂」の尺度を司る領域、いうなれば「イメージの公共空間」の確固としたフレームが、ふとしたきっかけで流動化しうるという緊張感が露呈している。つまりこの場面は、ドキュメンタリーというジャンルのはらむよるべなさと、わたしたちの社会の公共性そのものの不／可能性の双方を炙り出してもいるのである。そしてその双方を、想田自身のカメラもまた、あのシロのまなざしのように、目の前の被写体に対して内部でも外部でもないポジションから、ただ寡黙に記録し続けるしかない。

イメージの公共性なる巨大な問題について充分に検討するには、あらためて別稿を期さなければならない。ここでは重要な論点に短く触れるだけにとどめておこう。

かつて映画監督の大島渚は、「敗者は映像を持たない」という有名な言葉を残した。「私たちの映像の歴史は、どんな映像が存在したかということより、どんな映像が存在しなかったかということの歴史なのである」[■1]。戦後に大島が闘争し続けたのは、社会のなかで敗者から映像を奪う、国家権力の作る「勝者の公共圏」だった。彼はそれが排除し不可視化したさまざまな敗者の姿を、テレビドキュメンタリーという新たな、機動性を持った映像メディアで浮かび上がらせ、勝者の欺瞞を告発した。だが、二一世紀のわれわれの社会に遍在するカメラとスクリーンは、大島の時代にあった勝者と敗者の境界をも無情にもなし崩しにする。二一世紀の「イメージの公共性」は、そうした現実から目指される以外にないだろう。

現代において、なおも「イメージの公共性」を考えるのだとすれば、ひとつにはこの社会の隅々にまで張りめぐらされ、微視的な日常を記録できるようになったカメラのまなざしから出発するほかない。想田の『牡蠣工場』において、観察映画を掲げたカメラが不意に捉えたあの漁師の姿は、それを強く実感させる。

## 「越境と流浪の巨匠」が手掛けたモザイク状の映像と物語

このように、現代映画は人間たちの視野が届く領域——それは政治的な位相では「公共圏」のようなものと結びついている——のさまざまな意味での「外部」にあった存在のまなざしを、つぎつぎと画面のなかに呼びこんでいる。こうした外部が、これまで単一の視線からのみ捉えられていた現実の姿を攪乱し、複数化させていることは間違いない。しかし同時に、想田の観察映画に象徴されるように、そうしたまなざしが、むしろわたしたち人間の本性や領域を拡張させているという側面もあるだろう。

想田の場合は、猫のまなざしを観察映画という枠組みのなかに紛れこませた。一方で本書が注目しているデジタルメディアの擡頭とのよりはっきりとした関係のなかで、同じような表現を試みている作品も存在する。イエジー・スコリモフスキ監督の『イレブン・ミニッツ』（二〇一五年）は、そうした表現が、二〇世紀後半の現代ヨーロッパ映画を牽引してきたこの巨匠自身のユニークな歩みとも関わっている点で興味深い。

黒い画面にオープニングロールが現れる映画の冒頭から、トッ、トッ、と、時計の秒針と思しき小さな機械音が間歇的に鳴っている。そして物語が始まると、そこから五分ほど、映画はまるでその後の展開を暗示するかのように、現代のさまざまな映像端末のカメラアイを模した画面をモザイク状に構成してみせる。まず最初は、女性の瞳がクロースアップで映し出され、カメラが引いて彼女（パウリナ・ハプコ）が持つスマートフォンのムービーが、左目の周りを赤く腫らした恋人か夫と思われる男（ヴォイチェフ・メッファルドフスキ）との浮気がらみの口論を映す。続いて、デスクトップパソコンのスカイプ画面。スクリーン右下のワイプ画面に映る弁

■1　大島渚「敗者は映像を持たない」、『大島渚著作集第二巻　敗者は映像をもたず』、現代思潮新社、二〇〇八年、一六七頁。

護士に向かって指輪を示しながらわめき立てる男の姿。そしてつぎに、モノクロで肌理が粗く、倍速で流される二面の監視カメラ映像。もう学校には近づかないようにと警官にいわれながら供述書にサインをする中年男（アンジェイ・ヒラ）。今度は手ブレのデジタルカメラ映像。廃屋のなかで事情聴取を受けるパンクヘアの若い女性（イフィ・ウデ）。そして最後に、アパートの一室でウェブカムに母親へのメッセージを記録する少年（ウカシュ・シコラ）……。画角も画質も異なる複数のファウンド・フッテージ風の映像が重ねられたのち、この映画は、ようやくタイトルを示して幕を開ける。

図2　『イレブン・ミニッツ』（2015年）
©2015 SKOPIA FILM, ELEMENT PICTURES, HBO, ORANGE POLSKA S.A., TVP S.A., TUMULT

『イレブン・ミニッツ』は、映画女優と彼女の浮気を非難する夫、何らかの問題を起こして保護観察つきで釈放されたのち、街頭でホットドッグ販売を営む中年男、彼の息子で、バイク便をしながら得意先の人妻と情事にふけるジャンキー、質屋強盗を企む少年、そして、巨大な鉄橋が架かる河畔で水彩の風景画を描いている老画家……などなど、あたかもマネキンのように記号化された一一人のひとびとが、時間を追うごとに偶然の連続であれよあれよと、ゆるやかかつ不条理に結びついていく、わずか一一分間に起こった複数のできごとをモザイク状に構成したリアルタイム・サスペンスだ。

ところで、『イレブン・ミニッツ』の冒頭のこの多種多様なメディアのイメージがモザイク的に現れるさまは、スコリモフスキのこれまでの半生や仕事の内容と重ねてみると、あらためて考えさせられるものがある。それというのも、この作家の創作活動と作品世界は、いわゆる東側の社会主義国の作家に典型的な、さまざまな「越境と流浪」の宿命とともにあったからだ。

一九三八年にポーランドで生まれたスコリモフスキは、アンジェイ・ワイダやロマン・ポランスキーの作品の脚本家として頭角を現したのち、『身分証明書』（一九六四年）で本格的に監督デビューする。同作に始まる、彼自身が主演も務めたいわゆる「アンジェイ三部作」で、「ポスト・ヌーヴェル・ヴァーグ世代」の旗手として若くして脚光を浴びた。

ところが、三部作の最後を飾る『手を挙げろ！』（一九六七年）のなかでスターリンの肖像画を風刺的に扱った描写がポーランド当局に睨まれ、同作は上映禁止処分となる。さらに、スコリモフスキ自身もそのまま祖国からの亡命を余儀なくされた。亡命後は長らくロンドンに暮らし、欧米各国を転々としながら精力的に映画を撮り続け、作品は著名な国際映画祭での受賞を重ねていく。ただ、一九八五年の『ライトシップ』以来、監督業からは離れ、ときにハリウッドでの俳優業などもこなしながら過ごす。二〇〇八年、ひさびさの監督復帰作『アンナと過ごした4日間』で約四〇年ぶりに祖国での撮影を再開した。

映画評論家の北小路隆志が指摘していることだが[7]、彼が手掛けてきた作品群には、陰に陽に自らの境遇を反映させたと思えるものが少なくない。『手を挙げろ！』の上映禁止処分が解除された翌年、祖国では戒厳令が敷かれているさなかに発表された『ムーンライティング』（一九八二年）は、ポーランド人不法労働者の異国での秘密の労働というもっとも直接的な主題を扱った一作だ。あるいは監督デビュー作『身分証明書』で彼自身が演じた、大学を中退していることを同棲相手の女性に隠しながら兵役に就くまでの時間を無為に過ごす主人公に顕著なように、そもそも亡命以前のスコリモフスキの作家的志向からしても、身分不確かな人物たちのあてどない彷徨というモティーフがすでに現れていたともいえる。そこには、レジスタンス活動に関与していた父親をナチスの強制収容所で失ったという過去も関係しているのかもしれない。そうした数々の主題の集大成といえるのが、米軍の拘束から抜け出して荒涼とした大自然のなかをえんえん逃亡するアラブ系テロリスト（ヴィンセント・ギャロ）の姿をいっさいの台詞を排して描いた『エッセンシャル・キリング』（二〇一〇年）だった。

冷戦時代から「ポスト9・11」のグローバリズムが浸透した現在まで、スコリモフスキはノマド的な自身の半生を模した、越境や流浪についての映画を連綿と作ってきた。その事実を踏まえたとき、『イレブン・ミニッツ』で執拗かつ過激に反復されるメディア横断的なモティーフや映像表現の数々が、そうした彼の政治的な越境とほとんどそのまま隠喩的に重なっているようにも見える。生活空間に遍在し、漂流するスマホ動画やスカイプの映像は、移民や海外資本と日常的にとなりあう、よるべない監督自身の似姿でもあるだろう。そして同じことは、やはり遍在する映像メディアに取り囲まれながら流動的な生を送る現代人一般にも多かれ少なかれあてはまるはずだ。

スコリモフスキ自身は、ここで述べてきた映画冒頭の奇抜な映像演出について、以下のように解説している。

> この映画のプロローグを、登場人物たちにとってのサイバー墓地みたいなものにしようと思いついた。オープニング・シークエンスを、カメラ付き携帯電話、Webカメラ、監視カメラといったありふれた道具を使って撮ったのだ。そうしたカメラで撮った素材に備わる、親密で直接的な感覚や真実味を伝えたかったのである。われわれより**長生きする**シンプルで無害なモノの数々――飛行機の墜落事故で持ち主が死んでしまっても**生き残っている**財布のような――が、そもそもの構想に含まれていた。ソーシャルメディアが大流行している現代においては、われわれの〝死後の生〟はサイバースペース、あるいは（逆説的なことに）〝クラウド〟に独立して存在する写真やヴィデオ素材のかたちで実現されている。

[■3]

■2　北小路隆志「亡命作家が流浪しながら紡ぐ映像世界」、野崎歓ほか編『国境を超える現代ヨーロッパ映画250』、河出書房新社、二〇一五年、二〇二－二〇三頁。

■3　「監督の言葉」（遠山純生訳）、『イレブン・ミニッツ』試写用パンフレット、二〇一五年、一四頁、傍点原文。ちなみに、スコリモフスキ自身はSNSのような現代的なコミュニケーションは好きではないと述べている。

とりわけ目を引くのは、スコリモフスキが「カメラ付き携帯電話、Webカメラ、監視カメラ」などのデジタルデバイスを用いて構成したオープニング・シークエンスに、「登場人物たちにとってのサイバー墓地みたいなもの」になるような、「われわれより長生きするシンプルで無害なモノ」の手触りを表現したかったのだ、と述べている点だろう。ここで示されている監督の洞察は、ポストシネマ的なもろもろのメディア状況を見渡したときに、図らずもその本質を共有するものだといってよい。

この発言は、すでに取り上げてきた現代映画における多視点的転回や、オブジェクト指向の哲学などの思想の問題に通じている。「人間と同様にプラスチックや砂丘も論じようとしている存在論」（グレアム・ハーマン）は、他方で、Ｓｉｒｉやｂｏｔといった「飛行機の墜落事故で持ち主が死んでしまっても生き残っている財布のような」（！）――ＡＩ技術の擡頭、そしてドローンやGoProでの撮影など、主体から乖離した無数の客体＝オブジェクトたちの能動化・自律化という今日の映像文化の進展ともまるごとリンクしている。

## 犬のまなざしが宿す多視点と多自然

『牡蠣工場』の猫のまなざしにすでに遭遇したわたしたちにとっては、『イレブン・ミニッツ』のなかに挿入される、「犬のＰＯＶショット」は深く印象に残るだろう。

作中、芝生が生い茂る広い公園を若い男性が歩いていく。カメラは彼の膝下あたりの超ローアングルから、空を見上げるような仰角で横に寄り添って動いている。観客は男性が手に持つリード、そしてフレーム外から絶えず聞こえる早い呼吸音からなんとなく犬の存在に気づき始める。その後、男性が向かうさきのベンチに座るパンクヘアの女性の側へカメラが切り替わったところで、あらためてPOVのカメラアイの主が「ブフォン」と呼ばれるシェパードだったことを確認する。その後、元カレと思しいこの男性から犬を受け取った女性は、そのまま犬を連れてワルシャワ市街を散歩する。『イレブン・ミニッツ』ではこのブフォンから見たPOVショットが、都合三回登場する。

ちなみに、ブフォンはスコリモフスキの愛犬らしい。それならばやはり、彼がその作品からの影響を覗かせている、彼の八歳年長のジャン＝リュック・ゴダール監督の『さらば、愛の言葉よ』（二〇一四年）と比較したくなる。このゴダール初の3D映画でも、ゴダールとアンヌ＝マリー・ミエヴィルの愛犬のウェルシュ・シープドッグ「ロクシー・ミエヴィル」が登場し、映画全編を通じて非常に重要な役回りを果たしている。

ゴダールもまた、この作品で3D撮影からiPhone画面の挿入まで、デジタルメディアへの目配せをはっきりと打ち出している。加えて興味深いのは、『さらば、愛の言葉よ』でも、語りや人物の会話などを介して、ほかならぬ「動物（犬）」からのまなざしが濃密に示唆されることだ［■4］。たとえば、劇中で人妻のイヴィッチ（ゾエ・ブリュノー）は不意に（子どもではなくて）犬を身ごもりたいと語り、別の場面では「動物の目を通して見る」というリルケの言葉が挿入される。さらに映画の終盤には、「これは犬が語るお話」だというエクスキューズが語りによってつけられもする。

このヌーヴェル・ヴァーグの老巨匠の一連の近作においては、こうした動物のイメージがつねにもろもろのデジタルメディア＝モノと類比的に関連づけられている。

その最たる映像が、『ゴダール・ソシアリスム』（二〇一〇年）に登場する二匹の猫のYouTube動画である。そもそもこの映画でも、冒頭からインコ、魚類、リャマ、ロバ、ワニ、フクロウ、そして、作中のいたるところでインサートされる過去の映画のアーカイブ・フッテージに現れる馬や牛といった無数の動物たちが、まるで動物園のようにつぎからつぎへと画面に登場する。そのなかにYouTubeから拝借された、たがいに鳴き交わす二匹の猫の映像が挿入されているのだ。そのすぐあとにこの猫の映像が、客船の船室のベッドに横たわった登場人物アリッサ（アガタ・クーチュール）が携帯用DVDプレーヤーで見ているものだということがわかるのだが、動画を見た彼女自身までもがまるで猫に変貌したかのように、「ミャーオ、ミャーオ、ミャーオ」……と鳴き始める。

このように、近年のゴダール映画は一種の「動物映画」としての様相を呈している。話を戻せば『さらば、愛の言葉よ』のウェルシュ・シープドッグのまなざしは、やはり『イレブン・ミニッツ』のシェパードのまなざしと対応しているといえるだろう。しかも、『イレブン・ミニッツ』の場合は、この動物のまなざしは、『牡蠣工場』の猫のまなざしよりも直接的な映像として現れるのである。ブフォンのまなざしは、POVショットによってカメラと一体化することで、まさにスコリモフスキが述べていた、自律して動く「シンプルで無害なモノ」たちのまなざしにもなぞらえられるだろう。

## 生物化するオブジェクト

もちろん、犬はたんなるモノ（無機物）とは異なる動物（生物）であり、デカルトの「動物機械論」の時代ならいざ知らず、今日において両者を同一視することは難しい。とはいえ、わたしの見立てでは、さきの『さらば、愛の言葉よ』をはじめ、ほかにもコリン・トレボロウ監督の『ジュラシック・ワールド』（二〇一五年）など、近年の映画では、いずれも人間以外の存在である動物とAIなどのモノをフラットに扱ったり、類比的に捉えたりする演出が目立っているように思う。そして、こうした演出や観客の感じるリアリティの背景には、デジタルデバイスを含めた現代の情報環境そのものが、一種の「有機体」や「生態系」の様相に接近してきた

■4　『さらば、愛の言葉よ』におけるデジタル表現と「動物映画」としての側面との関係については、以下の拙論も参照。渡邉大輔「ディジタル時代の『動物映画』」、『ユリイカ』二〇一五年一月号、青土社、一六六－一七五頁。

という事態があるだろう[■5]。実際、『イレブン・ミニッツ』のこの仰角の犬のPOVショットは、まるで新海誠のアニメのような逆光によるレンズフレアの効果が入り、動物のまなざしを擬態すると同時に、むしろどこか「機械の目」のような印象を観る者に強烈に惹起するようになっているのだ。

あるいは、『イレブン・ミニッツ』では、ブフォンが（元カレから彼を引き取った）飼い主の女性を主観的にまなざし、続けてリヴァース・ショットで女性がブフォンを見返す、切り返しの構図が何度か登場する。ここで、わたしたちは『さらば、愛の言葉よ』でゴダールも参照していた、フランスの哲学者ジャック・デリダの最晩年の動物論を想起してもよさそうだ。デリダはそこで、西洋哲学においては、デカルトからハイデガー、レヴィナスまで、動物を人間が「見るべき対象」として考えるのみで、「動物から見られる経験」を一貫して否認していたと批判している。そして、均質な全体＝単数形（animal）にも複数性（animaux）にも還元されない「動物」（という語）の決定不可能性に注目しようとしていた[■6]。この決定不可能性を、デリダはお得意の造語で「animot」（アニモ）と表現する。この語は、「animaux」（アニモー）というanimalの複数形と同じ響きを持つと同時に、animalが「mot」（語）、つまりエクリチュールによる外在化を通して読み取られうる存在であることも示している。

このデリダのプログラムもまた、近代西洋哲学には存在しなかった、一種の「動物＝オブジェクト指向の存在論」を拓こうとした試みだと解釈するのは少し乱暴にすぎるだろうか。たしかに、近年の実在論的転回の動向は、言語論的転回やテクスト主義の主要な思想家であったデリダとはいっけん対極的な立場といえる。しかし、哲学研究者の宮﨑裕助も、最晩年のデリダ哲学の主題群を論じた『ジャック・デリダ——死後の生を与える』において、デリダの動物論と思弁的実在論との関連にも注意している[■7]。

『イレブン・ミニッツ』の空間にたゆたうブフォンのまなざしは、いうなれば、人間が日常空間に遍在するさまざまな映像のなかに閉じこめられているオープニング・シークエンスでスコリモフスキが表現しようとしていた、デジタルメディアにおける「オブジェクト指向」の世界観を象徴的に体現していたといえる。そして、本作の観客は、物語のラストで一一人すべての登場人物たちが不条理なまでの偶然のカタストロフにのみこまれていくさまを目の当たりにすることになる。このシニカルなラストもまた、象徴的な意味での「絶滅」(「人間的なもの」の死

■5　情報環境を有機体や生命論的視点から捉える視座は、情報学やサイバネティクスの草創期から存在するが、近年の日本の情報社会論の文脈では以下の文献が主要なものである。濱野智史『アーキテクチャの生態系』、ちくま文庫、二〇一五年(初版二〇〇八年)。鈴木健『なめらかな社会とその敵』、勁草書房、二〇一三年。ドミニク・チェン『インターネットを生命化する』、青土社、二〇一三年。落合陽一『デジタルネイチャー』、PLANETS、二〇一八年。

■6　ジャック・デリダ『動物を追う、ゆえに私は(動物で)ある』、マリ＝ルイーズ・マレ編、鵜飼哲訳、筑摩書房、二〇一四年。

■7　宮﨑裕助『ジャック・デリダ——死後の生を与える』、岩波書店、二〇二〇年、七頁。また、デリダの動物論については同書第五、六章を参照。

滅）のモティーフである点で、じつは映像＝オブジェクトがうごめくオープニングとみごとな円環を描いているのだ。登場人物たちがワルシャワ市内の一角で一堂に会しながら偶然の連鎖による災厄に見舞われる直前、飼い主に連れられるブフォンの、あのカメラの目のようなPOVショットが登場する。そして路上で発生した交通事故により激しく炎と煙が立ち上る光景を俯瞰で捉えた監視カメラ風の映像が現れ、それがゆっくりとズームアウトしていくと、上下左右に同じような別の場所を映した監視カメラ風の映像が出てきて、やがて画面が無数のフレームで覆われていく。そのなかで、あのブフォンと思しい犬のけたたましい鳴き声が遠く聞こえる。このラストシーンは、ブフォンのまなざしがそのまま映画そのものへと転移し、人間の死滅した世界がオブジェクトと化した動物のまなざしに包まれていくかのように見える。

デジタル環境のなかで生物化したオブジェクトから人間がじっとまなざされる映画体験。わたしたちはこの老巨匠の巧緻な傑作から、映画の現在について、おそらく多くのことを学ぶことができる。

## Ⅱ　アジア的幽霊の森で

### 現代人類学の「存在論的転回」

ここまで見てきたように、二一世紀のさまざまなメディア技術は、海洋生物（『リヴァイアサン』）、猫（『牡蠣工場』）、犬（『イレブン・ミニッツ』）といった、人間ではない無数のオブジェクトから眺められた世界を擬似的に視覚化することを可能にした。実際、現代ではこうした多種多様なオブジェクトから見られる複数の自然のありようをそのまま捉えようとする考え方が優勢になってきている。

このような考え方を牽引しているのが、現代ブラジルの人類学者ヴィヴェイロス・デ・カストロだ。彼は、アメリカ大陸先住民の生活の観察を通して得たその捉え方を、パースペクティヴィズムという思想で表現している。この思想は「多自然主義」ともいいかえられるが、ヴィヴェイロス・デ・カストロはそれを、よくいわれる「多文化主義」から区別している。

> こうした新たな概念地図の状況のために、われわれは、近代の「多文化主義」の宇宙論に対して、〔……〕「多自然主義」という表現をもちいるよう提案するにいたったのである。前者は、自然の単一性と文化の多様性のあいだの相互の含意をよりどころにしている〔……〕のだが、アメリカ先住民の概念は、反対に、精神の単一性と身体の多様性を想定している。「文化」もしくは主体が、普遍性の形式をえがき、「自然」あるいは客体（オブジェ）が、個別の形式をえがくのである。〔■8〕

多文化主義とは、異なる文化を等しく尊重しようという考えだが、彼は多文化主義では単一の自然のなかに複数の多様な文化的世界観が存在するとみなす。彼にいわせれば、それは複数の自然を一方的にまなざす位置を崩さない人間中心主義にすぎない。それに対して、彼のいう多自然主義は、いっけん似たような相対主義に見えても、多様な文化にその文化ごとのパースペクティヴから構成される、異なる自然が存在していると考える。

　ここでいう自然もパースペクティヴも、それぞれの存在が持っている固有の世界のようなものである。たとえば、ジャガーにはジャガーの、ゼンマイ人形にはゼンマイ人形の、あるいはカメラにはカメラにとっての固有の自然や宇宙が存在する。

　つまり、ヴィヴェイロス・デ・カストロを筆頭とする現代人類学の領域もまた、第四章で展開したようなオブジェクト指向的な問題を扱っているのだ。二〇世紀の人類学は「人間」を中心に組み立てられていた。しかし、現在のマルチスピーシーズ民族誌や再帰人類学、対称性人類学など、「存在論的転回」と呼ばれる動きに属する人類学では、人間と異種間の創発的なアッサンブラージュ（組みあわせ）に注目し、人間を超え出たところから人類学を作ろうという主張がなされている。あるいは、ウーリーモンキーがヤシの木の倒壊音に危機を察知するように、またナナフシが捕食者を避けて擬態するように、動物や精霊、森などのモノが広い意味での記号過程を生きていることに注目し、その人間と非人間を超えて織り上げられるもろもろの記号論的自己のパースペクティヴを捉える「諸自己の生態学（エコロジー・オブ・セルヴズ）」もここに連なっている。

そして、こうした流れもやはり、いま、映画の分野におよんでいる。

## 「怪物的映画作家」の初劇場公開作

たとえば、こんなショットが、ある長い映画の物語の後半に、不意に紛れこんでくる。ある夜、ひょんなきっかけで知りあうことになった素性怪しげな若いゲイの男と自宅で過ごしていた女は、不意の眠りから覚めると、男が姿を消していることに気づく。その少し前に興奮して、思わず彼に向けてしまった拳銃もいつの間にかなくなっている。格子窓を開けて何度か彼の名前を呼んだ女は、そのまま外に飛び出す。

その後、女は若者たちがたむろして騒ぐ夜の海岸に出る。そのシーンの前には、ひとつのショットが挿入されている。それは、いかにも家庭用のデジタルカメラで即興的に撮影されたような、モアレがかった画質で夜の細い路地裏を強い逆光で捉えたモノクロのショットである。少し強く手ブレしたカメラは、画面の奥へと延びる道を進んでいき、周囲にはギターによる音楽が鳴り響いている。



■8　エドゥアルド・ヴィヴェイロス・デ・カストロ『食人の形而上学』、檜垣立哉、山崎吾郎訳、洛北出版、二〇一五年、四四頁。

このPOV風の映像は、これ以外のすべてのショットが三人称客観のロング・テイクで構成され、自然音以外にほとんど音が入りこまないこの映画のなかで、奇妙に浮き上がって見える。デジタル特有の、この触覚的なショットの観客に与える印象が、この長大な作品のなかでこれまで述べてきた問題をまた別の形で示しているのだ。

その映画、『立ち去った女』(二〇一六年)は、第七三回ヴェネチア国際映画祭金獅子賞(グランプリ)を受賞した、現代フィリピンの「怪物的映画作家」、ラヴ・ディアスの本邦初劇場公開作である。ディアスは、第二九回東京国際映画祭でも上映された『痛ましき謎への子守唄』(二〇一六年)で、第六六回ベルリン国際映画祭銀熊賞(アルフレッド・バウアー賞)を受賞し、同じ年に世界三大映画祭のうちふたつで金と銀を獲得するという快挙を成し遂げた。いま、世界中から熱い注目を浴びているアジア映画、とりわけ「フィリピン・ヌーヴェル・ヴァーグ」と呼ばれる新潮流が擡頭し、近年「三度めの黄金時代」を迎えているといわれるフィリピン映画のなかでも、もっとも期待される鬼才のひとりであることは間違いない。

本作は、レフ・トルストイの短編小説「神は真実を見ている、が、すぐには現わさない」(一八七二年)から着想をえた、ひとりの女性の復讐譚である。物語の舞台は、一九九七年のフィリピン。街は通貨危機による国内経済の不安定化と治安悪化によって混乱している。かつて小学校教師だったホラシア(チャロ・サントス・コンシオ)は、身に覚えのない罪で投獄され、三〇年間にわたって刑務所のなかで子どもたちに国語を教えながら、穏やかに過ごしてきた。ある日、仲のよい受刑者仲間のペトラ（シャマイン・センテネラ・ブエンカミーノ）が衝撃的な告白をする。ホラシアが冤罪をかけられた殺人事件の犯人はペトラで、そして彼女に殺人を指示し、ホラシアに濡れ衣を着せた黒幕は、ホラシアが結婚前につきあっていたかつての恋人・ロドリゴ（マイケル・デ・メサ）だというのだ。ペトラは真実を打ち明けた直後、自殺した。

冤罪が明かされ、三〇年ぶりに釈放されたのち、娘ミネルヴァ（マージ・ロリコ）にも無事再会できたホラシアだったが、一家は離散し息子は行方不明、夫はすでに亡くなっていた。家族を失い、人生をめちゃくちゃにされたホラシアは、「レナータ」「レティシア」など複数の偽名を名乗りながら、かつて自分を陥れたロドリゴのゆくえを追って復讐の旅に出る。そんな彼女の前に現れるのは、バロット（アヒルの卵）売りの男（ノニー・ブエンカミーノ）、若いホームレスの女・マメン（ジーン・ジュディス・ハビエル）ら、怪しげな人物たちだ。そして、ホラシアは、てんかんの発作を抱えた若いゲイ、ホランダ（ジョン・ロイド・クルズ）と出会う。

## アジア的な幽霊映画の系譜

ところで、ディアスの作品が興味深いのは、彼の作品が今日のデジタル技術のインパクトをその表現へ如実に反映しているのみならず、そこに一種のアジア的な土着性をも重ねあわせている点だ。

もちろん、九〇年代後半のフィリピン郊外を舞台にした『立ち去った女』には、先端的な情報技術やデジタル端末が直接的な形で登場するわけではない。だが、たとえば作中でホランダがホラシアの家のリビングで「サンライズ・サンセット」や「サムウェア」を陽気に歌いながら、何度も行ったことがあるという日本の挨拶を片言で披露する姿に、グローバル化の影が、すでに東南アジアの僻地にまで忍び寄っていることを想像するのはたやすい。当時は、タイを中心に起こったアジア通貨危機が各国で金融危機を引き起こし、東南アジア諸国もグローバル経済の一部であることを不可避的に世界へと知らしめていた。この場面では往年のハリウッド映画のタイトルが複数の登場人物たちによって口にされるが、「男に裏切られた女の復讐譚」という本作の筋もまた、ハリウッド的B級メロドラマの定型をなぞっているようにも見える。

図3　『立ち去った女』(2016年)

その一方で、『立ち去った女』はきわめて「アジア的」な様式をまとった物語としても解釈可能である。繰り返すが、この作品は、ホラシアというひとりの女性の、自分を裏切った男性に対する情念的な執着を描く物語である。そのなかで彼女は、刑務所での長い歳月を偲ばせるように、固有のアイデンティティが希薄なまま、道端によるべなくたたずむどこか生気を欠いた半透明の存在——いわば「幽霊」のように示される。

こうした物語の類型が、日本を含む東アジア各国の物語的想像力において古来反復されてきたものであるのは容易に想像がつくだろう。

たとえば、南シナ海やベトナムなどを隔ててフィリピンと隣接するタイには、「メー・ナーク・プラカノン」という夫を慕う女性の精霊（ピー）の民話が伝わっている。これはタイのアピチャッポン・ウィーラセタクン監督の『ブンミおじさんの森』（二〇一〇年）の物語にも通じるものだ。四方田犬彦が類推するように[■9]、幾度も映画化されたこのタイの代表的民話のプロットは、日本でも上田秋成が「蛇性の婬」（『雨月物語』）として翻案した中国の文人・馮夢龍（ふうぼうりゅう）の白話小説「白娘子永鎮雷峰塔」（『警世通言』）と酷似している[■10]。さらに、これも美しい女性の亡霊が男性主人公を誘惑する蒲松齢（ほしょうれい）の「聶小倩」（『聊斎志異』）や湯顕祖（とうけんそ）の『牡丹亭』など、近世東アジア地域では、似たような幽霊説話が大量に生まれていた。そこでは、偏愛するにせよ憎悪するにせよ、「男性に対する女性の情念」の物語が定型的に反復されてきたのである。とりわけ中国においては、これらの物語は明末（一六世紀後半－一七世紀）に広く流行し、日本でもよく知られた『金瓶梅』や『紅楼夢』に典型的なように、性的事象をはじめとしたも

■9　四方田犬彦「タイの『メー・ナーク・プラカノン』」、『アジア映画の大衆的想像力』、青土社、二〇〇三年。

■10　なお、「白娘子永鎮雷峰塔」を起点に発展した同名の民間説話を題材にしたのが、東映動画が製作した日本最初のカラー長編アニメーション映画『白蛇伝』（一九五八年）である。東アジア的な幽霊譚の想像力は、文字通りの記号的なノンヒューマンを描く戦後日本のアニメ文化にまで及んでいるのだ。

ろもろの私的で神秘的な「欲望の解放」を表す文学的主題として、「情」の系譜に基づいて記されてきた。

このように、東アジアから東南アジアを結ぶ一帯には、二一世紀の『立ち去った女』の物語にも連なる物語的想像力が古くから広く散らばっていた［■11］。『立ち去った女』もまた、こうした東アジア的な想像力に連なった一種の「幽霊映画」として見られることは疑いない。

## スロー・シネマで切り取られたアジアの森のうごめき

ところで、映画研究者のウィリアム・ブラウンは、「デジタルで可能となった長大なスロー・シネマを製作できることで、ディアスがたんにフィリピン映画のみならず、今日のワールド・シネマにおいてもユニークな存在」となっていると指摘し、以下のように論じている。

フィリピン内部において、ディアスは彼のヌーヴェル・ヴァーグ仲間たちとは大きく異なっている。というのも、彼の映画のできごとの多くは、首都マニラの外で起こることだからだ。［……］ほかの作家はしばしば首都を舞台にして撮る。他方でディアスの映画はつねに小さな町かフィリピンの森林が舞台となる。［■12］

ここで指摘されているとおり、ブリランテ・メンドーサやレイモンド・レッドを筆頭とするフィリピン・ヌーヴェル・ヴァーグの監督たちと異なり、ディアスは一貫して郊外や森の物語を描き続ける。彼独特のスタンスがデジタル撮影の機動性と相性がよいのは明らかだ。

ちなみに、ブラウンも触れているように、ディアスの作品群はしばしば「スロー・シネマ」の代表的作品と評価されている。スロー・シネマとはヨーロッパ、アジアなどおもに非ハリウッド圏の、アート系の現代映画の一部に見られる共通の傾向を指す用語として二〇〇〇年代から英語圏の映画研究で使われている[■13]。

スロー・シネマの代表的な作家には、アピチャッポン・ウィーラセタクン、ペドロ・コスタ、タル・ベーラ、蔡明亮（ツァイ・ミンリャン）、賈樟柯（ジャ・ジャンクー）、王兵（ワン・ビン）などがいる。また、アンドレイ・タルコフスキー、ジ

■11　少し脱線して補足すると、中国を含む近世東アジア地域を取り巻く文化状況は、思いの外わたしたちが生きる二一世紀世界と似通っている。たとえば、歴史学者の與那覇潤が指摘するように、今日、しばしば〈帝国〉化（ネグリ＆ハート）といわれる市場の自由化や権力の一極集中化は、じつは一〇‐一一世紀（近世）の宋朝の社会体制で史上はじめて成立したものだった。與那覇潤『中国化する日本 増補版』、文春文庫、二〇一四年。また、中国文学者の大木康によると、明末の中国ではグーテンベルクに匹敵するほどの出版革命が庶民のあいだで起こり（『三国志演義』や『西遊記』『水滸伝』といった長編小説もこの時期に普及した）、いまでいう「情報メディア化」が進んだという。大木康『中国明末のメディア革命』、刀水書房、二〇〇九年。

■12　William Brown, "Melancholia," Tiago de Luca and Nuno Barradas Jorge, eds., *Slow Cinema*, Edinburgh University Press, 2015, p. 114.

ャン＝マリー・ストローブ&ダニエル・ユイレ、テオ・アンゲロプロス、小津安二郎などがその起源的作家としてしばしば挙げられたりもする。彼らの作品は、被写体に対する簡潔で静観的な視線、きわめて希薄かつ淡々とした物語叙述、風景の前景化と人間の不在、（デジタル撮影による）極端なロング・テイクや長尺の多用を特徴としている。彼らの作品は静かにゆったりと流れ、しかも規格外に長い（第三章で述べたデジタル化による二極化現象を思い出してほしい）。スロー・シネマ作品は、評論家からは、『アベンジャーズ』など現代ハリウッドのブロックバスター大作に見られる過剰な映像表現に対する、作家側の抵抗と評価されている。ただ、多様な要素が混在する映画という表現において、何をもって「遅い」とするのかを厳密に確定することはきわめて困難なため、はっきりとした定義があるわけではない［■14］。

ともあれディアスが、スロー・シネマに連なる新世代のドキュメンタリストたちと同様、従来の映画産業が送り出す巨大資本による大作映画に抵抗し、インディーズベースで新たな「アマチュア映画」の可能性を模索しているのは事実だろう［■15］。ディアスにとってそれはさらに、近代的な人間生活が営まれる象徴的な場としての「都市」から離れ、多種多様な「人間ならざるもの」＝ノンヒューマン・エージェンシーがカーニヴァル的にうごめく「アジアの森」へと向かう契機をも形作ったのである。この点で、ディアスによるデジタルメディアの実践は、グローバル文化とアジア文化、都市と森、人間と非人間（ノンヒューマン）、そして映画とポストシネマというさまざまな境界を触れあわせる媒介となっているのだ。では、それは具体的にどういうことか。

■13　「スロー・シネマ」については、たとえば以下を参照。Ira Jaffe. *Slow Movies*, Wallflower Press, 2014. また、映画研究者の石坂健治は、『立ち去った女』劇場パンフレットに掲載された作品評で拙論に触れながら、ディアスとスロー・シネマの関わりについて論じている。石坂健治「世界が注目する『怪物的作家』ラヴ・ディアス」、『立ち去った女』劇場パンフレット、二〇一七年、一一－一三頁。わたし自身もまた、かつてアピチャッポンの作品をスロー・シネマ的文脈から論じたことがある。渡邉大輔「『顔』に憑く幽霊たち」、『ゲンロン5』、二〇一七年、一六〇－一七九頁。以下の映画批評家の大寺眞輔によるインタビューでは、ディアス自身、「スロー・シネマ」というカテゴライズは理解できると答えている。「『立ち去った女』：ラヴ・ディアス監督独占インタビュー」（聞き手・大寺眞輔）、i-D、二〇一七年。URL=https://i-d.vice.com/jp/article/evbqnn/the-woman-diretor-lav-diaz-interview

■14　たとえば、スロー・シネマの先駆的作家とも評される小津安二郎を事例に、アメリカの映画批評家ジョナサン・ローゼンバウムによって記された以下のエッセイは、映画における「速さ」が相対的な問題であることを指摘した代表的な事例である。ジョナサン・ローゼンバウム「小津映画は遅いか?」（伊藤弘了訳）、『CineMagaziNet!』第一九号、二〇一五年（論文の初出は二〇〇〇年）。URL=http://www.cmn.hs.h.kyoto-u.ac.jp/CMN19/PDF/rosenbaum_itoh.pdf

■15　たとえば、王兵や、賈樟柯ら「中国第六世代」の映画作家たちは、彼らに先行する「第五世代」の巨匠たち（陳凱歌（チェン・カイコー）ら）の巨大資本を投下した「大作化」の傾向を批判し、VCD（ビデオCD）とデジタルカメラの登場に可能性を見ていた。賈樟柯「アマチュア映画の時代が再びやって来る」、「VCDとデジタルカメラが現れて以後」、『ジャ・ジャンクー「映画」「時代」「中国」を語る』丸川哲史、佐藤賢訳、以文社、二〇〇九年、二六－三四頁を参照。

## 「他なるモノ」への／との変貌

じつは『立ち去った女』の物語は、通常の女性の復讐譚とはいささか趣が異なっている。物語の前半では、たしかにホラシアの冤罪の顛末と悲嘆から復讐にいたる経緯が語られる。しかし後半になって、映画はそこから徐々に逸脱し、ホラシアとロドリゴの因縁よりも、むしろどこか動物じみた数々の奇態な人物たち――たとえばそれは、ことあるごとに「悪魔がいる、悪魔がいる」と叫び回る浮浪少女のマメンであり、バロット売りであり、終盤の大きな教会の場面で姿を見せる、極端に足の細くなった車椅子の男性の姿であり、そしてとりわけ発作を起こす女装姿のホランダである――と、彼ら同様に幽霊化したホラシアとのコミュニケーションが物語の主軸となっていくのだ。この展開は、先ほど述べた東アジアに広がる幽霊説話のネットワークに本作を組みこむものでもあるだろう。

もとより、ディアスの映画では、寺山修司が好んで扱ったような、平均的な人間像をカーニヴァル的な猥雑さで掻き乱す奇妙なキャラクターや動物たちが、土着的な物語のいたるところに登場してきた。『昔のはじまり』（二〇一四年）では、『立ち去った女』のマメンを思わせる知的障害を抱えていると思しい少女（ホセリナ）が登場し、また牛の変死のエピソードが僻村の荒ぶる自然を背景に語られた。『痛ましき謎への子守唄』では、半人半馬の「ティクバラン」の神話的エピソードがマジック・リアリズム的な演出で描き出されていた。

そうしたディアス的な世界は、人間の本来的な実存を、人間とも幽霊とも動物ともつかない有象無象のキャラクターたちとの競合的なゲームに巻きこみ、両者を相互作用させ、やがてたがいをヒトともモノとも知れない存在様態へと変形させていくように見えるのである。

ホラシアもまた、当初はロドリゴに対して復讐心を燃やすヒロインとして現れたはずが、まずある種の幽霊的存在へと自らを変容させたのち、さらに先述したさまざまなキャラクターたちとの絶えざる出会いのなかで、それらと似た存在へと変形していく。

ホラシアの幽霊的なたたずまいもやはり、ヴィヴェイロス・デ・カストロらの現代人類学が描き出す、多種多様なノンヒューマンたちのパースペクティヴがふくよかに重なりあう世界観と呼応する。それは、「人間的なるものを超えた人類学」を標榜するカナダの人類学者エドゥアルド・コーンが森のなかに見出した「身体と魂の両方を奪われた、彷徨える死者の亡霊」の姿に重なる［■16］。その姿は、アマゾン川上流域に生きるジャガーやナナフシなど、無数のノンヒューマンたちとも結びつく。彼らもまた、じつは長らく人間だけが保持するとみなされてきた記号過程と連なっており、うごめいているのだ。幽霊にせよ、動物にせよ、人間にせよ、「人間的なるものを超えた」深い森のなかでは、それぞれの世界を意味づける複数のパースペ

■16　エドゥアルド・コーン『森は考える』、奥野克巳、近藤宏監訳、近藤祉秋、二文字屋脩訳、亜紀書房、二〇一六年、一九八頁。

クティヴが、「諸自己」としてたがいに重なりあっているのである。

実際、『立ち去った女』の登場人物たちは、それぞれが異なったパースペクティヴを持つ異形の存在へと変貌し、なおかつたがいに触れあうことで、自らの非人間性を、たがいに付与しあっているかのようだ。ある夜、街の辻にたたずむホラシアの前に、角から現れたバロット売りはこのように声を掛ける――「元気か バットマンだな 闇から現れ闇へ消えゆく」「吸血鬼か？ 化け物？ フクロウ？ 大地の精霊？ もしかしてホタルかい？」。ここでバロット売りから見たホラシアは、人間ではないいくつもの異形のモノに変わっているのだ。そして、そんな彼の問いに対してホラシアも、ただ、「実際 闇から来た」と低くつぶやく[■17]。あるいは逆に、ホラシアと接した相手の側もまた、彼女に共鳴するかのように自分の輪郭や属性を変えていく。たとえば、物語後半の重要な登場人物となるゲイのホランダは、夜の街で激しい暴行を受けて瀕死の重傷を負う。その後、ホラシアに介抱してもらい、彼女の家の庭で歩く練習をするのだが、「尻の穴を縫ったような」痛みでやや前かがみになり、両手で尻の周りを押さえてたどたどしく歩く彼のその姿は、文字通り何かの動物に変化したかのようだ。

## 亡霊のデジタルなまなざし

『立ち去った女』とは、当初は復讐の情念に塗れた女性が、アジアの森をさまよううちに人間からはみ出した多種多様な「他なるモノ」との相互交流に巻きこまれ、いつしか複数的な存在様態へと生成変化を遂げていく物語であると解釈することができるだろう。

ホラシアやホランダが見せるこうした生成変化の様態とは、ようするに、ふつうは対置されるヒトとヒトでないモノたちの関係がフラットになり、相互に変化しあうプロセスだと理解することができる。そういうあり方は、第九章で見る「原形質性」や「アクター・ネットワーク」、そして「準－客体」などと結びつき、ポストシネマを枠づける重要な要素になっている［■18］。

最後にあらためて、本作をめぐり最初に触れたシークエンスの映像に立ち戻ろう。『立ち去った女』を構成するシーン群のなかで、それはどこか場違いな「陥没点」のように挿入されていた。その肌理の粗い手ブレ映像の持つ意味もまた、デジタル・オブジェクト＝モノそれ自体として、たがいに影響を与えあいながら変化するという本作の存在様態を体現するもののよう

■17　台詞は『立ち去った女』劇場パンフレット所収のシナリオ採録（細田治和訳）に拠った。

■18　本書では詳しくは立ち入らないが、この枠組みはフランスの技術哲学者ジルベール・シモンドンの「個体化」と呼ばれる考え方にもつながっている。シモンドンのいう個体化とは、質料（素材）と形相（設計図）を対置する古代ギリシャ以来の「質料形相論」に異議を唱え、モノ（形）の成り立ちのしくみを、「形を保つ力」と「形を与える力」がたがいに作用しあいながら可塑的に形をなしていくプロセスと捉え直すものである。そして、こうしたイメージはデジタルコンテンツの特性とも馴染み深い。個体化については、たとえば、ジルベール・シモンドン『個体化の哲学』、藤井千佳世監訳、近藤和敬ほか訳、法政大学出版局、二〇一八年などを参照のこと。

に思われるのだ。

その映像は、物語の文脈上、観客にはさしあたり主人公ホラシアの意識と行動を反映したPOVショットだと受け取りうる表現だ。実際、その激しく不鮮明に揺らめくカメラアイはこのショットに、アジア映画特有の情念的な幽霊性をも多分に加味させている。夜の街路に消えたホランダの姿を追うこのカメラアイは、「メー・ナーク・プラカノン」のピーや「蛇性の婬」の真女児のような、男への情念に燃えて動揺する、まさにアジア的な女性の亡霊の反復でもあるだろう。

けれども他方で、その情動的なイメージは、それとは対極にあるだろうディアスのスロー・シネマ特有の端正で静謐なスタイルのなかに挿入されている。それはこの手ブレのショットを取り囲む、精細な画質と固定のロングショット、自然光と自然音のみの演出が駆使された非人称的でインスタレーションのような映像を指す。この映画では、それらの対照的な映像表現のスタイルが並置されている。そのようにして一連のショットのなかに無造作に投げこまれたデジタルビデオ的ショットは、他方のスロー・シネマ的映像とフラットに作用しあい、絡まりあって、『立ち去った女』という不思議な映画の世界を作り上げているのである。

だとすれば映画全体の重要な転換点に登場するこのカメラアイは、彼女自身もヒトとは違う「他なるたぐいのもの」（エドゥアルド・コーン）へと変化し、複数のまなざしが折り重なって、もはや誰のものとも呼べなくなった「かつてホラシアだったモノ」の視線なのかもしれない。

その意味でこのショットは、多種多様な他なるモノたちの生成変化を描く『立ち去った女』の物語を象徴するとともに、変形と保持、形相と質料、主体と自然を混ぜあわせるポストシネマ的なインターフェイスになっている。

以上のように、人間が幽霊や精霊、オブジェクトと生成変化しあう諸相をこの章ではたどってきた。現代の人類学の知見を参照して最後にもうひとつつけ加えるとすれば、その多様なパースペクティヴの相互干渉の様態は、映画というモノの制作とわたしたち人間との関係においてもあてはまらないだろうか。イギリスの社会人類学者ティム・インゴルドは、ジルベール・シモンドンの個体化論を参照しながら、アートから握斧までを含めたものを「つくること（メイキング）」の内実を、工作者が素材（マテリアル）＝物質に対して「あらかじめ考えた形式を押しつけるのではなく」、素材の性質に従いながらそれと調和し、「内在する潜勢力を引きだして」「対応していくプロセス」として描き出す［■19］。だとすれば、映画というものをつくること（メイキング）においてもまた、主体と客体、撮影者と世界が相互作用（コレスポンデンス）し絡みあいながら、両者が接するインターフェイスに創造的な

■19　ティム・インゴルド『メイキング』、金子遊、水野友美子、小林耕二訳、左右社、二〇一七年、七五頁。つけ加えれば、このような図式は、芸術制作の歴史を石器も含めたあらゆる「事物の歴史」と捉えて分析したアメリカの美術史家ジョージ・クブラーや、絵画から映画までの芸術を「形象の生成プロセス」として分析した芸術学者・平倉圭の近年の仕事と共通する要素がある。ジョージ・クブラー『時のかたち』、中谷礼仁、田中伸幸訳、加藤哲弘翻訳協力、鹿島出版会、二〇一八年。平倉圭『かたちは思考する』、東京大学出版会、二〇一九年。

表現が生まれてくるといえる。つまり、ここでディアスはヒロインのホラシアのまなざしを借りつつ、この世界という森を探索しながら映画というモノ（形）を切り出す石器人と化しているのだ。ディアス＝ホラシアが片手に持つデジタルカメラは、映画というオブジェクトをつくる（メイキング）ための道具なのである。

# 第6章 「映画以後」の慣習と信仰 ——ポストシネフィリーの可能性

## 1 ポストヒューマン時代の信仰

### 人間の条件としての信仰と映画の関係

第二部のここまでの議論では、ポストシネマがはらんでいるポストヒューマン／ノンヒューマン性の諸相についてたどってきた。

ポストシネマ的な状況では、モノの存在感がかつてと比較して前景化するために、ややもすると人間が疎外される世界となる。たとえば、前章までは人間以外のさまざまな存在たちのまなざし（カメラアイ）の出現をポストシネマの特徴として指摘してきたが、これらのまなざしは見つめられる人間たちを受動的な客体に格下げする。そして人間たちは消え去る可能性に曝されたり（絶滅の主題）、あるいは人間以外のモノに変化する様子が描かれもする（現代人類学の世界観）。

また、映画を取り巻く環境についても、一部では、監督やカメラマン、俳優といったスタッフ、キャストはもちろん、スクリーンをまなざす観客さえも、存在していなくても成り立つような状況が現れている。だからわたしたちは、ここまでの第二部の議論のなかで、そうした無機的な世界のなかでありうる倫理や社会性のイメージについても映画を通して考えてきた。第四章の冒頭でわたしは、ポストヒューマン的な状況があるからこそ、逆に、かつての「人間的なもの」の存在感が更新されて実感されると書いた。ポストヒューマンやノンヒューマン的な状況は、「人間」を拡張し、再定義する。したがって、「人間」が消失していく（ように見える）このポストシネマ的な地平においてこそ、映画と人間の関係についての再考が求められる。

そこで具体的に考えてみたいのが、いまここのモノの位相から離れて不可知の領域について信じること、すなわち「信仰」の問題である。信仰こそ、もっとも人間的な営みのひとつだろう。この章では、ポストヒューマン時代における信仰の問題を考えたい。そして、それを映画の分野でより深く追求するならば、「シネフィリー」の問題として展開される。

それでは、今日における信仰の問題を見るために、導入として一本の「宗教映画」を取り上げよう。

マーティン・スコセッシ監督の『沈黙－サイレンス－』（二〇一六年）は、遠藤周作の代表作『沈黙』（一九六六年）を原作に、ゆうに四半世紀を超える構想期間と製作上の紆余曲折を経て完成した、二時間半におよぶ歴史大作である［■1］。遠藤の原作は、一七世紀前半（江戸時代初期）、島原の乱収束直後に長崎を訪れた若いポルトガル人司祭が、キリシタン弾圧のなかで神と信仰の問題に苦悩し、ついに背教の道を選ぶまでを描く歴史ドラマだ。最終ショットが大幅に追加されてはいるものの、スコセッシとジェイ・コックスによる脚本でも、原作の物語はほぼ忠実に再現された。

ポルトガルの若い神父、セバスチャン・ロドリゴ（アンドリュー・ガーフィールド）とフランシス・ガルペ（アダム・ドライバー）は、敬愛する師であり、イエズス会の高名な宣教師のクリストヴァン・フェレイラ（リーアム・ニーソン）が、布教活動のために訪れていた日本で捕えられ、激しいキリシタン弾圧の拷問に耐えかねて棄教したことを知らされる。師の棄教の噂を信じられないふたりは、フェレイラの姿をその目で確かめるため、マカオで出会った「転びキリシタン」（拷問による棄教者）のキチジロー（窪塚洋介）の案内で長崎に上陸する。その後、ロドリゴとガルペはキチジローの手引きで、弾圧を逃れて「隠れキリシタン」として暮らすモキチ（塚本晋也）やイチゾウ（笈田ヨシ）らトモギ村のひとびとと出会う。トモギ村で潜伏しながら布教活動を行うふたりだったが、奉行所の取り締まりにより捕縛されたモキチらは、ロドリゴを匿い最後まで信仰を棄てなかったために処刑されてしまう。その後、ガルペと離ればなれになっ

図1　『沈黙 -サイレンス-』（2016年）


たロドリゴは、海を渡った五島列島の山中をひとりさまようなかでふたたびキチジローに出会うが、彼の密告により、ついに長崎奉行所に捕えられてしまう。牢獄に入れられ、ほかの日本人キリシタンたちとともに、井上筑後守（イッセー尾形）や通辞（浅野忠信）たちに硬軟織り交ぜて棄教を迫られるが、頑なに拒み続けるロドリゴ。しかし、彼のために残酷な拷問を受け、つぎつぎと死んでいく信徒たちを目の当たりにし、ロドリゴは苦悩する。主よ、あなたはなぜ、沈黙したままなのですか、と。

ここでは『沈黙 －サイレンス－』の持つ現代性を、「映画」そのものの問題、ポストシネマ的状況との関わりにおいて考えてみたい。

映画と宗教とはかねてから密接に結びついてきた。いくつか例を挙げれば、黎明期の映画理論家ベラ・バラージュは映画論の古典『視覚的人間』（一九二四年）で新たな見るメディアとして近代に登場した映画館を、中世の書物＝読むメディア以前のコミュニケーションの場であった古代の「伽藍」（教会）の回帰として文明史的に描き出していたし[■2]、『裁かるゝジャンヌ』（一九二八年）のカール・テオドア・ドライヤーは、このバラージュの議論を具現化するように、映画という二〇世紀の新し

■1　なお、『沈黙』の映画化は、一九七一年の篠田正浩監督版以来、二度目である。

いメディアを通じて「受難劇（パッション・プレイ）」の伝統をみごとに再生＝表象してみせた［■3］。あるいは、カトリシズムに強い影響を受けたフランスの映画批評家アンドレ・バザンは、映画の持つ宗教性を端的に表現している。バザンは、映画というテクノロジーがはじめて自然の事物の完全な転写を可能にし、絵画に紛れこむ画家の主観的な錯覚への疑いから解き放たれたことを、映画による自然の救済と捉え、それを「原罪をあがなった」という表現で記している［■4］。

## デジタルな「キリストの顔」の悲劇

宗教性や信仰の問題と映画の関係は、おそらくはデジタル化以降のポストシネマの作品にも引き継がれている。『沈黙－サイレンス－』でスコセッシが描いた神と信仰の問題を、映画ないしポストシネマの文脈で考えたとき、思い起こされるのは本作に登場する「キリストの顔」の表象だろう。

本作では、キリストの顔のイメージが映画の冒頭、中盤、そして後半と、計三回登場する。最初は、日本へ旅立とうとしているロドリゴとガルペを見守るかのように、スクリーンにキリストの顔のみが大きく映し出され、三度目となる最後は、奉行所に逮捕されたロドリゴの牢獄の天井近くの壁に幻覚のように浮かび上がる。そのふたつの場面に挟まれた二回目に登場するのは、五島列島の山中の川の水面である。キチジローに導かれて川にたどりついたロドリゴは岩場の川岸にひざまずいて水をのむ。ふと顔を上げると、水面に髭面の自分の顔が揺らめきながら映っているのだが、それがしだいに同じように髭をたくわえた、あのキリストの顔にオーバーラップして変わるのである。

『沈黙－サイレンス－』は新作映画がほぼ完全にデジタル撮影に移行してしまった二〇一〇年代には珍しく、フィルム撮影で製作された作品だが、キリストの顔の部分は、明らかにデジタル処理で作られている。

このスコセッシの演出はわたしたちに、有名な「トリノの聖骸布」の例を思い出させる。バザンはその古典的な論文のひとつ「写真映像の存在論」(一九四五年)の註釈で、フィルムを「トリノの聖骸布」にたとえている。この論文は造形芸術の歴史における写真映像の画期性を、自然の完璧なまでの機械的(技術的)複製に見出し、独自の映画的リアリズム論を主張している。そこで彼は、写真映像＝フィルムの特性を、磔刑に処されたキリストの遺骸を包み、その姿がくっきりと刻印されたという聖骸布の宗教的聖性になぞらえたのだ[■5]。

■2 ベラ・バラージュ『視覚的人間』、佐々木基一、高村宏訳、岩波文庫、一九八六年、二七頁。

■3 この点は、以下のラース・フォン・トリアー論も参照。渡邉大輔「ディジタル化／生命化する映画」、『ユリイカ』二〇一四年一〇月号、青土社、一五三－一六二頁。

■4 アンドレ・バザン「写真映像の存在論」、『映画とは何か』上巻、野崎歓、大原宣久、谷本道昭訳、岩波文庫、二〇一五年、一四頁。

フランス文学者の野崎歓がその卓抜なバザン論で述べているように、フィルムは、「出来ばえのいかんに係わらずそこに写っているものの実在の証拠となる」。すなわちフィルムの特性は、まさに聖骸布の奇蹟を隠喩的になぞるものとなりうる[■6]。第一章ではこのことを、パースを引いて「指標性」という言葉で論じた。

しかし、だとすれば、奇しくもフィルムで撮られた『沈黙－サイレンス－』において、そこに埋めこまれたデジタルな「キリストの顔」は、バザン的な指標性を裏切るイメージとして置かれているといってよい。しかも、このキリストの顔は、ほかのふたつと異なり、ロドリゴ自身の顔が変貌したものとして現れるのだ。つまりそれが聖性なき人間の顔が変化したものであり、かつよるべないデジタル映像として作られているという二重の理由で、このキリストの顔は、「聖性が奪われた聖なるイメージ」というアイロニカルな意味を持っている。のみならず、このキリストの顔とともにロドリゴにつきまとう「神の沈黙」がこのあとの彼の身に強いるドラマを考えると、このデジタルなキリストの顔は、ある種の「悲劇性」すら体現しているように思えてくる[■7]。

ここには、指標性を希薄化させた現代のデジタルイメージの論理と、奇しくも『沈黙－サイレンス－』が舞台とした時代に起こった宗教的なイメージ論とのある興味深い符合を読み取るべきかもしれない。『沈黙－サイレンス－』の舞台となった一七世紀、ヨーロッパでは宗教改革を経て、カトリックにおける神のイメージと信仰、あるいはイメージと現実の関係について思索が深められた。たとえば、ロベール・ブレッソンの映画論をパスカルの宗教的イメージ論から読み解く三浦哲哉によれば、一七世紀のフランスで擡頭し、パスカルも傾倒したカトリックの異端思想であるジャンセニスムは、「虚飾に対する厳格主義を意味」していた[■8]。すなわちジャンセニストたちにとって、イメージは本来的に恣意的で相対的なものであり、それは事物の真正性を何ら保証しない。だとするならば、一七世紀のジャンセニストたちの宗教的イメージは、まさに指標性＝聖性を失った『沈黙－サイレンス－』のデジタルな「キリストの顔」のイメージと奇妙に接近していると見ることができる。しかし作中のロドリゴのように、そうした聖性を失った「キリストの顔」にもなお、わたしたち人間は個体の生を超えた信仰の契機をえてしまう。ここにこそ、ポストシネマまで続く信仰の問題が横たわっている。

■5　同書、二三頁。

■6　野崎歓『アンドレ・バザン――映画を信じた男』、春風社、二〇一五年、五〇－五一頁。

■7　とはいえ、西洋美術史家の水野千依が詳細に検討したように、そもそも「キリストの顔」というイメージ自体が、さまざまなパラドクスを抱えこんでいる対象だった。たとえば、それは可視的なイメージなのに見ては／表象してはならないという逆説をはらんでいる。またバザンが注目したトリノの聖骸布やヴェロニカの聖顔布など、キリストの身体の何らかの痕跡を伴い、「人の手」を介さずに現れたイメージは、そのことによって聖性を獲得した一方で、無数の複製や偽造も生んだ。この「キリストの顔」の逆説は、複製技術である映画とシネフィリーの問題にも共通しているように思われる。水野千依『キリストの顔』、筑摩選書、二〇一四年を参照。

■8　三浦哲哉『映画とは何か』、筑摩選書、二〇一四年、一二四頁。三浦もまたバザンによる聖骸布の議論に触れている。

## シネフィリーの現在

『沈黙－サイレンス－』からは以上のように、ポストシネマ的文脈における信仰のテーマを読み取ることが可能である。そして、本作の監督をほかならぬスコセッシが務めたという事実とも相俟って、さらに浮かび上がってくるのが、映画における「信仰の問題としてのシネフィリー」という論点だろう[■9]。ポストシネマ的状況における信仰、シネフィリー（シネフィリアとも）の現状とそのゆくえについて考えてみたい。

シネフィリーとは何か。それは、映画に対して尋常ではないほどの愛と情熱を注ぐ、「映画愛」「映画狂」のスタンスを指すフランス語である（シネフィリーを体現する人物を「シネフィル」と呼ぶ）。学生時代や二〇代には、わたし自身、そしてわたしの周りの友人たちも、このようなシネフィルに近い生活を送っていた。

当時はまだYouTubeやNetflixは存在しない時代である。東京にいるのならば、ミニシアターやシネコンに掛かる話題の新作はもちろん、フィルムセンター（現在の国立映画アーカイブ）や名画座で特集上映される古典をなるべく最前列に座って片端から観ていく。ときにはほかの大切な用事を断ってでも、かりに高熱でうなされていても、年に何百本、ときに一〇〇〇本近い映画を観まくる。見逃している名作があると、年長世代のシネフィルから無言の、あるいははっきりとした抑圧を受けたりもする。さらに、著名な批評家が書いた映画書やレビューを読み漁りながら、スクリーンの細部にまで瞳を凝らし、そこでえられた知見を同好の士のあいだで披露したり激しく議論を戦わせたりもする。

また、フィルムというメディウムに特別な価値を見出すのも、（かつての？）シネフィルの特徴のひとつだろう。もちろん、デジタル時代にもそのこだわりは失われていないだろうが、むしろいまの時代ならではの新しい映画愛のあり方が顕著になっているように思う。たとえば数年前大学の授業で、ある古典的名作のワンシーンの、YouTubeにアップされていた画質の粗い映像をスクリーンに映して見せたことがあった。わたしとしては、多少映像が不鮮明でも内容が伝わればよいと思っていたのだが、授業が終わったあと、映像が粗かったのでBlu-rayで見せてくれと苦情をいいに来た学生がいた。この学生などは、Blu-rayやデジタルリマスターできわめて鮮明な画質の映画を見慣れているいまの若い世代のこだわりを典型的に表しているのではないだろうか。シネフィルのこだわりも時代によって変化している証だろう。

ともあれ、このようにシネフィリーとは、たんなる趣味判断を超えて、個人の人生や感性、ときに実存すら規定する重要な問題を形成している。彼らは、個々の映画作品が宿す映画史的な記憶、あるいは物語から逸脱する（一般人から見れば）瑣末な細部＝瞬間に拘泥し、それらが

■9　たとえば、野崎歓もまた、バザンがヌーヴェル・ヴァーグらの「映画愛（シネフィリー）の先駆け」と目された背景には、まさに彼が聖骸布の例なども持ち出しつつ、映画の「模造としてのアウラ＝聖性」を肯定的に評価したからだと述べている。前掲『アンドレ・バザン』、五二頁参照。

集まって形成する「シネマ」という理念を頑なに信じる。この意味で、それはどこか確実に信仰にも近いものがあるといえる。

わたしは、といえば、ほんの数年シネフィルのような生活を送ったが、批評を書き始め、映画以外のジャンルの鑑賞にも時間を割くようになったあたりから、こうしたスタンスからしだいに離れていった。その点で、シネフィリーに対するわたしの立場はどこか屈託があるというか、両面的なのである。

## 歴史的存在としてのシネフィリーと信仰

こうしたシネフィリーはむろん、映画史の最初から存在していたわけではない。シネフィリーのルーツは、一般的には、一九五〇年代後半のフランスのヌーヴェル・ヴァーグの監督や批評家だとされている。そして、シネフィリーと信仰の問題の関係でいえば、映画研究者の藤井仁子は、かつてシネフィリーの起源となったフランスの『カイエ・デュ・シネマ』誌を中心にしたヌーヴェル・ヴァーグの「作家政策」の言説が、まさにカトリック的な概念の影響を強く受けていたとする主張が近年現れてきていると述べている[■10]。藤井が参照する映画理論家のポール・ウィルメンの著作によれば、イメージ生産の機械化や工業化に伴う知覚の体制の変化を説明する過去のいくつかの試みは、まさにカトリック的な「啓示（リヴェレーション）」の言説だったというのである。『カイエ・デュ・シネマ』の「作家政策」的な批評がその顕著な例であったように、たとえばリアリズムをめぐるそれらの言説は、スクリーンに投影された観客自身のものか、ロベルト・ロッセリーニの『ストロンボリ』（一九五〇年）の女優のものか、あるいは『私は告白する』（一九五三年）の監督アルフレッド・ヒッチコックのものかを問わず、すべて魂の啓示について語られていたというのだ［■11］。そのことは、のちに揃ってヌーヴェル・ヴァーグの旗手となる若き映画批評家エリック・ロメールとクロード・シャブロルが共同で記した『ヒッチコック』（一九五七年）を見ても明らかである。このスリラーの巨匠に関する初のモノグラフで彼らが展開する論もまた、実際に敬虔なカトリック教徒でもあったヒッチコックをめぐるきわめて濃密なキリスト教的解釈に溢れているからだ［■12］。その意味でも、シネフィリーは映画における一種の信仰と結びついている。

また日本では、ミニシアターブームや家庭用ビデオの普及が起こり、それに併走するかのように蓮實重彥や山田宏一といった映画批評家たちが本格的に活躍した一九八〇年代の前後に、

■10　藤井仁子「シネフィリアとモダニズム」、『早稲田大学大学院文学研究科紀要』第六一輯第三分冊、早稲田大学大学院文学研究科、二〇一五年、四〇頁。

■11　Paul Willemen, "Through the Glass Darkly," *Looks and Frictions*, Indiana University Press, 1994, p. 232.

■12　エリック・ロメール、クロード・シャブロル『ヒッチコック』、木村建哉、小河原あや訳、インスクリプト、二〇一五年。

「シネフィル文化」が若い映画ファンのあいだで大きく花開いた。わたしの学生時代（二〇〇〇年代前半）はかろうじてその残滓が感じられた時代である。

ヌーヴェル・ヴァーグにせよ日本の八〇年代にせよ、シネフィリーは、いわゆる古典的映画を量産していた撮影所システムが機能していた「大文字の映画史」の時代が衰退していったころに、あえて消えゆく「シネマ」の正統性を体現しようとした身振りだったと整理される。その意味で、シネフィリーとは徹頭徹尾歴史的な存在である。

そこからさらに遠く時代が下り、動画サイト全盛となった二一世紀の今日、かつてのシネフィリーさえもがすっかり「歴史化」し、過去の遺物となっているのは不思議ではない。実際、大学で映画を教えていても、いまやヒッチコックも小津も、ゴダールも見ていないどころか、名前すら知らない学生がゴロゴロ存在するのが当たり前なのだ。かたや昨今の国内外の映画研究の世界で「シネフィリー研究」が目につくようになっている事態は、そうした今日的な状況の裏面だろう［■13］。

とはいえ、わたしよりももっと年長世代の（シネフィルの？）読者は、むしろ何をいまごろそんなにうろたえる必要があろうかと思われるかもしれない。いまから四半世紀も前の、映画生誕一〇〇年を迎えた一九九〇年代、アメリカを代表する知識人スーザン・ソンタグが「映画に対するはっきりと映画愛好家的な愛を、少なくとも若い人々の間に見出すことはもうほとんどない。［……］映画愛好症自体が古めかしい、時代遅れだ、鼻につくとして攻撃されるようになってしまった」と嘆いていたように[■14]、とっくの昔にシネフィリーなど、影も形もなくなっているではないか、と。

では、ポストシネマの時代において、近代的な「人間」の姿と同様に、シネフィリーはまったく過去の存在になってしまったのか。それとも、そこにはなお何か新しく追求すべき問題があるのだろうか。すでに「はじめに」でも触れたが、映画に造詣の深いことでも知られる音楽家の菊地成孔は、本書でポストシネマの作品として紹介した濱口竜介の『ハッピーアワー』(二〇一五年)へのレビューに「『シネフィルである事』が、またOKになりつつある」とタイトルをつけていた[■15]。以降この章では、この「またOKになりつつある」という「シネフィルである事」の内実を、具体的な作品を見ながらわたしなりに考えてみたいと思う。

■13　たとえば、以下を参照。Christian Keathley, *Cinephilia and History, or the Wind in the Trees*, Indiana University Press, 2006. 前掲「シネフィリアとモダニズム」、三五–四七頁。三浦哲哉「二つのリアリズムと三つの自動性」、『現代思想』二〇一六年一月号、青土社、二〇六–二一八頁。石岡良治、三浦哲哉編著『オーバー・ザ・シネマ 映画「超」討議』、フィルムアート社、二〇一八年。

■14　スーザン・ソンタグ「映画の一世紀」、『書くこと、ロラン・バルトについて』、富山太佳夫訳、みすず書房、二〇〇九年、一八七頁。

■15　菊地成孔『菊地成孔の欧米休憩タイム』、blueprint、二〇一七年、一〇五–一三五頁。ちなみに、菊地が濱口に見出した「ニュー・シネフィル映画」性とは、「全く新しいメソッドを導入してきて映画を撮るという、極めて方法論的な監督であるにもかかわらず、シネフィルでもある」という点だという。

## II　ポストシネフィリーの可能性――映画愛と信仰のゆくえ

### 慣習を習得＝身体化すること――綱渡りとしてのシネフィリー

ふたたび『ザ・ウォーク』（二〇一五年）を取り上げたい。主人公役のゴードン＝レヴィットの身体イメージは、前にも述べたように、もはやかつての映画のような物質的基盤＝重力をまとっていない。それでも、いまはもう存在しないツインタワーの屋上に張られた揺れるロープのうえを、バランスを取りながらゆっくりと渡っていく彼の身体イメージは、まぎれもなく感動的に見えるのだ。

その理由は、この映画がツインタワーからワイヤーまで、確固とした足場を欠いたバーチャルなイメージに満たされているにもかかわらず、そのなかで彼が物語を通じてゆっくりと、しかし確実に、綱渡りという新たな「慣習」を身体的に習得していくプロセスそのものを描いていることにあるといえる。というのも、そのゴードン＝レヴィットの姿はまさに、デジタルな映像が氾濫し、古今東西の映画や映像が文脈を欠いたままランダムにアクセス可能になった今日において、わたしたち映画愛好者（かつてのシネフィル）の置かれた状況を、図らずも隠喩的にかたどっているように見えるからだ。

日本でシネフィル文化が本格的に花開いたことには、テレビやビデオといった、映画を繰り返し視聴できる環境の到来が大きく関わっていた。だが、そもそもかつてビデオもＤＶＤも、ましてやNetflixも存在せず、映画を劇場のスクリーンでしか観られなかった時代でも、映画を観ること――シネフィルと呼ばれる最初の世代の映画体験とは、繰り返し劇場に足を運ぶことで、こうした綱渡りの力を地道に習得することそのものだったのではないか。ヌーヴェル・ヴァーグの監督たちとほぼ同世代であり、その世代を代表する批評家である蓮實重彥は、つぎのように述べていた。

ＤＶＤやヴィデオが存在する以前に、映画を見ることでわれわれの何が鍛えられたかというと、動体視力です。流れ星のように、一瞬、画面に生起した運動をどこまで見ることができるか。［……］ゴダール的にいうなら、映画は「一秒間に二四の死」からなっていますが、その「二四の死」にどこまで立ち会いうるかという動体視力の問題として、一九六〇年代まで映画はあったわけです。

一九六〇年代までというのは、ヴィデオのような反復装置が出現する前にはという意味で、シネマテークや映画祭の特集で例外的にめずらしい作品が上映されるときなど、二度と見られないという思いで画面に集中したものです。

映画の批評など書く以前の私は、この一瞬を見逃さずにいた、あるいはその一瞬を見てしまったという恐怖に耐えた人だけが映画批評に進めるものだと思っていました。［■16］

すなわち、それは時代の変遷とともに推移する数多のジャンル史的な記憶や慣習に、再上映などの限られた機会で繰り返し親しみ、それらの慣習を身体的に少しずつ習得していく営みであったといえる。映画のリズム、アニメーションのリズム、ドキュメンタリーのリズム、あるいはもっと細かくフィルム・ノワールのリズム、八〇年代ラブコメのリズム……映画に親しむとは、そうした個々の異なるリズムに身体を同調させ、「乗る」ことである。

そして、そうした記憶や慣習に基づくジャンルそれぞれの「リズム」を、堅牢かつ豊穣にインストールした特異な身体性を、「シネフィル」と呼んだのだろう。たとえば西部劇ならば、ジョン・フォード監督の古典的名作『駅馬車』（一九三九年）でまずこのジャンルの定型を習得したあと、同じ監督の後期の傑作『リバティ・バランスを射った男』（一九六二年）のラストのどんでん返しで古典的映画の慣習＝お約束の「脱臼」に驚く。そして、クリント・イーストウッド監督の『許されざる者』（一九九二年）でそのジャンル的終焉を察知する……というように。映画がまだかろうじて映画館のスクリーンのみで観られていた時代、当然のことながらシネフィルはこうしたジャンルのリズムの変遷を連続的に体感することができた。それは確固とした「足場」＝歴史性となって身体化された。

しかし、いうまでもなく、そうした歴史的前提は、二一世紀にはすっかり失われてしまった。今日のわたしたちは、映画館のスクリーンではなく自宅でスマートフォンやタブレットを使って、YouTube や Netflix で有象無象の動画や他ジャンルのコンテンツと並んだ映画作品を観ることがほとんどになりつつある。そこでは視聴履歴から導き出されたレコメンドに従って、歴史的な文脈や連続性を剝ぎ取られた作品群を断片的に消費することが多くなっている。それでもなお、こうしたかつての一貫した歴史的記憶や慣習（足場）を失った映画経験のなかにも、新たなシネフィリーが生まれる契機があるのではないか。「新しいシネフィリー」について記した三浦哲哉の以下の言葉は、この状況と深く響きあっている。

映画史を、ある習慣としての「自動性」がたえず更新されて、幾層にも重なった地層に喩えることができる。［……］
映画史的記憶を持たぬ世代が過去の映画を見ることとは、自分の趣味判断を一旦保留したうえで、かつて別の何らかの習慣が在ったことを漠然とであれ仮定し、試行錯誤しながらそこへと自らの感覚を馴染ませてゆく、そのような営みである。［……］習慣の場から場へと自ら移行することの冒険があり、そこで獲得される自由があるということだ。［……］映画は見慣れることを要求する表現形式である。だがそれは同時に、いまここの習慣に

■16 蓮實重彥「リアルタイム批評のすすめ」、『映画論講義』、東京大学出版会、二〇〇八年、三七八―三七九頁。蓮實は、一九八三年に刊行した彼の主著『監督 小津安二郎』について、のちに「ことによると、原著は、ヴィデオを使わずに書かれた映画作家論の、世界的に見ても最後の試みだったかもしれない」と述べている。「増補決定版あとがき」、蓮實重彥『監督 小津安二郎〈増補決定版〉』、筑摩書房、二〇〇三年、三四四頁。

## 囚われた身体からの「脱‐習慣化」を意味するだろう。[■17]

二一世紀のシネフィリーの存立条件がありうるとすれば、それは目の前にバラバラに散らばった複数の映画的慣習（「時代」「ジャンル」「作家性」……）のあいだを危うげに踏み締め、恐々と経めぐりながら、絶え間なく「習慣化」と「脱‐習慣化」を繰り返していく――まさしく自らの習慣化された身体に「綱渡りの身体」を習得していく（そして、そこからまた離脱していく……）行為にこそある。その意味で、今日のシネフィリーとは、ゴードン＝レヴィットと同様、「デジタルな綱渡り」を要請される者なのだ。

たとえば、近年のクリストファー・ノーランは『インターステラー』（二〇一四年）などで、「自作に影響を与えた過去作」のリストを公開している。同作では『月世界の女』（一九二九年）や『2001年宇宙の旅』（一九六八年）、『アラバマ物語』（一九六二年）、『惑星ソラリス』（一九七二年）、『ほしのこえ』（二〇〇二年）といった作品が挙げられている[■18]。これは、表面上はクエンティン・タランティーノなどの現代作家にいまだ見られる、シネフィル的な映画史的記憶の引用にも思えるが、わたしの考えでは、ノーランの場合は少し異質である。そこには映画史的な連続性や文脈への配慮はない。むしろそれはノーラン個人の「お気に入り」であり、それゆえにまるで、YouTube や Netflix のレコメンドのような感覚で提示されているのだ。このリストもまた、「新しいシネフィリー」の誕生を感じさせる[■19]。ここでは、このような新たなシネフィリーを「**ポストシネフィリー**」と呼んでおこう。

思えば『ザ・ウォーク』には、プティに綱渡りの極意を指南するパパ・ルディ（ベン・キングズレー）が、未熟な彼に向かって「ステージに対して嘘はつけない」と芸人としての心構えを諭すシーンがある。この言葉は、ひるがえって視覚的表象における「嘘」、すなわちデジタル映像（とそれを観るわたしたち観客自身）における倫理性を考えるとき、きわめて暗示的に響かないだろうか。すべてが「嘘（デジタル）」になった時代に、それでもなお映画（ステージ）を続けようという綱渡りの試み。それは、「キリストの顔」がオリジナルなきデジタル映像に変わるさまを突きつけながら、なお信仰を続けることの意味を描く『沈黙‐サイレンス‐』とも重なりあう。映画にいま問われているのは、そうした問題である。

そして、本作を以上の視点から捉えるとき、その舞台となるのがニューヨークのワールドト

■17　前掲「二つのリアリズムと三つの自動性」、二一五‐二一六頁。余談ながら、三浦の批評の仕事は、映画以外に食べ物（料理）に関するもの（『食べたくなる本』『LAフード・ダイアリー』）がある。いっけん異なる領域に思えるものの、じつは「映画」も「食」も「習慣の場から場へと自ら移行することの冒険があり、そこで獲得される自由がある」という身体的快楽の点で共通しているのだ。

■18　David Ehrlich, "8 Films That Influenced Christopher Nolan's 'Interstellar'," *Indie Wire*, 2014. URL=https://www.indiewire.com/2014/10/8-films-that-influenced-christopher-nolans-interstellar-273878/

■19　ノーランのリストが持つ意味の新しさに関しては、以下の石岡良治と三浦哲哉の討議から示唆を受けた。前掲『オーバー・ザ・シネマ』、一七頁以下。

レードセンタービルだという点も重要である。この高層ビルは二〇〇一年九月一一日のアメリカ同時多発テロ事件でアルカイーダの標的となり倒壊した。この「9・11」の衝撃をきっかけとして、その後のわたしたちの生活空間には監視カメラが浸透し、いまの監視社会化が一気に加速していったのである。第二章で見たフェイクドキュメンタリー的な感性もここから本格的に始まったといってよい。本作の舞台は、そうした二一世紀の「イメージの例外状態」の幕開けを告げた象徴的な場所だった。この点は、『ザ・ウォーク』の映像に独特の陰りとシニカルさを添えている。

### 慣習の回復とシネフィル的身体

第一章でも、すでに『ザ・ウォーク』を『ハッピーアワー』と並べて論じたが、前者にとっての「9・11」と後者にとっての「3・11」は、やはりポストシネマに与えた文化史的意味あいにおいてきわめて共通するところがあると思う。それは社会や文化におけるデジタル化・情報化の動向とも関係しているが、さらにわたしたちがそれまで長らく自明視してきた「重力」や「足場」に対する懐疑や問い直しと結びついている。その懐疑は、やはりシネフィル文化が依拠する「歴史」や「記憶」にも向けられるだろう。

その意味で、『息の跡』（二〇一六年）が描く佐藤貞一の外国語習得と冊子作りなどの活動は象徴的である。実際に、『息の跡』の佐藤による活動を、「3・11」の体験や記憶と引きつけて論じる文章は多い。さきの三浦もまた、佐藤の外国語習得の営為について次のように記している。

すべてを一から調べ、試行錯誤を繰り返し、うまくいった部分を集めてゆき、そうしてはじめて「技術」は獲得される。〔……〕震災の記録を書くという営みは、佐藤さんにとって、たね屋の仕事ととてもよく似ていることだ。ともに、「精確さ」の探求なのである。それが達成されれば、作物は、死に絶えることなく、残る。津波の経験も、忘却されずに残るだろう。〔■20〕

以上の三浦の解釈にはわたしも同意する。津波と放射能によってすべての足場が跡形もなく押し流され、もとの状態に回復できないほど汚染されてしまった。かつて肌感覚や習慣としてたしかに持っていた何かを取り戻すための「技術」を獲得するためには、やはり「すべてを一から調べ、試行錯誤を繰り返し、うまくいった部分を集めてゆ」く、絶え間ない『精確さ』の探求」しかないからである。それは『ザ・ウォーク』の綱渡りの技術にも通じる。

■20　三浦哲哉「記録すること、ものをつくること、その原点」、『息の跡』劇場パンフレット、二〇一七年、一三頁。

このことを、ポストシネマ的な状況からさらに捉え直してみたい。いま述べたように、佐藤は、震災によってあらゆる記録や記憶が散逸したのち、まったくの「失語」＝非物語の地平から、「外国語」という「接ぎ木」を介することで、かろうじて一から新たに自身の身体的な慣習（経験や記憶を的確に語る技術）を組織していった。

ひるがえって、佐藤にも似た身振りは、おそらく二〇一〇年代、フィクションやドキュメンタリーを問わず、現代映画のいたるところで見られていたものだ。思いつくところを挙げれば、クリント・イーストウッド監督の『ハドソン川の奇跡』（二〇一六年）、ロバート・ゼメキス監督の『マリアンヌ』（二〇一六年）、デミアン・チャゼル監督の『ラ・ラ・ランド』（二〇一六年）。そして濱口竜介の『ハッピーアワー』（二〇一五年）、ゼメキスの『ザ・ウォーク』（二〇一五年）、さらにはこのあとの第三部で取り上げる片渕須直監督の『この世界の片隅に』（二〇一六年）などなど……。

それらの映画やアニメーションでは、いったん解体されてしまった過去の自らの身体的かつ実存的な慣習（経験、記憶、感情、リズム……）を、何らかの「リハビリ」を媒介にして、ふたたび自分が納得しうるに足る「物語」として組み立て直していくプロセスがたどられる［■21］。そこで組み立て直される慣習とは、『ハッピーアワー』であれば、ヒロインたちがワークショップに参加して確かめ直す自らの身体の「重心」であるし、『ザ・ウォーク』ではもちろん、（CGの）ロープでやる綱渡りである。あるいは、『ハドソン川の奇跡』であれば、唐突なエンジントラブルにより推力を失ってしまったジェット旅客機をみごとに着水させて乗客を救ったサレンバーガー機長（トム・ハンクス）の操縦技術に物語化されている。『マリアンヌ』なら、完璧なスキルを持ったスパイ同士の夫婦の、片方の二重スパイ疑惑により真の愛情と偽りの演技とのバランスが崩れていくプロセスに、『この世界の片隅に』では主人公浦野すず（声：のん）の幼いころから絵を描き続けた右手の運命に、それぞれ同様のモティーフが息づいている。『息の跡』の佐藤の外国語習得や記録行為も、こうした無数の身振りに重ねられる。つまり、その姿は「すべてを一から調べ、試行錯誤を繰り返し、うまくいった部分を集めてゆき」、そうしてふたたびかつてあったようなたしかな「技術」＝慣習をもう一度新たに組織しようとする試みであったわけだ。

それはかつてのシネフィル的身体が新たに更新されるときにたどられるべき道筋でもある。そうした慣習の獲得と馴致、喪失と回復の身振りは、たとえば「流れ星のように、一瞬、画面に生起した運動をどこまで見ることができるか」という「DVDやヴィデオが存在する以前に」鍛えられてきた「動体視力」という技術の習得（と回復）を強調する蓮實重彥のようなシネフィル的身体のめぐる帰趨ともよく似ているのである［■22］。

■21　この「リハビリ」という表現は以下のクリストファー・ノーラン論に示唆を受けた。三浦哲哉「毒とリハビリ」、『ユリイカ』二〇一二年九月号、青土社、一〇九－一一五頁。

■22　前掲「リアルタイム批評のすすめ」、三七八頁。

## ポストシネフィリーと記憶

それでは、これらの映画で登場人物たちが体現しているメディア的な状況とは何なのか。それこそが、現代のポストシネマ的状況において、わたしたちが直面している「映画の見方／撮り方」をめぐる解体と再構築ではないだろうか。

かつて「映画」は、映画館で観客を、固有の歴史性や慣習を備えた「シネフィル的身体」として馴致していく力を帯びていた。しかし、今日においては、そうした歴史的身体性はほとんど過去のものとなっている。その映画をめぐるポスト歴史的な状況に、先ほどの「新しいシネフィリー」について三浦の語った「習慣化」と「脱 - 習慣化」の反復行為が関わってくる。その行為はかつての時代にはなかったサスペンスをわたしたちにもたらす。同時に、そこには「習慣の場から場へと自ら移行することの冒険があり、そこで獲得される自由がある」はずである。

複数のリズムを接ぎ木して、新たな慣習を組織すること。三浦の議論に依拠しながら、ここではポストシネフィリーのありうるスタンスをそのように示してみた。

だとするならば、そこにはもうひとつ、「かつてあったものの記憶の想起」の問題も関わってくる。そのことを描いている作品に、リー・アンクリッチ監督のディズニー／ピクサーのアニメーション映画『リメンバー・ミー』（二〇一七年）がある。その邦題どおり「忘却と想起」

を主題としたこのアニメーションは、音楽好きの主人公・少年ミゲルの冥界への旅によって、彼の曽祖母ママ・ココのほとんど薄れかけている「父の記憶」を呼び起こし、失われていた家族の絆をも回復していく物語である。

クリストファー・ノーランから岩井俊二、近年の新海誠にいたるまで、「記憶喪失」の物語は二一世紀以降の映画で手を替え品を替え作られ続けている。しかもそれは、映像のデジタル化による映画史の身体的記憶の喪失という今日的事態と隠喩的に結びついている。3D化したディズニー／ピクサーもまた、『ファインディング・ドリー』(二〇一六年)以来、同種の問題意識と自覚的に向きあってきた。この作品では、「あたしはドリー。なんでもすぐ忘れちゃうの……」と口にする重度の健忘症持ちの主人公が、ずっと忘れていた生き別れの両親を探す旅に出る。

『リメンバー・ミー』がきわめて興味深かったのは、「父の記憶」を呼び戻すきっかけとなるのが、視覚的要素ではなく、聴覚的要素のほうであったことだ。ミゲルの曽祖母ココは老化による視力の低下もあり、彼女の父の顔の部分が破れた昔の家族写真をいくら見せられても、あれほど大好きだった父を思い出すことができない。物語の最後で彼女が父の記憶をついに取り戻すことができるのは、父がいつも歌っていた曲「リメンバー・ミー」を耳にし、そのメロディー、リズムに身体を揺らすことによってなのである。

ここでも蓮實の映画批評が有効な参照項となる。彼は自らの批評のスタンスを「表層批評」

と呼び、ごく近年でも「あらゆる映画はサイレント映画の一形式にすぎない」と喝破した[■23]。この姿勢に象徴されるシネフィル的な映画批評は、スクリーンに、すなわち映画を構成するさまざまな要素のうち視覚的な側面に注目し続けてきたといってよい。そして、その「視覚優位」の姿勢は、まさに「啓蒙 enlightenment」が「暗闇に光があてられる」という意味を担うように、広く取れば市民社会以降の近代思想が持っていた本質のひとつでもあった。しかし、二一世紀の現代においてそうした「視覚優位」のパラダイムが大きく揺らいでいることは映像文化を眺めれば明らかである。シネコンの4DXや応援上映、TikTok動画、そしてスマートフォンのタッチパネルにいたるまで、そこでは視覚以外のさまざまな要素が画面や視聴経験に付随するようになった[■24]。本書ではここまで、こうしたポストシネマ的な映像メディアがシネフィリー以後の映像体験を作っていることを見てきたが、だからこそ、今日において、過去の大文字の記憶を呼び覚ますのは、もはや視覚的な表象のアーカイブではなく、むしろ聴覚による身体的な情動の喚起なのではないか……。『リメンバー・ミー』が雄弁に投げかけていたのは、こうしたポストシネフィリー的な問いであったといえるだろう[■25]。

ここで音楽やリズムと結びつく身体性を強調するのは、のち第三部で主題にする「触覚性」とも関わるからである。

## VR世界で描かれたシネフィル的身振り

映画というオールドメディアとはいっけん対照的なVRゲームの世界を舞台にした『レディ・プレイヤー1』（二〇一八年）で監督のスティーヴン・スピルバーグが描いていたのも、まさにこうしたポストシネフィリー的な問題であったのではないだろうか。

本作は、共同脚本も手掛けたアーネスト・クラインの同名の小説（邦訳では『ゲームウォーズ』）を原作にした近未来SFである。舞台は地球規模の気候変動やエネルギー危機でスラム化したオハイオ州コロンバス。そこで暮らす主人公の少年ウェイド・ワッツ（タイ・シェリダン）は、世界最大規模のネットワーク型VR「オアシス」にアバター「パーシヴァル」として没入し、さまざまなゲームや娯楽に興じることを唯一の楽しみとしていた。そんななか、五年前に亡く

■23　蓮實重彥『表層批評宣言』、ちくま文庫、一九八五年。同「フィクションと『表象不可能なもの』」、石田英敬、吉見俊哉、マイク・フェザーストーン編『デジタル・スタディーズ第1巻　メディア哲学』、東京大学出版会、二〇一五年。

■24　現代思想の領域でも近代以来の「視覚優位」のパラダイムが揺らいでいるという議論は、すでになされている。アメリカの思想史家マーティン・ジェイは、ベルグソンからサルトル、メルロ＝ポンティ、フーコー、デリダまで二〇世紀のフランス思想が共通して「反視覚」という系譜を形作っていることを指摘した。マーティン・ジェイ『うつむく眼』、亀井大輔ほか訳、法政大学出版局、二〇一七年。

■25　この点で興味深いことに、宇多丸、佐々木敦、菊地成孔など、蓮實に代わって、ここ一〇年ほどのあいだに存在感を示している映画批評の書き手はおしなべて何らかの形で音楽的な要素と関わりが深い。

なったオアシスの創設者で伝説的なゲームデザイナー、ジェームズ・ハリデー（マーク・ライランス）が遺していたあるコンテストが、オアシスのユーザたちに告知される――自分は生前、オアシス世界の内部に宝の卵「イースターエッグ」（ゲーム用語で隠し要素を意味する）とそれを見つけるための三つの鍵を隠していた。それを最初に見つけた勝者には、オアシスの所有権と五〇〇〇億ドルものハリデーの遺産を相続する権利を与える、と。

こうして、広大なVR空間を舞台とした世界規模の争奪戦「アノラック・ゲーム」の火蓋が切られ、ウェイド／パーシヴァルも、エイチ（リナ・ウェイス）、ダイトウ（森崎ウィン）、ショウ（フィリップ・チャオ）といった親しいオンライン仲間とともにイースターエッグを追う「エッグハンター」（通称ガンター）として参戦する。ところが、そこにノーラン・ソレント（ベン・メンデルソーン）率いる大企業「IOI社」が絡んできた。ウェイド／パーシヴァルは密かに思いを寄せる謎の女性ガンター、アルテミス（オリビア・クック）とともに、IOIとの攻防戦に加わることになる。

知られるように本作は、人気アニメ『機動戦士ガンダム』（一九七九－八〇年）や大友克洋監督の『AKIRA』（一九八八年）といった日本のオタクカルチャーも含めて、『バック・トゥ・ザ・フューチャー』三部作（一九八五－九〇年）からヴァン・ヘイレンの大ヒット曲「ジャンプ」（一九八四年）まで、一九八〇年代を作品世界の重要な参照項としている。

この時代は家庭用ビデオデッキが日本を含めた先進諸国で普及し、ひとびとが過去の膨大な映像資料に簡単にアクセスできるようになったことで、「消費文化と結託した教養主義」が一挙に花開いた時期にあたる。日本におけるシネフィル文化は当時のこうした文化的土壌のうえに成立したものだったし、同様に日本のオタク文化、あるいはアメリカのギーク文化も基本的には同じようなインフラの整備に基づいている[■26]。そして、その時代的意味を踏まえたとき、本作で描かれる物語が、ポストシネフィリーの問題とのつながりからきわめて示唆的に思えてくるのだ。

注目したいのが、『レディ・プレイヤー1』の物語のおもな舞台となる「オアシス」の巨大なVR世界の内部にある「ハリデー年鑑」というアーカイブ施設である。このハリデー年鑑は、いまは亡きオアシスの開発者ハリデーの生涯に関するあらゆるデータや映像資料がログ化され、万人に公開されている施設である。

しかし主人公のウェイドが語るところによると、いまでは館内はすっかり閑散としており、

■26　シネフィル文化を担った蓮實重彥と山田宏一が監修を務めた伝説的なVHS企画『リュミエール・シネマテーク』全一〇巻が発売されたのが八〇年代であり、またアニメ・特撮研究家の氷川竜介によれば、八〇年代におけるアニメオタクの登場も、家庭用ビデオデッキの普及によるテレビアニメの反復視聴が可能になったことが要因だとされる（『アニメ100年ハンドブック』参照）。八〇年代オタク文化と同時代のシネフィル文化の並行性については、以下の評論家・大塚英志の文献も参考になる。大塚英志『二階の住人とその時代』、星海社新書、二〇一六年。実際に、サブカル世代論的にも、いわゆる「新人類世代」と呼ばれるシネフィル世代の中心（青山真治ら）とオタク第一世代（庵野秀明ら）はほぼ重なっている。

訪れるのはもはや彼のような少数の奇特なハリデーオタクしかいない、という点が肝である。そして、ウェイド／パーシヴァルは、誰もいないハリデー年鑑で、彼の頭に記憶されているハリデーのトリビアを渉猟し、なおかつ映像として記録されているハリデーの言動の細部に耳目を凝らしながら、イースターエッグの鍵のヒントを見つけていくのだ。

　結論からいうと、『レディ・プレイヤー1』で登場するハリデー年鑑とは、いわばゲームに仮託された、大文字の映画史的記憶のアーカイブの隠喩であり、またそれにたったひとり拘泥するウェイド／パーシヴァルの姿は「遅れてきたオタク＝教養主義者」、つまりアナクロニックなシネフィルのそれとして見立てることが可能だろう。ハリデーの映像を何度も巻き戻して凝視するウェイド／パーシヴァルの身振りは、八〇年代のシネフィルの姿そのものではないか？　そう、ウェイドはまさに、あの蓮實が強調していた「流れ星のように、一瞬、画面に生起した運動を」捉える「動体視力」をもって、ハワード・ホークスやエルンスト・ルビッチの画面を繰り返し観るシネフィルの身振りを、最新メディアの世界で反復している。

　このわたしの見立ては、監督のスピルバーグが、『沈黙 ‐サイレンス‐』のスコセッシらとともにハリウッドにおけるシネフィルの先駆的世代であること、また、作中のハリデーも『ハエ男の恐怖』（一九五八年）のリメイク（一九八六年の『ザ・フライ』）を映画館に観に行くなど（ニュアンスとしてはシネフィルというより、『映画秘宝』的なマニアに近いかもしれないが）、筋金入りの映画オタクとしても描かれていることから、あながち的外れとはいい切れないはずだ。というより、ハリデーこそ、いわば「大文字のシネマの理念」を体現する存在なのだ。そのように見ると、表面的にはあからさまにアップルのスティーブ・ジョブズとスティーブ・ウォズニアックをモデルにしている、ハリデーと彼の親友でビジネスパートナーであるオグデン・モロー（サイモン・ペッグ）の人相が、むしろヌーヴェル・ヴァーグの立役者でシネフィル精神を体現したジャン＝リュック・ゴダールとフランソワ・トリュフォーのコンビにこそ似ているような気がしてくる。ちなみに、トリュフォーは奇しくもジョブズとほぼ同じ齢で早世した。また、彼はスピルバーグのたっての依頼で『未知との遭遇』（一九七七年）に出演している。このスピルバーグの身振りもまた、――ゴダールが自作で敬愛するジャン＝ピエール・メルヴィルやフリッツ・ラングをカメオ出演させたように――きわめてシネフィル的なセンスだろう。

たしかに、最新のＶＲゲームという物語のモティーフ自体や、第一の鍵を獲得するためにニューヨーク市街を再現した高速道路で行われるスリリングなカーレース場面などに典型的なように、スピルバーグは多視点的な表現を大々的に展開させている。しかし同時に、この作品が結局は、やはり旧来の映画のカメラアイを反復していることもたしかなのだ。第一章で論じたとおり、旧来のカメラアイはスクリーンのなかの「見えるもの」と「見えないもの」の対立構造を前提に成立している。そして、これまでのスピルバーグの映画はこの構造を律儀になぞるようにして、劇中に「見えないもの」と「見えるもの」の位相を設定してきた。具体的には、当初観客に隠されていたものが物語の展開に伴って、ある瞬間に提示されるというドラマを繰り返し描いてきたのだ。『ジョーズ』（一九七五年）の人喰いザメ、『未知との遭遇』の宇宙人、『ジュラシック・パーク』（一九九三年）のティラノサウルス・レックス、『プライベート・ライアン』（一九九八年）のジェームズ・ライアン、『マイノリティ・リポート』（二〇〇二年）の未来に起こるはずの犯罪……。それらはみな、最初は見えなかったが、物語の展開とともに見えるものへと転換する。この表象不／可能性をめぐるドラマが、スピルバーグの映画的想像力の根幹にあるのは間違いない（それをもっともポレミカルに主題にしたのが、ユダヤ人のホロコーストを描き、世界中で論争を起こした『シンドラーのリスト』〈一九九三年〉だった）。物語のクライマックスでAtari 2600用のアドベンチャーゲーム『アドベンチャー』（一九七九年）に隠された「見えないドットを探す（＝可視化する）」という『レディ・プレイヤー1』の結末もまた、一面できわめて映画＝スクリーン的な「表象不／可能性」の秩序に満ちた物語になっている。

『レディ・プレイヤー1』が面白いのは、その題材や演出に打ち出された、映画以後の新たな「画面」の可能性のみならず、じつは今日における「シネマ」の運命にも密かに目を向けているその矛盾、両義性にある。物語の最後、ウェイド／パーシヴァルは、少年時代の幻影とともに現れたハリデーに静かに語りかける。「あなたは本当に死んだの？」と。ハリデーはその問いには答えず、笑みを浮かべながら、VR空間の向こうに消えていく。かつてのシネフィルが偏愛した表象としてのスクリーンと、デジタル化したコンピュータのインターフェイスという対照的なふたつの「画面」のあわいで特異な光を放つポストシネマの姿を、スピルバーグとハリデーの微笑みがかたどっているように、少なくともわたしには思えるのである。

## 「シネマ」への信仰のゆくえ

すでに述べたように、『沈黙 ‐サイレンス‐』の監督を務めたスコセッシこそ、スピルバーグと並んで、アメリカ映画における現代的なシネフィリーを体現した世代の監督のひとりであった。スコセッシやスピルバーグ、彼と同世代のフランシス・フォード・コッポラ、ブライアン・デ・パルマらは、いずれもハリウッドの撮影所システム衰退後の一九七〇年代に、大学の映画学科で映画製作や映画論を学んだ最初の世代であり、「シネマ」をある歴史的な理念として受け取った先駆的な監督たちなのだ。

したがって、彼らはヌーヴェル・ヴァーグの作家たちと同様、膨大な映画史的引用を自作の画面にモザイク状にちりばめることに自分たちの世代的な倫理性を見出すようになる。『沈黙 ‐サイレンス‐』でもたとえば、ロドリゴが五島列島に向かうため、墨を流したような薄靄の立ちこめる夜半に小舟で海を渡るシーンは溝口健二の『雨月物語』（一九五三年）、奉行所に捕まったロドリゴが馬に乗せられて見物人が群がる往来を引かれていくシーンは同じ溝口の『近松物語』（一九五四年）、そして、トモギ村の村人たちが奉行所に引き渡す人質を誰にするかを夜中に侃々諤々相談するシーンは黒澤明の『七人の侍』（一九五四年）……と、スコセッシが敬愛する往年の日本映画へのオマージュがちりばめられている。

スコセッシは、同世代の巨匠たちのなかでも、とりわけシネフィル気質が強い監督として知られている。『マーティン・スコセッシ私のアメリカ映画旅行』（一九九五年）などの映画をめぐるドキュメンタリーや、史上初の映画監督であるジョルジュ・メリエスが登場する『ヒューゴの不思議な発明』（二〇一一年）など、映画史をめぐる作品を多数発表し、実作者には珍しく過去の映画の修復・保存を手掛ける非営利組織まで自ら立ち上げて、フィルム・アーカイビングにも精力的に関わっているのだ。

そんなスコセッシが手掛けた『沈黙 ‐サイレンス‐』という、現代的な信仰者が苦難と「神の沈黙」の下で葛藤する物語は、今日のシネフィリーの運命を、信仰というテーマのもとに象徴的に描いている。そのように解釈すれば、そこだけがデジタル制作されていた「キリストの顔」のイメージには、映画＝キリストがデジタル化し聖性を失った現在において、それでもなおフィルムへの信仰を保とうとする、シネフィリー＝キリシタンたるスコセッシ自身の苦しい戦いの跡が刻まれていることがわかるだろう。シネフィル世代の巨匠が渾身の力で完成させた「神と信仰」の不／可能性をめぐる物語は、ポストシネマ的状況における映画への信仰の問題をも、わたしたちに突きつけている。

たとえば、このようなことは、近年においても映画批評家の廣瀬純があらためて問題提起している。

フィルムにはシネマのフィルムとそうでないものがある。映画史を生きるフィルムとそうでないものがある。映画史を撮る者とそうでない者がいる。［……］「シネマの魂」に自己同一化してフィルムを撮る者とそうでない者がいる。［……］作り手の個人的な思いつき、突飛なアイディア、逞しい想像力といったものが原因（cause）となって創造されたフィルムはドゥルーズにも関係がなかったし、我々にも関係がない。「シネマの魂」が原因となって創造されたフィルムだけがすべての者に関わるのだ。シネマの大義の下で撮られたフィルムは全人類に関わるのである。［■27］

廣瀬はここで、映画がいわば軒並み「個人の大義（cause）」で撮られ、また個人の大義で観られるばかりになった現代において、まさにスコセッシと同様の「シネマの大義」に基づく気宇壮大な信仰告白を行っているといってよい。シネマとはひとつの「歴史的経験」であり、史的唯物論だと強調しつつ、「フィルムにはシネマのフィルムとそうでないものがある。映画史

■27　廣瀬純「シネマの大義」、『シネマの大義』、フィルムアート社、二〇一七年、三五－三六頁。とはいえ、一方で廣瀬が本書のいうポストシネマ的な問題に注意を払っていることは、たとえば以下の座談会からも窺われる。廣瀬純、小出豊、渡辺進也、結城秀勇、田中竜輔「21世紀の言語、政治、そしてシネマの大義」、『NOBODY Issue 42』、NOBODY編集部、二〇一五年、一六－二五頁。

を生きるフィルムとそうでないものがある」と彼は宣言する。この感慨は、たとえば「真面目に驚くべきだと思うのは、この期におよんでなお、何が映画で何が映画でないかの区別が誰にもついていないということだ」と記す藤井仁子の文章ともきわめて近いところで共鳴している[■28]。シネフィリーとは、こうした大きな「歴史的経験」を、――その喪失の痕跡にせよ――身体的な慣習として受け止め、同じような身体と連帯しうると信じる姿勢のことだろう[■29]。

ただ他方で、おそらく今日の映画的身体とは、そうした連帯からも慣習の連続性からも不断に切り離されている。そして、孤独にパーソナライズされたレコメンドにあるバラバラの作品群から個別の映画史をそのつどなんとか習得＝接ぎ木していくサイボーグ的な存在とならざるをえないだろう。

あるいは、さきの両者の主張は、かつて三浦が『映画とは何か』で指摘していたように、今日の映画をめぐる状況のなかで見られるようになっている「映画がほかの動画と並列化し、ある意味では融合する局面が生まれるのと同時に、その反作用として、映画が映画の固有性を追求し純化する」という[■30]、「映画の二極化」の後者のほうをラディカルに体現したものだともいえるかもしれない。だとすれば、廣瀬のいうように、「シネマの大義」や「映画史を生きるフィルム」が存在するのだとしても、また藤井のいうように、「何が映画で何が映画でないかの区別が誰にもついている」のだとしても、それは他方で、そのネガとしての「映画か映画でないかがわからない」作品や作家、メディア状況が生まれてもいる、ということだ。このことは、ポストヒューマン的な状況が氾濫するなかで、ふたたび「人間の条件」がラディカルに問い直されている社会的状況ともよく似通っている。

わたしの考えるポストシネマとは、むしろそうした二極化した状況それ自体を批判的に捉える第三のまなざしである。その意味でポストシネフィリーとは、その第三のまなざしを持ち、デジタル化された綱渡りの技術を新たに身体化しようとするシネフィリーの可能性なのだ。濱

■28　前掲「シネフィリアとモダニズム」、四三頁。とはいえ、他方で気になるのは、廣瀬が映画における「個人の大義(cause)」の氾濫を諫め、また藤井が「何が映画で何が映画でないかの区別が誰にもついている」とするかたわら、ごく最近の蓮實重彥がつぎのように記していることだろう。「もっぱら自分が心から共感できる作品を見つけるために映画を見ていただきたい。［……］だから、自分の好きなものを発見せよと言いたい。自分の好きなものが他の人々の趣向と合っていようが合うまいが、気にする必要など全くありません」。このかつてのシネフィルの持っていた教養主義からはだいぶ離れた「軽さ」を持った言葉も、どこかポストシネフィリー的な変化を感じさせる。蓮實重彥『見るレッスン』、光文社新書、二〇二〇年、三－四頁。

■29　フランスの映画批評家セルジュ・ダネーは、「『私がいなくても続けて』という剝奪された現在時制に支えられない映画への愛など私には想像できない」と述べ、シネフィルを「空しく眼を見開きながらも、何も見えなかったとは誰にも言わない人物なのである」と記している。つまりダネーは、映画（史）は自分が目撃していなくともたんに「その場に欠けているもの」として横たわっており、シネフィルとは「それが自分だけに関わるのに自分がそこにはいない情景」があるのだと確信しうる存在だと述べる。この個人と映画史とのあいだの巨大な非対称性への信仰もまたシネフィリー的な態度だといえよう。セルジュ・ダネー『不屈の精神』、梅本洋一訳、フィルムアート社、一九九六年、一一六－一一七頁、傍点削除。

■30　前掲『映画とは何か』、二〇六－二〇七頁。

口竜介や小森はるか、ノーランなどの監督たちの活動には、そうした志向がはっきりと窺える。

わたしとしては、そこに希望を見出しているのだ。

# 第3部

# 新たな平面へ

## ―― 幽霊化するイメージ環境

# 第7章 アニメーション的平面
## ――「空洞化」するリアリティ

## 1 映画の自意識、アニメの自意識

### ポストシネマとは「アニメーションの時代」である

本章では、アニメーションを中心に論じよう。映画批評の領域においても産業としても、ディズニーなどの一部の例外を除いて、長らく映画といえば「実写映画」が中心だった。しかし近年、アニメーションへの注目度が日増しに高まっている。

もちろんそこには、海外の映画における興行成績や視聴率のランキング上位にアニメーション作品の占める割合が増えてきている背景もある。だがとりわけ「アニメ大国」日本においては、二〇二〇年の年末に『劇場版 鬼滅の刃 無限列車編』（二〇二〇年）が、宮﨑駿監督の『千と千尋の神隠し』（二〇〇一年）を超える興行収入記録を達成し歴代トップを塗り替えるなど（最終興収は四〇三億円）、アニメーション映画が社会的注目を集めている。これによって興行収入上位一〇作品のうち、じつに六作品がアニメーション映画となった。また、国産アニメーションが誕生してからちょうど一〇〇年の節目を迎えた二〇一七年、そしてその前年の二〇一六年には、「アニメの当たり年」と呼ばれるほど、数多くのメルクマール的な傑作が生み出された。

今日、アニメーションというジャンルが映像文化のなかでかつてなく重要性を増している理由については第一章でも論じている[■1]。その骨子をここであらためて振り返っておこう。

デジタル化の広範な浸透に伴って、「（実写）映画のアニメーション化」ないし「（実写）映画とアニメーションの融合」と呼べるような新たな事態が見られるようになってきた。アンドレ・バザンらの古典的な映画理論の多くが、かつて映像の素材だったフィルムの特性を前提として、フィルムの示す現実世界の物理的痕跡（それを「指標性」と呼ぶ）こそが映画の特性であると、長らくみなしてきた。だが、そのフィルムが、高精細のＣＧやＶＦＸなどで描かれた、指標性を感じさせないデジタル映像に取って代わられると、フィルムの時代にはマイナーな周

■1　現代の美学理論を用いて日本アニメを論じた以下の文献では、スティーヴン・シャヴィロを参照しながら、「ポストシネマ的想像力」というキーワードが登場する。Alistair D. Swale, *Anime Aesthetics*, Palgrave Macmillan, 2015.

縁ジャンルと目されてきたアニメーションが映像メディアの中心に移行することになる。なぜなら、もともと絵であるアニメーションには、バザンのいう現実の機械的再現性はほぼ感じられないからだ[■2]。こうして、映像文化全体のなかでのアニメーションの地位上昇がさかんに強調されるようになった。そして、映画の特性を、指標性から「動き motion」や「動画 moving image」に転換するような潮流が、映像理論の内部から出てきている[■3]。

以上のような経緯を踏まえて、第七章では、二〇一六年に劇場公開された日本アニメーションのふたつの傑作——片渕須直監督の『この世界の片隅に』と、山田尚子監督の『映画 聲の形』を軸に、映像のアニメーション的転回と、かつての実写(映画)的想像力との関係の変容をたどってみよう。

### メタアニメ的な演出

太平洋戦争中の広島・呉(くれ)を舞台に、ひとりの女性の半生を丹念に描いて高い評価を受けた『この世界の片隅に』は、ある種の「メタアニメ」の趣向を織りこんだ作品である。たとえば、それは主人公の浦野すず(声:のん)が幼いころから絵を描くのが好きな女性であることに見られる。これはたんなるキャラクター設定にとどまらず、彼女の描く「絵」そのものが、本作のメディウムである「アニメーション」——もしくはこうの史代による原作のマンガ——とい

図1　『この世界の片隅に』(2016年)


う表現自体と、作中のいたるところで印象的に重ねあわせられるのだ。本作の物語とほぼ同時代の戦時中の画家を描いたオーレル監督『ジュゼップ 戦場の画家』(二〇二〇年)など、似たような趣向のアニメーションは近年、目立つようになっている。

物語の冒頭、幼いすずが、海苔を届けに広島市街の中島本通りを歩いていて、獣のような容貌の人攫いが背負う籠に入れられるシークエンスを見てみよう。このできごとの後半部分は、すぐあとで、じつはすずが妹のすみ(声:潘めぐみ)に見せるために自宅で描いていたマンガの絵だということが明かされる(この展開は原作マンガにはない)。つまり作中では、

■2　とはいえ、すでに論じた指標概念との関連性など、これまでしばしば「実写映画＝フィルムの美学」として評価されてきたバザンの映画論自体もまた、ポストメディウム的状況の今日にふさわしく解釈し直す、「バザン・ルネサンス」の動きが国内外で起こってきていることにも注意が必要である。以下の文献などを参照。Dudley Andrew and Hervé Joubert-Laurencin eds., *Opening Bazin*, Oxford University Press, 2011. 三浦哲哉『映画とは何か』、筑摩選書、二〇一四年、第二章。野崎歓『アンドレ・バザン――映画を信じた男』、春風社、二〇一五年。アンドレ・バザン『オーソン・ウェルズ』、堀潤之訳、インスクリプト、二〇一五年。なお、日本でも二〇一六年に「アンドレ・バザン研究会」が発足し、一七年から機関誌『アンドレ・バザン研究』が発行されている。

■3　トム・ガニング「インデックスから離れて」(川崎佳哉訳)、『映像が動き出すとき』、長谷正人編訳、みすず書房、二〇二一年、一四五－一七九頁。

この場面は作品内の現実世界（海苔を届けた）からごくなめらかに虚構のイメージ世界（人攫いにさらわれた）へと接続されるのだ。

あるいは、これも映画の前半で登場する、すずが同級生の水原哲（声：小野大輔）と、海の見える小高い丘ではじめて言葉を交わすシークエンス。高等小学校の課題で写生に来ていた水原とばったり出会ったすずは、海を見下ろす風景を彼の代わりに水彩絵の具で描いてやる。映画では、すずと水原の会話がオフスクリーンの声として聞こえるなか、すずの持つ筆先が目の前の風景を描いていく様子が画面いっぱいにクロースアップで映される。そして、シーンの最後のショットでは、すずに描いてもらった絵を持って帰っていく水原の姿が、周囲の背景も含めて、まさにすずが描いたとおりの淡く朴訥とした水彩風のタッチの絵で表現される。この部分はこうのの原作でもまた、マンガのコマの枠がそのまますずの持つ画用紙の枠とぴったりと重ねられ、コマの外から彼女の腕が伸びてくるという、エッシャーの有名なだまし絵を思わせる趣向で描写されている。

これらシークエンスに典型的なように、『この世界の片隅に』では、素朴さを醸し出す手描き風のタッチをうまく活かしながら、物語の現実世界のイメージと、作中ですずが描く絵のイメージが巧みにオーバーラップするような表現が随所に登場するのだ。

## 歴史を浮かび上がらせる細部

以上のような『この世界の片隅に』のメタアニメ性は、メディウム的な特性ばかりではなく、アニメーションにまつわるいくつかの歴史的想像力をもわたしたちに呼び覚ます。

まず、これも本作の公開当初から繰り返し注目されてきた点だが［■4］、作中の表現に挿入された過去のインディペンデント・アニメーションに対するオマージュがある。

一九四五年六月、すずが幼い姪の黒村晴美（声：稲葉菜月）を連れて、空襲で負傷した義父の北條円太郎（声：牛山茂）の見舞いに行く。その帰り、やはり空襲に遭遇して防空壕に隠れたあと、道の脇に落ちた時限爆弾が炸裂し晴美の生命と自らの右手を失う、物語上重要なシークエンスがある。ここで、意識を失ったすずの内的世界が抽象的な描画によって表現される映像は、カナダの実験アニメーションの巨匠ノーマン・マクラレンによるシネカリグラフの名作『線と色の即興詩』（一九五五年）へのはっきりとした目配せになっている［■5］。あるいは、四四年九月、呉の繁華街ですずが夫・北條周作（声：細谷佳正）とデートをするシーンでは、原作にはな

■4　たとえば、土居伸彰『21世紀のアニメーションがわかる本』、フィルムアート社、二〇一七年、一二三頁などを参照。

■5　パイオニアから発売されている『ノーマン・マクラレン作品コレクション』第一巻のリーフレットに寄せたコメント（「はるかなる出発点」）で、片渕は日本大学藝術学部映画学科の最初の講義で見せられたマクラレンの『隣人』（一九五二年）に「映画表現そのものの根幹」を感じるほどの大きなインパクトを受けたと記している。

い「文化ニュース」（いわゆる「文化映画」）を上映する映画館が描かれていた［■6］。あとで触れるように、戦時下においては、この文化映画とアニメーション（漫画映画）はかなり近い文脈で受容されていた。

マクラレンらの海外の非商業的な（芸術志向の）インディペンデント・アニメーションにせよ、戦中期の文化映画にせよ、これら『この世界の片隅に』で片渕が作中に取り入れた映画史上マイナーと呼べるジャンルの数々は、さきのメタアニメ的表現と重なって、日本のアニメーション史のパースペクティヴを強く意識させるものとなっている。

今日、アニメーションというジャンルは、メディア的に、実写を含む映像文化の内部での位置づけを大きく組み替えられつつある。そうした潮流と並行するかのように、日本のアニメーション史の記述も見直されるようになってきている。

日本アニメーションの歴史といえば、これまで一般的には、手塚治虫率いる虫プロダクション制作の、日本最初の三〇分ものの連続テレビアニメ『鉄腕アトム』（一九六三－六六年）、あるいは遡っても宮﨑駿と高畑勲の出自としても知られる東映動画（現在の東映アニメーション）発足の一九五六年以降の記述に限られていることが多かった。たとえば、日本アニメーション史研究の第一人者、津堅信之も、「アニメ」の時代区分を『アトム』に設定し、それ以前を「アニメ前史」、以後を「アニメ本史」と呼ぶ史観を提唱している［■7］。しかし、とりわけ二〇〇〇年代以降、そうしたオーソドックスな歴史記述から等閑視されてきたさまざまな動向が、新しい世代のアニメーション研究者たちによって明らかにされつつある。

その一部が、さきに挙げたような、日本アニメーション史における海外のインディペンデント・アニメーションや文化映画との関わりだ。たとえば、近年もアニメーション史研究者の木村智哉や映像・美術評論家の西村智弘などが精力的な調査を行っているが、マクラレンをはじめとした非ディズニー系のインディペンデント・アニメーションは、連続テレビアニメ開始以前の一九六〇年前後に相次いで日本公開され、当時の表現や批評に大きな衝撃を与えていたという[■8]。

また、戦前の（より具体的には東映動画以前の）「漫画映画」「線画」などと呼ばれてきた国産ア

■6　「文化映画」とは、ドイツ・ウーファ社でおもに製作されていた学術的、教育的な内容を持つ「クルトゥーアフィルムKulturfilm」を日本語訳した呼称で、このドイツ映画に影響を受け、一九三〇年代からさまざまな内容の教育映画に用いられた。この文化映画は、とりわけ戦時下の一九三九年に制定された「映画法」において、ニュース映画を除く啓発的な非劇映画全般を指す用語として普及し、一般的な劇場用娯楽映画の毎回の上映と併せて、最低一〇分以上の文化映画の「指定上映」（強制上映）が義務づけられた。

■7　津堅信之「アニメの歴史」、高橋光輝、津堅信之編著『アニメ学』、NTT出版、二〇一一年、二四頁。

■8　木村智哉「一九六〇年前後の日本におけるアニメーション表現の変革」、『美学』第二三七号、美学会、二〇一〇年、四九－六〇頁。同『東映動画史論』、日本評論社、二〇二〇年、三六－三九頁。西村智弘『日本のアニメーションはいかにして成立したのか』、森話社、二〇一八年、第四章。マクラレンのほか、フランスのポール・グリモー（『やぶにらみの暴君』）、ロシアのレフ・アタマーノフ（『雪の女王』）などが高畑、宮崎らの東映動画のアニメーターや演出家に与えた影響が有名である。

ニメーションは、おもに少人数による手工業的なシステムによって、非商業的かつ啓蒙的な短編作品として制作されていた。とりわけ戦時中は、文化映画などと同様、劇場用長編映画の添え物的上映など、マイナーな場で受容されていたことで知られている〔■9〕。こうした文化映画をはじめとする国策プロパガンダ映画や、それらの作り手である左翼系映画人たちが依拠していたアヴァンギャルド理論の周辺で、日本最初の長編アニメーション映画『桃太郎　海の神兵』（一九四五年）が作られ、手塚治虫のいわゆる「映画的手法」を駆使した戦後ストーリーマンガ、そして『ゴジラ』（一九五四年）や『ウルトラマン』シリーズといった特撮文化の素地が育まれていった〔■10〕。戦時下において、国策的な文化映画に関わった映画人や映画理論家たちは、「プロキノ」（日本プロレタリア映画同盟）など左翼的な映画運動の流れを汲み、セルゲイ・エイゼンシュテインらのモンタージュ理論など前衛的な映画美学にも精通していた。彼らのなかには、草創期のアニメーション制作に携わっていた者もいたのである。

いうなれば、『この世界の片隅に』には、表現としてのメタアニメ性だけでなく、こうした日本アニメーション史をめぐる多様な記憶――メディア考古学的なまなざしが陰に陽に召喚されていると見ることができるのだ〔■11〕。これを、本作において「アニメの自意識」が露呈していると評してみたい〔■12〕。

■9　太平洋戦争下における文化映画とアニメーション映画との関係については、たとえば以下の文献を参照。大塚英志『「文化映画」としての『桃太郎　海の神兵』』、『新現実』第四号、太田出版、二〇〇七年、一一五－一三九頁。木村智哉「アニメーション映画『海の神兵』が描いたもの」、乾淑子編『戦争のある暮らし』、水声社、二〇〇八年、一三一－一五八頁。小倉健太郎「漫画映画の拡張」、『映像学』第一〇一号、日本映像学会、二〇一九年、五－二六頁。セバスチャン・ロファ『アニメとプロパガンダ』、古永真一、中島万紀子、原正人訳、法政大学出版局、二〇一一年。

■10　文化映画に着目した近年の大塚英志の「まんが・アニメ的リアリズム」の「戦時下起源説」に関しては、たとえば以下を参照。大塚英志『手塚治虫と戦時下メディア理論』、星海社新書、二〇一八年。また、文化映画的な想像力と戦後の特撮文化との関わりについては、福嶋亮大『ウルトラマンと戦後サブカルチャーの風景』、PLANETS／第二次惑星開発委員会、二〇一八年を参照。

■11　むろん、ここには監督の片渕がそのアニメ演出家としての出発点から深く関わっている宮崎駿、高畑勲らスタジオジブリ系の系譜も深く刻まれているだろう。たとえば、『この世界の片隅に』にも見られる「少女の成長と自立」という主題は、まさに片渕が当初監督を務める予定で、実際に演出補を担当した宮崎監督の『魔女の宅急便』（一九八九年）と共有するものである。なお『風の谷のナウシカ』（一九八四年）で主人公を導く大ババさま役を演じた京田尚子は、本作でやはりすずを導く祖母、森田イト役に抜擢されている。

■12　このことはさらに、『この世界の片隅に』がしばしば「ドキュメンタリー的」と評されてきたこと、そして今日のアニメーション研究でしばしば話題になる、「アニメーション・ドキュメンタリー」と呼ばれる潮流と本作との関わりについても考えさせる。これは、文字通りアニメーション技法を用いたドキュメンタリーのことである。デジタル・ロトスコープやモーション・キャプチャなどデジタル撮影技術の発達によって、当事者（マイノリティ）の内面など、実写では撮影できない／捉えきれないリアリティをアニメーションで表現するドキュメンタリーが一九九〇年代以降に現れ始め、二〇〇〇年代後半ごろから世界中で流行している。『この世界の片隅に』をはじめ、『風立ちぬ』（二〇一三年）や『かぐや姫の物語』（二〇一三年）、『未来のミライ』（二〇一八年）や『海獣の子供』（二〇一九年）など、日本の商業アニメでもアニメーション・ドキュメンタリー的な傾向を帯びた作品が目立っていることも注目される。

## 手の悲劇

『この世界の片隅に』のメタアニメ性、すなわち「アニメの自意識」は、デジタル映像＝ポストシネマの問題と絡めたとき、どのように理解できるだろうか。

それを問うにあたり注意すべきは、主人公すずの身に起こる「右手の消失」という悲劇だろう。すでに触れたように、作中ですずは、時限爆弾の炸裂により、姪の晴美の生命とともに、自らの右手をも失ってしまう。このできごとによって彼女は、幼いころからずっと自分の最大の楽しみであり、またアイデンティティを保証してきただろう「絵を描くこと」を永遠に奪われてしまうのだ。すずの右手が絵を描くことを、ひいては本作における「アニメの自意識」を象徴するものだとすれば、その消失はまさに二〇世紀的な「手描きアニメ」からのメディア的な離反（アナログ表現からデジタル表現へ？）を髣髴とさせる重要な細部になっているだろう（とはいえ実際の商業アニメーションの制作現場では、二〇二〇年代の現在においても、作画作業はいまなお手描きでなされていることはつけ加えておこう）。

さらにいえば、セバスチャン・ローデンバック監督『大人のためのグリム童話 手をなくした少女』（二〇一六年）、ジェレミー・クラパン監督『失くした体』（二〇一九年）、あるいは石立太一監督『ヴァイオレット・エヴァーガーデン』（二〇一八年）など、本作と同様に「手」の消失や遊離を描く優れたアニメーションが国内外で数多く作られているのも、こうしたメディア的変化と無縁ではないかもしれない。

あるいは、この「右手の悲劇」は、他方で、『この世界の片隅に』を彩っている無数の俯瞰ショットと仰角ショット、あるいはそれらのショットがもたらす一連の「下降」の運動と併せて考えるべきかもしれない。

この物語が、川が流れる広島市街を上空からゆったりと捉えるロングショットから始まることを筆頭に、『この世界の片隅に』には、縦方向＝上下のアングルが全編にわたって頻出する。その理由は、空襲シーンやひとびとが地下の防空壕に潜るシーンがたびたび登場し、そのことで作品世界全体に、カメラや登場人物たちが何かを見下ろす／見上げるアングルの構図をなかば必然的に招き寄せるからである。そして、作品内のその特異な重力に引っ張られるかのようにして、すずと水原がはじめて出会う場所は海を見渡せる小高い丘であり、また、すずが嫁ぐ北條家も急な斜面に階段が作られた丘のうえに設定されることになる。

すずの「右手の悲劇」は、この上下の空間構成や運動性とも相俟って、「下降の悲劇」とでも呼べるもうひとつのモティーフに転化する。というのも、「絵を描くこと」を保証してきた彼女の右手を永遠に奪い去る悲劇は、「上空から投下された爆弾」という縦方向の運動からもたらされたのだから。そして、おそらくこの伏線になっていたのが、その半年前、かつて小高い丘のうえで出会った水原が長じて巡洋艦「青葉」の海軍兵となり、入湯上陸のためにすずのいる北條家を訪ねてくるシーンである。いつ戦死するともわからぬ水原の境遇もあって、全体的に濃密な「死」の雰囲気が漂うこのシーンのなかで、水原は、航海中に上空を飛ぶ鳥から落ちたのだという一本の白い羽をすずに手渡す。彼女はそれを羽ペンにして、インクをつけていつものように手帳に絵を描いてみるのだが、うまくいかないとつぶやくのだ。実際、そのときの彼女のデッサンは明らかに歪である。

つまり、すずから本来の「絵を描くこと」を奪っているのは、時限爆弾と同様、ここでもやはり下降という不吉な運動によってもたらされたものなのだ。もとより、この夜に彼女の夫の周作は、水原を母屋に泊めるわけにはいかないと、彼を外の納屋の二階へと案内する。なおかつ、かつての幼馴染みとのふたりきりの時間を持たせようとの気遣いから、彼らがそれとなく納屋で夜を明かすことになるように、すずにあんかを持たせる。空から落ちてきた白い羽を水原がすずに手渡すのは、このふたりだけの夜の時間のなかでの挿話なのだが、ここでのすずを愛する周作の配慮は、その後、図らずも水原の渡す羽ペンによって「下降」の力に囚われることになるすずを先回りしながらなんとか守っているように見える。つまり、それは彼女を二階へと逆方向へ「上昇」させることによって、そんな妻の「絵を描く力」をかろうじて守る抵抗の身振りを示しているように思えるからだ。しかし、その「下降の悲劇」を遠ざける「上昇」をめぐる配慮もまた、ややもすればデジタル的なものへと接近する倒錯的なものにならざるをえない。その運動は、「重力」＝アナログメディアの持つ物質性に逆らうベクトルを示しているのだ。

## 「落下の主題」再考——重力の有無をめぐるダブルバインド

こうして「右手の悲劇」と「下降の悲劇」——縦方向の運動がもたらす「絵を描く力能」の喪失という主題は、ポストシネマをめぐるメディア論的な見立てへと思考を促す。すなわち、人間の手によるアナログ表現から、コンピュータの介在するデジタル表現に移行しつつある今日の映像の宿命に対する、何らかの応答と読めてしまうのだ。ただ、いささか複雑なのは、『この世界の片隅に』の場合、それが実写とアニメーション、アナログとデジタルの狭間でさまざまなダブルバインドを抱え込みながら成立しているという点だ。しかも、このふたつの対立項同士もまた、今日のメディア環境においてはおたがいに関係しあってもいる。

まず実写とアニメーションの二項から見てみよう。この「下降の悲劇」は、第一章でロバート・ゼメキスの『ザ・ウォーク』（二〇一五年）を取り上げたさいに論じた、映画における「落下の主題」のメディウム的意義をわたしたちに思い出させる。

簡単に振りかえっておこう。かつて蓮實重彥は、フィルム時代の映画の物質的／存在論的条件（指標性）を端的に示す視覚的な表象を、「落下」の主題に見出していた（「映画と落ちること」）。それは、アナログフィルムの時代においては、人間の生身の身体と映像のメディウムの限界が一致していたからである。平たくいえば、俳優が演じること、あるいはカメラに撮ることが困難なものは映画にしづらく、「落下」はその代表であった。しかしながら、『ザ・ウォーク』におけるツインタワーのデジタル映像はもはやそうした指標性を帯びていない。その変化を、昨今の映像文化論では「(実写)映画のアニメーション化」と呼んでいる。落下は、映画がフィルムで撮られていた時代には、映画的な想像力の臨界点であったがゆえに、今日においてはその機能不全がもっとも明瞭に露呈する表象なのだ。

しかし、アニメーションというジャンルは、もともと現実世界との物理的つながりを伴わない、たんなる「絵」にすぎない。アニメーションにおける落下の表象は対象の下降を描いてはいるが、アニメーションというメディウムの本性上、対象は絶対に下降しえない。つまりアニメーションにおける落下の表象は『ゼロ・グラビティ』や一連のマーベル映画以上に、重力＝指標性の欠如を表しているというわけだ。

だとすれば、『この世界の片隅に』の「下降の悲劇」のモティーフとアニメーションというメディアのあいだには厄介な捻れがある。というのも、この作品は、実写のデジタル映像と同じく本来重力＝指標性を持たないはずのアニメーションとして作られている。にもかかわらず、物語のなかでは重力＝「下降」のイメージがヒロインの絵を描く手(手描きアニメの隠喩)を奪う「悲劇」のきっかけとしてネガティヴに描かれる。つまり本作は、指標性との結びつきを擁護し、「アニメーションであること」を回避する特異なアニメーションなのだ。

このように、実写とアニメーションとのジャンル的差異に基づいて本作から感じられる捻れは、さらにアナログとデジタルという第二の、メディア的な二項対立関係とも密接に関わっている。そもそも、コンポジット（ソフトウェアを用いて素材をひとつの画面に合成する、かつての「撮影」にあたる工程）などのデジタル作業が取り入れられている現代のアニメーション制作のなかで、作画作業＝「絵を描くこと」は、いまなおアナログで行われる工程なのだ。このことは『この世界の片隅に』だけでなく、ほとんどの日本の商業アニメに当てはまる。

つまり「手で絵を描くこと」というモティーフをメディア論的な枠組みに照らして一種のアナログ性と結びつけるとき、アニメーションというジャンルはいささか矛盾めいた両義性を宿すことになる。とくに、『この世界の片隅に』や宮﨑駿監督『崖の上のポニョ』（二〇〇八年）のように、「手描きであること」を作品のモティーフや表現のポイントとして積極的に描く現代アニメーションほどそうだろう。すなわち、アニメーションにおいて「手描きであること」は、メディア論の視点からは指標性＝重力を持たないこと、つまりデジタルであることの隠喩になっていると同時に、実際の制作工程としてはアナログ的とみなせるという、対照的な見方を許すのだ。

ただ、『この世界の片隅に』は「絵を描くこと」の喪失がはっきりと「悲劇」として表れていることからもわかるように、「手描き」の隠喩である「手」が奪われること、すなわちデジタル化の趨勢に対して必ずしも肯定的ではないと解釈できる。少なくとも、『この世界の片隅に』には、『君の名は。』のように、新しいデジタル的な論理に完全に同調していくような軽やかさは感じられない。

『この世界の片隅に』の、この実写とアニメーション、アナログとデジタルの狭間で揺れ動くダブルバインドは、わたしに、大塚英志が長らくこだわり続けている「アトムの命題」と呼ばれる議論を思い起こさせる[13]。それは、戦後日本のマンガやアニメの、近代文学のように実質を伴う「人間」を描こうと志向しながらも、同時に「記号」(モノ)でしかありえないというメディア的な特徴に、彼が見出す倫理的な逆説のことだ。

大塚は戦後のマンガやアニメが描き続けたという「記号的」でありながら「傷つく/死ぬ身体」の起源として、一六歳の手塚治虫が戦時中に描いた習作的作品『勝利の日まで』(一九四五年)に注目した。このマンガではミッキーマウスをはじめとした有名なアニメのキャラクターが登場する一方で、同じタッチで描かれた主人公の少年が機銃掃射によって血を流して倒れる場面が描かれている。大塚は「記号でありながら血を流す身体」という手塚が描いた逆説的な表象に、その後の戦後マンガ・アニメの背負った倫理的なアポリアを見出したのだった。おそらく『この世界の片隅に』もこの命題の延長にある。すずたちは自らが「絵の具のシミ」=キャラクターであるという「アニメの自意識」を持つかのように振る舞いつつ、しかし「下降」する爆弾によって「絵を描く」右手を失ってしまう。そのすずの姿は、そうした「アトムの命題」に通じるアニメーション(ひいてはデジタル化)の宿命を無条件に受け入れているようには見えない。以上のような片渕の演出がこの作品に深みを与えており、ゆえに本作は大塚の「アトムの命題」を現代のメディア的な条件のもとでアップデートしているように見える[■14]。

そして、重力＝指標性と結びついた「下降」のイメージがもたらす「悲劇」は、いうまでもなく晴美の死としても描かれる。その点で、すずの「右手の悲劇」は、アニメーションというメディアにおけるアナログ＝身体とデジタル＝記号とのダブルバインド——記号でしかないアニメーションは、「落下」による死をいかにして描くことができるのか（大塚のいう「まんが・アニメ的リアリズム」で傷つく／死ぬ身体を描くこと）——というもうひとつの「悲劇」にも連なっていく。

ちなみに、本作に約四〇分の新規場面を加えた長尺版『この世界の（さらにいくつもの）片隅に』（二〇一九年）において、片渕はジェンダー的な視点からこの「アニメ的／デジタル的身体」

■13　大塚英志『アトムの命題』、徳間書店、二〇〇三年などを参照。この大塚のまんが・アニメ的リアリズムにおける「傷つく／死ぬ記号的身体」の問題とデジタル映像の問題との関係については、以下の文献が的確にまとめている。三輪健太朗『マンガと映画』、NTT出版、二〇一四年、一八四－二一二頁。

■14　なお、「アトムの命題」との関係でいえば、このダブルバインドの主題は、戦後の昭和三〇年代を舞台にした片渕の前作『マイマイ新子と千年の魔法』（二〇〇九年）では扱われなかったものである。同作では、空想に耽りがちな主人公の少女の想像世界が、拡張現実（AR）のように現実世界と二重化されるなど、本作ともさまざまに共通する表現を用いられていた。にもかかわらず「落下」の主題や戦後のマンガやアニメに特有の記号的な絵で傷つく／死ぬ身体をいかに描くかという問題、あるいはそこにつながる「戦争」や「死」には踏みこむことはなかった。両者を結びつけた点にこそ、『この世界の片隅に』の現代性がある。

のダブルバインドにさらに新たな側面を追加した。二〇一六年版では短くしか現れなかった、呉の遊郭で働く白木リン（声：岩井七世）とすずとのエピソードが足されたことにより、すずの女性的身体性――つまり、「傷つき／死ぬアニメ的身体」ならぬ「産むアニメ的身体」というもうひとつのアポリアが前景化されたのである。この点は、こうのの原作マンガには描かれていたにもかかわらず、二〇一六年版のアニメでは省かれていたキャラクターの性的身体の要素が復活したということもできる。さらに、本作ではすずとリンが満開になった桜の木に登るシーンが追加されており、やはり彼女たちの身体の表象する「悲劇性」もまた、重力を感じさせるじつに印象的な「縦方向の運動性」のイメージを新たにまとっていることがわかる。『この世界の片隅に』は、デジタル映像が氾濫するポストシネマのアニメーションのなかで、アナログ的な指標性の象徴ともいえる重力＝下降の表象をしばしば登場させながら、それを悲劇として描く。すずの「右手の悲劇」は、実写とアニメーション、アナログとデジタルとの複雑な葛藤を表すこの作品を集約するモティーフとなっているのだ［■15］。

## トンボが示す多視点性

現代アニメーションの物語や表現には、「（実写）映画のアニメーション化」というデジタル的な状況への応答や葛藤が垣間見える。この問題をさらに補填するテクストとして、題名そのものがポストカメラ的な視点の移動性を暗示している新房昭之総監督のアニメーション映画『打ち上げ花火、下から見るか？横から見るか？』（二〇一七年）がある。本作は、一九九三年に岩井俊二が手掛けた同名のテレビドラマ作品（正確にはオムニバスドラマ『if もしも』のなかの一編として放送され、その後、一九九五年に再編集して劇場公開された短編）のリメイクとして、「〈物語〉」シリーズ（二〇〇九年－）や『魔法少女まどか☆マギカ』（二〇一一年）などで知られるシャフトが手掛けた長編アニメーション映画だ。

双方の異同も含めて、物語の概要をざっと紹介しておこう。「原作」となった岩井による五〇分のドラマ作品は、九十九里浜に面した千葉県飯岡町（現在の旭市）近辺を舞台にした小学生の少年少女たちのひと夏のジュブナイルラブストーリーである。主人公の少年、島田典道（山崎裕太）とその友人、安曇祐介（反田孝幸）はともに、大人びた雰囲気を湛える同級生の美少女、及川なずな（奥菜恵）に片思いをしている。ところが、なずなのほうは両親の離婚により、夏休み明けの転校を控えていた。あるとき、プール掃除の合間に水泳競争に興じていたふたりを見たなずなは、どちらか勝ったほうと町の花火大会の口に駆け落ちしようと思いつく。他方、

■15　『この世界の片隅に』におけるいわば「ノンヒューマン的主題」に関して一点だけ印象的な場面を挙げておけば、すずの兄の浦野要一（声：大森夏向）が戦死して遺骨が帰ってきたとき、骨壺のなかには石ころがひとつ入っているのみである。ここで兄は、いわば文字通りの「ノンヒューマン・エージェンシー」（モノ）に変化してしまったといえるだろう。

典道の友人たちは放課後の教室で「打ち上げ花火は横から見たら丸いのか、それとも平べったいのか?」という疑問をめぐって議論になっていた。ついに彼らは町の外れにある飯岡灯台に昇って実際に確かめてみようということになる。物語は、打ち上げ花火の疑問をめぐってささやかな冒険に出かける少年たちと、かたやプール競争の結果によってふたつの異なった運命をたどることになる典道となずなの小さな恋物語を交錯させながら描いていく。

じつに二四年の歳月を経て作られた九〇分のリメイク版では、前半の物語はほぼ原作ドラマに忠実であるものの、主人公たちの年齢が小学生から中学生になり、物語の舞台が現実の飯岡町から架空の「茂下町（もしも）」になるなど、いくつかの大きな改変もある。また、原作では飯岡駅のプラットフォームにたどりつくまでであった典道となずなの「駆け落ち」のその後が物語の後半で新たに描かれること、また、「もしも」＝可能世界をめぐる物語の分岐の数が原作よりも増えていることも大きなポイントになっている。

じつはこのドラマ版とアニメ版のふたつの作品は、「アナログからデジタルへ」の変化を比較するのに最適な作品である[■16]。

そのもっともわかりやすい演出のひとつが、本作のいたるところに見られる「多視点的」な構図だろう。リメイクでは、（アニメなので）仮想的なカメラアイが物語の空間内の上下左右、あらゆる視点に置かれ、また登場人物や物体の周囲を縦横に動き回りながら描かれるのが特徴だ。たとえば、主人公とヒロインが作中ではじめて言葉を交わすプールのシーンはとても示唆的である。ここでふたりの会話のきっかけとなる、ヒロインの及川なずな（声：広瀬すず）の肌に止まる昆虫が、二〇世紀のドラマ版と二一世紀のアニメ版では変更されているのである。前者では首筋につく「アリ」だったのが、後者では頬に止まる「トンボ」になっている。

この、いっけんささやかな改変は、本作のデジタルアニメとしての内実を捉えるにあたって決定的に重要である。かつてのフィルムルックの原作でなずなの肌（スキン）（＝スクリーン！）のうえを這い回っていたアリとは異なり、アニメ版のトンボは主人公の典道（声：菅田将暉）の腕に払われると、そのままグーッと重力に逆らいドローンのように上空高くに舞い上がってしまう。映画はそのトンボのまなざしから世界を捉えるのだが、このPOVの浮遊感はドローン的な視線そのものであり、まさにデジタル映像の隠喩であるだろう。つけ加えれば、このPOVショットで現れるトンボの複眼と重なるフレームの複数化は、物語の分岐ルートが増殖したアニメ『打ち上げ花火』という作品自体が抱えるノンリニア的＝ゲーム的な構造をイメージとして示す機能も持っている［■17］。

■16　本作のポストシネマ的な側面については、別稿でも異なった視点から論じたのでそちらも参照されたい。渡邉大輔「リメイクから見る『打ち上げ花火、下から見るか？　横から見るか？』」、『明るい映画、暗い映画』、blueprint、二〇二一年、二四六－二六〇頁。

## 足の脆弱化に見る重力の問題

『打ち上げ花火、下から見るか？横から見るか？』の多視点的＝ポストカメラ的な画面は、むろん、いわば「重力」の軛から解放されて自在に動き回る「デジタルなまなざし」を意味している。題名にある「下から見るか？横から見るか？」というふたつの対比も、ここでの重力と結びついたアナログとデジタルの関係をめぐる議論をなぞっているだろう。すなわち、上空で広がる打ち上げ花火を、ひとが「横から見る」ことは本来不可能である。もし横から見ようとすれば、（作中で少年たちがしたように）灯台など高い建造物にでも登るほかなく、そうしなければ大地に接した状態で「下から見る」ことしかできない。

これをメディア論的な問いに置きかえて考えてみよう。こうした「重力」による視線・身体の拘束はいわば決定的に「アナログ」なものであり、蓮實の「映画は落ちる身体をそのまま表象することができない」という主張を別の角度から裏づけるものだ。余談ながら、とくに物語の後半にかけて人物の落下シーンが多いというリメイク版アニメの改変要素もまた、こうした問いと結びつけることができるかもしれない。

アニメ版の「トンボの視線」は従来の映画のメディア的な条件だった「横から見ることの不可能性」、つまりカメラアイの物理的拘束を揺るがす要素として理解することができる。そう考えると、作中で登場する「打ち上げ花火は横から見ると、丸いのか？　平べったいのか？」

という問いかけは、そのまま「2D（平面）か、3D（立体）か？」という問い、すなわち「平面＝セルアニメか、立体＝実写的対象か？」、あるいは「フィルムか、CGか？」うんぬんといった、メディウム的な二項性や混淆性へと隠喩的に展開しうる問いであったことに、わたしたちはあらためて気づかされるのだ［■18］。

二一世紀のリメイク版アニメが差し出す以上のような問いは、いま振り返ると、そもそも同じ題名の原作でも暗に提起されていたと見ることができる。原作ドラマを岩井俊二が手掛けた一九九三年はまだ日本社会に携帯電話やインターネットが普及する以前の時代だったとはいえ、ミュージック・ビデオの演出出身の岩井が同世代の庵野秀明などと並んで、日本映画におけるデジタル技術導入のイノベーターのひとりであったことを考えると、この解釈もさほど不自然でもないだろう［■19］。そして、デジタルシネマが浸透した二一世紀に、そのリメイク版アニメを手掛けた総監督の新房昭之や脚本の大根仁、岩井作品に大きな影響を受けた新海誠アニメも

■17　なお、このアニメ版『打ち上げ花火、下から見るか？横から見るか？』におけるトンボへの改変に見られる、複眼ショットと可能世界的な物語構造との関係性やドローンショットとの類似性については、「リメイク」の観点から映画研究者の北村匡平も注目している。北村匡平『24フレームの映画学』、晃洋書房、二〇二一年、二五四－二五五頁。

■18　ちなみに、岩井自身が当初提出した脚本の原題は、「少年たちは花火を横から見たかった」（これは一九九九年に製作された本作のドキュメンタリー映画のタイトルになっている）だったが、本論で論じているポストシネマ的な観点からすると、この原題の意味も示唆に富んでいる。

手掛ける製作総指揮の川村元気もまた、岩井のこの問いに応答していると思われる。
そのひとつが、先ほどトンボの視線から論じた「重力」からの解放の問題とも結びつく、「足の脆弱化」とでも呼ぶべきモティーフだ。

本作では、主人公の少年、典道の「足の怪我」が物語前半のひとつの分岐点となっている。彼は友人の安曇祐介（声：宮野真守）との水泳競争の折、ターンの勢いが余って、水から飛び出した片足がプールサイドの角に激突してしまう。それが原因となって勝負は祐介に軍配が上がり、物語の最初の分岐が動き出すのだ。

この展開は原作ドラマを踏襲するものだが、リメイク版ではさらに、この典道の足の怪我に対応するような足にまつわる描写が、後半にもうひとつ加えられている。それが、物語のクライマックス、幾度のループ＝リセットを繰り返した果てに、「典道が作ったセカイ」に閉じこめられた典道となずなが、海に突きでた岩場の道を歩いていくシーンである。典道の少しさきを進んでいくなずなは、道の突端で典道を誘うように蠱惑的に振り返るのだが、そこで彼女は、岩場で足を水につけた途端バランスを崩して、そのまま海のなかへと落ちてしまうのだ。

この岩場のシーンは、やはり今回のリメイクの主題に一定の意味づけを与えることになるだろう。すなわち、二〇一七年のアニメ版の物語の序盤と終盤、それらの要所に揃って顔を覗かせる主人公たちの「足の脆弱化」のイメージは、今日の映画やアニメのメディウムのデジタル化に伴う「重力」の無化（ゼロ・グラビティ）の兆候と連動しているといえる。

なるほど、リメイク版で新たに加えられた物語の後半では花火の形が、物語のループが繰り返されるごとにしだいに変化し、どんどん非現実的な、奇妙なものになっていく。これらの花火のイメージは、映画というよりむしろ昨今の舞台パフォーマンスなどで積極的に導入されているデジタル映像によるプロジェクションマッピングの印象に近い。この花火のイメージと並んで観客に示される、しっかりと寄りかかることのできる足場を失い、「重力」を希薄化された典道たちは、物語の最後でまさに「デジタル化」した花火の群れを「横から見る」世界にたどりつくことになるのだ。これが、九〇年代の名作ドラマに対する、四半世紀を経て出した今日のわたしたちからのリメイク＝応答にほかならない。

## II　実写を呑みこむアニメーション

### 京都アニメーションの実写的表現

続いて、山田尚子監督の『映画 聲の形』（二〇一六年）からワンシーンを取り出して考えてみ

■19　日本映画のデジタル技術（デジタルカメラやノンリニア編集）導入に関する岩井俊二の仕事の意義については、以下の拙著や拙論を参照のこと。渡邉大輔『イメージの進行形』、人文書院、二〇一二年、一六四－一七九頁。同「『ポスト日本映画』の起源としての九〇年代」、大澤聡編著『1990年代論』、河出書房新社、二〇一七年、一九五－二〇四頁。

たい。主人公の男子高校生・石田将也（声：入野自由）がヒロインの耳の聴こえない女子高校生・西宮硝子（声：早見沙織）と会話する様子を、遠くから硝子の妹・結絃（声：悠木碧）が肩に下げた一眼レフカメラのレンズ越しに眺めるシーンである。小柄な結弦が建物のベランダから乗り出して、肩から下げた一眼レフを覗きこむと、カメラのレンズ越しの彼女のＰＯＶショットである俯瞰の風景が、スクリーンいっぱいに現れる。そして、レンズ越しのその視線のさきには、将也と硝子が、小川に架かる橋のたもとで向きあって何か話しているのが見える。このシークエンスには、たがいに隔たったものを媒介する装置が登場する。手話やレンズがそうであるし、彼らのたたずむ橋という舞台装置は、そもそもが川の両岸を隔てつつ媒介する建築物である。それらが担う「メディア性」こそ、この作品の内実を象徴する要素だといえるだろう。『映画 聲の形』は、大今良時の同名人気少年マンガを、山田監督、京都アニメーション（京アニ）制作で映画化した長編アニメーションである。この『聲の形』は、前に論じた『この世界の片隅に』や『打ち上げ花火』と同様の問いを、実写映画との相互干渉性において示している。

物語の概要はこうだ。小学六年生のとき、主人公の石田将也は、クラスに転校してきた先天性聴覚障害の少女・西宮硝子と出会う。ガキ大将で暇を持てあましていた将也は、クラスの輪を乱しがちな硝子を、しだいに同級生の仲間たちとともにいじめるようになる。ところが、将也たちのいたずらによって硝子の補聴器の紛失が何度も起き、校長も介入する学級会で問題になると、今度は将也を標的に、クラス中からの陰湿ないじめがはじまる。その後も将也はいじめを受け続け、硝子との距離を縮められぬまま、彼女は転校してしまう。物語はそれから五年後、高校生になった孤独な将也が、硝子と再会し、自分が少年時代に犯したあやまちと向きあいつつ、彼女やその家族、そして幼馴染みの友人たちとのつながりをふたたび取り戻していく日々を清新な演出で描く。

アニメファンにはすでに広く知られるように、監督の山田はきわめて「（実写）映画的」な画面作りを志向するアニメーション監督であり、『映画 聲の形』においてもそれが如実に表れている。それは第一に映像演出において、第二に構図において、実写映画のそれを模している。

たとえば、山田監督の映画『たまこラブストーリー』（二〇一四年）のなかで、主人公の北白川たまこ（声：洲崎綾）と大路もち蔵（声：田丸篤志）が夕焼けに染まる川の細長い飛び石のうえで向きあって会話するシーン。そこでは、実家が餅屋であるたまこが自分の好きな餅について語りながら、そのまま亡き母親・ひなことの幼少期の思い出に耽る回想シーンが挿入される。それはたまこが脳裏に浮かべていると思しき回想であるにもかかわらず、またアニメ調の絵でありながらも、かつての八ミリ映画のオールドレンズ的な光の揺らぎや、フィルムに付着したホコリを模した映像表現がなされている。

あるいは、たまこがもち蔵に思いを告白され、その後、なんとなく気まずい雰囲気になったふたりが高校の教室でとなりあってぎこちなく座るシーンでも、映像がタイムラプス調になり、画面のなかの人物が突然カタカタと動き出す。さらに、もち蔵は映画研究会に所属しており、デジタルハンディカムで撮影したと思しいたまこの映像をMacBookのQuickTimeで眺める場面も登場する。こうした例に示されるように、山田は、描かれた絵としてのアニメーション映像を、しばしば仮想的な「実写フィルム映像」のフィルターを介して演出することを、あるいは同じアニメーション画像を作品空間における現実、デスクトップ上の映像と、多層化して表象することを好む監督なのだ。ちなみに、この「擬似レンズ風」の映像演出はその後も、アニメーションであるばかりか、時代的にカメラが存在していない平安末期（！）を舞台にした山田監督のテレビアニメ『平家物語』（二〇二二年放送予定）にまで顔を見せている。

## 異種混淆化するアニメ表現

そして、その趣向は『映画聲の形』にも見られる。このアニメーションの画面を特徴づけている要素に、シャロー・フォーカス（浅い被写界深度）の多用が挙げられる。セルを用いたかつての日本アニメでは、画面のなかのすべての対象にピントがあっている、実写でいうディープ・フォーカスが一般的だった。ところが本作では、デジタルコンポジットを駆使して、ことあるごとにキャラクターの前景と後景の対象をボカしたショットが用いられるのだ［■20］。同様の演出はこれまでの山田作品でもしばしば見られたが、『映画聲の形』においてはさらに推し進められたといってよい。またクライマックスにおける俯瞰での将也の落下シーンを含め、作中には奥行きを伴う物体の落下運動が随所に見られる。

このような、コンポジットによって奥行きや運動性、実写の単眼レンズ感を強調する本作のエフェクトは、現代のデジタル技術を取り入れたアニメーションが、いうなればかつての「映画的なもの」を吸収している例と見ることができる[■21]。ちなみに、山田の作品群に代表される京アニのこうした実写的なエフェクト（レンズフレア、広角レンズ、ピントボケなど）は、もともとは岩井俊二の「岩井美学」と呼ばれた独特の実写表現にも影響を受け、新海誠がアニメーションに取り入れた演出であった。京アニはそれを——批評家の石岡良治の表現を借りれば——「コモディティ化」したのである[■22]。

「映画的なもの」を「擬態」するアニメーション『映画 聲の形』の本質を整理するために、ここで「シネマティズム」と「アニメティズム」という用語を参照してみよう。シネマティズムとは、日本アニメを専門とするカナダのメディア研究者トーマス・ラマールが、フランスの

■20　現代のデジタル化したアニメーションにおけるコンポジットの意義については、たとえば以下を参照。泉津井陽一、山田豊徳「コンポジットの快楽をめぐって」、高瀬康司編『アニメ制作者たちの方法』、フィルムアート社、二〇一九年、一二一－一四九頁。MdN 編集部編『月刊 MdN』二〇一七年一一月号、エムディエヌコーポレーション。

■21　実際、『映画 聲の形』において色彩設計の石田奈央美や撮影監督の高尾一也は、それぞれ「実写」や「レンズ感」を創り出すことを意識したと証言している。『映画 聲の形』劇場パンフレット、二五－二六頁を参照。

■22　石岡良治『現代アニメ「超」講義』、PLANETS／第二次惑星開発委員会、二〇一九年、一〇七頁を参照。

思想家ポール・ヴィリリオの議論を援用しつつ定式化した用語である。これは、「奥行きの中へと向かう運動に関わる」コンポジション、すなわち、映画カメラの単眼レンズが技術的に体現している幾何学的遠近法（一点透視図法）に基づいた空間構成を意味している。そして、このシネマティズムと対比してラマールが用いるのが、「アニメティズム」という概念だ。

アニメティズムとは、シネマティズムの遠近法的なコンポジティングとは異なり、空間が複数の平面（レイヤー）へと分離し、フラットかつ多平面的なイメージ群が水平方向にスライドしていくような、アニメ特有の空間構成を指す。ラマールは、宮崎駿からガイナックスにいたる現代日本アニメを縦横に参照しながら、このアニメティズムが、従来の実写映画の空間とは隔たった空間表象を備えていることを論じている。彼によれば、そうしたアニメ特有の空間表象は、とりわけディズニー以降のセル・アニメーション技術で開発された、アニメーション撮影台という「機械」から必然的にもたらされるものだ。この「機械（マシーン）」という用語はドゥルーズ&ガタリを参照したもので、ラマールはこの用語を、ドゥルーズ&ガタリが批判したラカンの精神分析の影響下にある装置理論の、「装置（アパレイタス）」と意識的に対比しているのだ［■23］。

わたしの見るところでは、『映画 聲の形』で山田が試みる空間構成とは、いわばアニメティズム的な環境のなかでシネマティズム的な演出をあえて「擬態」するということである。作中でことあるごとに強調される「前後の構図」の映像は、そのことをはっきりとわたしたちに印象づける。こうした演出を、昨今のフェイクドキュメンタリーの手法になぞらえて、かりにアニメにおける「**擬似シネマティズム表現**」と呼んでみてもよい。ラマールは言及していないが、魚眼レンズ風のレイアウトを駆使した『機動警察パトレイバー2 the Movie』（一九九三年）の押井守をはじめ、似たような「擬似実写感」を演出したアニメ作家は山田以前にも存在している[■24]。彼女の作品はそうした系譜の延長上にあるといえるだろう。

同様の「擬似シネマティズム表現」として、『映画 聲の形』に頻出する数々の「カメラアイ的」な構図がある。

その代表例は、高校生になった将也と友人の永束友宏（声：小野賢章）が手話サークルの会場にいる硝子を訪ねるシーンと、将也たちが幼馴染みや友人たちと遊園地に遊びに行くシーンだろう。前者は、まさに本節の冒頭で記した結弦が手に持った一眼レフカメラを覗くシークエンスのことだ。ここでは、建物の外に硝子を誘い出した将也が橋のうえで向きあって手話で会話する様子が、遠く離れた建物のベランダから会話の様子を覗き見る結絃の、望遠レンズを通したPOVショットとして挿入されるのである。

また後者では、硝子とぎこちない関係が続いている幼馴染みの植野直花（声：金子有希）が、じ硝子を誘ってふたりきりで観覧車に乗る。硝子は結絃から一眼レフを託されているのだが、

■23　トーマス・ラマール『アニメ・マシーン』、藤木秀朗監訳、大﨑晴美訳、名古屋大学出版会、二〇一三年、第一章参照。

■24　日本アニメにおける実写的なレイアウトを体系化し、後続の演出家に大きな影響を与えたのは押井守（『Methods 押井守「パトレイバー2」演出ノート』、角川書店、一九九四年）である。

つはそのカメラは動画録画がされていた。後日、結絃が一眼レフを持って将也の自宅を訪ねるシーンで、映画は硝子の膝のうえに置かれたローアングルのカメラアイが記録した、向かいに座る植野と彼女との会話を、観客に向かって寡黙に映し出す。いわばこのシーンは、アニメによるドキュメンタリーになっているのである。

そもそも『映画 聲の形』は全編にわたって登場人物のPOVショットが多く用いられる。このPOVは、『たまこラブストーリー』におけるもち蔵のノートパソコンに映し出される動画の延長上にある表現でありながらも、望遠レンズや一眼レフといった、メディアを媒介したものとなっている。

『映画 聲の形』における山田の演出は、日本のアニメと実写フィルム映画というふたつのメディウムの文法を自覚的に交差させている点に大きな特徴がある。ここにもまた、ポストシネマに対するアニメの側からの鋭敏な応答がはっきりと認められる。

そして、ここで注意しておきたいのは、この擬似シネマティズム表現は、アニメーションが実写映画のメディア的な固有性や文脈に接近したということではないという点だ。これはあくまでもアニメーションによる「映画的なもの」の「擬態」にすぎない。アニメーションはそのジャンルのなかに、「映画的なもの」を取り入れて、自らの表現の領域を拡張したのだといってよい。これを可能にしたのも、デジタル化という趨勢だ。いいかえると、『映画 聲の形』のこうした表現を、たんに「アニメの実写化」という公式で要約して済ませてしまうのではなく、デジタル表現が持つもっと普遍的な特徴の表れとして捉え直すべきだということである。つまりそれは、ひとつの画面のうちに複数のメディウムや慣習が複雑に交差配列しているという事態である。

たとえば、片渕の『この世界の片隅に』でマクラレンのシネカリグラフが登場していたように、アナログ（フィルム、セル）からデジタルへの移行に伴って、アニメーションの領域でもジャンルや国を横断するデジタル特有の表現が出現している。『打ち上げ花火』のリメイク版を手掛けたシャフトの新房監督の『化物語』（二〇〇九–一〇年）では、手描き素材、実写素材、切り絵があえて混在して合成されている。また、アニメ絵のなかに実写素材が取りこまれているというスタイルは、ミッシェル・オスロ監督の『ディリリとパリの時間旅行』（二〇一八年）にもあてはまる。もちろん、複数の異なる素材を同一画面に混在させる表現そのものは、アニメーションではジャンルを問わずアナログ時代から行われてきたことで、それ自体はデジタル的とはいえない。ただ、この点については、アメリカの著名な美術批評家ロザリンド・クラウスが提唱した「ポストメディウム性」をめぐる議論と関連して、デジタル表現の文脈からあらためて注目が集まり、また実作においてもさかんに試みられるようになっている。

クラウス自身はもともと、美術作品のメディウムの特性を純化して捉えることを目指すフォルマリズム批評の泰斗クレメント・グリーンバーグの弟子であった。しかし、複数のメディウムの異種混淆性の痕跡をその内に宿す新しいインスタレーション作品の擡頭を目にして、しだいに師の立場を批判的に捉えるようになる。そしてそうした現代美術における異種混淆性をポストメディウム性と呼んで注目したのである[■25]。北野圭介はそのクラウスを参照しながら、ひとつの映像のうちに複数の媒体が相互に自己差異化しつつ連関するデジタルメディアの特性を、「間ミディウム性」と呼んだ[■26]。ここでいう『映画 聲の形』の擬似シネマティズム表現の内実とは、一個のアニメーション作品のなかで展開されている、アニメと映画とのポストメディウム的な交差配列だといいかえられるだろう[■27]。

## 声優と弁士

さて、ポストメディウム／ポストシネマ的な文脈から『映画 聲の形』の「映画的なもの」と「アニメ的なもの」の諸相に目を凝らしてみるとき、触れておきたい論点がもうひとつある。それは、本作のヒロインが聴覚障害者であり、彼女とその周囲のひとびとが「声」でなく、さまざまな視覚的ジェスチャー（手話）によってコミュニケーションを行うというモティーフに関わっている。

つまり『映画 聲の形』を、さきの『この世界の片隅に』と同様に、アニメーションというメディアそのものへの自己言及として捉えることができるのではないか、という仮説である。『この世界の片隅に』の場合は、すずの「絵を描くこと」という視覚的要素が「アニメの自意識」を表していた。一方、『映画聲の形』の場合は、そのタイトルどおり、聴覚的要素が自己言及性に関係している。

本節の冒頭で描写した、手話サークルの会場で将也と硝子が再会するシークエンスは、その仮説を補強する重要な細部となるだろう。この場面では、ふたりの会話を、硝子の妹の結絃が

■25 Rosalind E. Krauss, *A Voyage on the North Sea*, Thames and Hudson, 2000. ロザリンド・E・クラウス「メディウムの再発明」（星野太訳）、『表象』第八号、表象文化論学会、二〇一四年、四六－六七頁。とはいえ、一九九〇年代後半以降のクラウス自身は、現代美術のポストメディウム的状況の氾濫に対して批判的な立場である。

■26 北野圭介『映像論序説』、人文書院、二〇〇九年、九四頁以下。また、加治屋健司、門林岳史、北野圭介、堀潤之、前川修「ポストメディウム理論と映像の現在」、北野圭介編『マテリアル・セオリーズ』、人文書院、二〇一八年、一〇七－一四三頁。ちなみに、この共同討議（初出は二〇一四年）のクラウスのポストメディウム的状況評価に対しては、写真史研究者・甲斐義明による以下の批判があり、討議出席者のひとりである門林の応答がある。甲斐義明「解説 ロザリンド・クラウス」、甲斐義明編訳『写真の理論』、月曜社、二〇一七年、二四六－二四七頁。門林岳史「メディウムを混ぜかえす」、坂本泰宏、田中純、竹峰義和編『イメージ学の現在』、東京大学出版会、二〇一九年、二七五－二七六頁。加えて、こうしたメディウムの異種混淆性を時間的に置きかえたのが、石岡良治のいう「速度変換＝ギアチェンジの倫理」だといえる。石岡良治『視覚文化「超」講義』、フィルムアート社、二〇一四年、二七六－二七八頁を参照。

■27 こうした近年のデジタル化に伴うアニメーションの異種混淆性（ポストメディウム性）の前面化のなかで、ディズニーと対比される存在でありながら、ディズニーの自然主義的なフルアニメーション表現とは異なる実写とアニメーションの独特のハイブリッド表現（ロトスコープなど）を打ち出したフライシャー兄弟に注目が集まっている。デジタル表現との関連も踏まえてフライシャーの仕事を総体的に読み直した研究として、宮本裕子『フライシャー兄弟の映像的志向』、水声社、二〇二〇年がある。

一眼レフを覗きながら遠くで見守っていた。画面には結絃が覗くカメラのフレームのPOVショットが映し出されるが、距離の関係で硝子に将也が話しかける声は聞こえない。だから、結絃はふたりの操る手話の動きを見ながら、となりにいる永束に向けて会話の内容をあててみせる。

すなわち、こうしたイメージ（「口」）と音（「声」）の乖離は、トーキー以降のアニメーションの慣習についての、アニメーション自体を用いた比喩表現にも見られるだろう。いうまでもなく、描画による映像に基づくアニメーションが「声」や「音」を発しようとするとき、それらは外部＝現実空間から、完全に作為的にもたらされなければならない。だからこそ、アニメーションにおいては、実写とはまた異なった意味で、イメージと声の結びつきの脆弱さが露わになり、またそれゆえにその同期、つまり唇の動きと声の連動の如何――「ミッキーマウシング」とも呼ばれる「リップシンク」――が重要な問題になるのだ［図28］。

さらに、この「声」と「口」の同期の問題は、わたしたちに映像文化におけるもうひとつの重要な類比も想起させる。この場面は、トーキー以前の、サウンドトラックのついていない実写映画、「サイレント映画」の比喩にもなっているということだ。むろん、このアニメで「声」（正確には「言葉」）を発さないのは、ひとりヒロインの硝子だけであり、作中には数多くの登場人物の「声」や周囲の環境から出る「音」が、絶えず観客の耳に鳴り響いている。だが、『聲の形』というタイトルに象徴されているように、本作の物語が主要登場人物の「不在の声」と、その代替としての視覚的な身振りを主軸に構成されている以上、そこにはかつてサイレント映画の持っていた慣習が遡行的に見出されるように思われるのだ。先ほどのシークエンスでいえば、結弦はとなりの永束に向けて将也と硝子の会話を解説（翻訳）してもいる。それは図らずもかつてのサイレント期の活動写真において、俳優の「不在の声」を、映画館の活動写真弁士（活弁）が声色で観客たちに解説する姿を象徴的になぞっているのである[■29]。そしてこの点で、将也と硝子をまなざし、彼らの「不在の声」を代替する結絃は、サイレント映画の弁士であると同時に、「アテレコ」する「声優」の姿をもなぞっているだろう。彼女は、まさに「映画的なもの」と「アニメ的なもの」が交差する地点を体現するキャラクターなのだ[■30]。ただ、ここでの「映画的なもの」を表す弁士が活躍していたサイレント映画は、物語話法や

■28　アニメーションにおける「声」の同期の問題については、細馬宏通『ミッキーはなぜ口笛を吹くのか』、新潮選書、二〇一三年を参照。

■29　自らも国際的に活躍する活動写真弁士である片岡一郎の整理によれば、ここでわたしがなぞらえているスクリーンの登場人物に声をあてるいわゆる「声色」は、一九一〇年代以降に擡頭したスタイルで、弁士の説明スタイルの一部にすぎない。詳細は、片岡一郎『活動写真弁史』、共和国、二〇二〇年を参照のこと。

■30　映画研究者の石田美紀は、戦後日本のラジオドラマやアニメにおいて少年の声を女性声優が演じる特殊な歴史的経緯をメディア論やジェンダー論の視点から明らかにしているが、これを踏まえると、本作において物語の途中まで少年と間違われる結弦（やはり女性声優が演じている）が、男女（将也と硝子）の声を吹き替えているというシーンもまた、どこか戦後日本の声優史への自己言及のようにも見えてくる。石田美紀『アニメと声優のメディア史』、青弓社、二〇二〇年を参照。

上映環境の点で、トーキー以降の映画とはかなり異なるものだったこともたしかだろう［■31］。現代のTikTokのような動画がサイレント時代の映画としばしば類比的に語られるように、映画における近代的システムを担った古典的映画を挟むふたつの時代の映画は、どちらも、さまざまな不純な要素がスクリーンの内外に混じりあうポストメディウム的な環境を形作っている。今日のデジタル化はますますそのポストメディウム的傾向を推し進めるものであり、現代アニメーションはその状況を体現するジャンルである。

『この世界の片隅に』の片渕が、実写（映画）とアニメーション、アナログとデジタルとのあいだで容易には片づかないダブルバインドを抱えていたとすれば、『映画 聲の形』の山田はさまざまなポストメディウム的表現を作中に導入することで両者を攪乱する。その端的な表現である擬似シネマティズムによって作られる映像は、『この世界の片隅に』以上に実写的な映像を再現しながらも、実際には（実写）映画やアナログ的な重力＝指標性から解き放たれた、デジタルならではの感性に貫かれたアニメーションになっているといえる。

　実際、『映画 聲の形』にもまた、『この世界の片隅に』と同じように、人物の「下降」のイメージがいたるところに登場する。結弦が一眼レフカメラで覗いていた将也と硝子は、この直後にふたりが揃って水中に落下することになるし、その橋のふたりを高い場所にあるベランダから眺める結弦と永束もまた、将也たちと上下の縦の関係に置かれていた。そのほかにも、マンションのベランダから飛び降りようとした硝子を助けようとして、代わりに将也が落ちてしまうシーンなど、この作品でもいくつか重要な落下＝下降の場面が登場する。重要なのはそれらのイメージがいずれも、『この世界の片隅に』のように「悲劇」へと向かわないことだ。むしろそれらは、思わぬ展開によって登場人物たちを幸福に結びつける符牒として描かれる。それは、（実写）映画とアニメーション、アナログとデジタルにもなぞらえられる、物語内のさまざまな二項対立がどこかあいまいに折りあっていくような展開とも重なっていはしまいか。『映画 聲の形』の持つ「政治性」は、物語上の健常者と障害者、いじめの加害者と被害者という、二項対立図式が、「映画的なもの」と「アニメ的なもの」、アナログとデジタルというポストメディウム的な交差配列(キアスム)によって、絶えず脱臼される様態にもある。そのように読み解くと、このポレミカルなアニメにも、――その展開をどう評価するにせよ――また別の読みの可

■31　この点で思い起こされるのが、ここ数年の蓮實重彥が強調している、「あらゆる映画はサイレント映画の一形式にすぎない」という奇抜な主張だ。蓮實は、撮影所システム時代の技術的・物理的な制約から「ホロコーストの表象不可能性」をめぐる一連の論争、そして9・11のニュース映像まで、多彩な事例を示しながら、「映画」という二〇世紀が生んだ特権的な複製メディアが、いかにその本質に「声」という現前性への禁止を抱えこみ、「視覚的なるものの決定的な優位」を維持し続けてきたかを述べている。実際には活動弁士の存在がそれを証明しているように、サイレント映画においても実際には「声の禁止」という事態はいささかも存在しなかったし、むしろトーキー以降の映画には回収しえないポストシネマに近い異種混淆性を持っていたというほうが正確だろう。蓮實重彥「フィクションと『表象不可能なもの』」、石田英敬、吉見俊哉、マイク・フェザーストーン編『デジタル・スタディーズ第1巻　メディア哲学』、東京大学出版会、二〇一五年、一七－三九頁。

能性が拓けるはずだ。

## III　空洞化からポストスクリーン的画面へ

### 「空洞化」する画面と「私たち」の氾濫

あらためて問おう。これまで述べてきたような、現代アニメーションに見られる画面の内実を、どのように捉えればよいのだろうか。

それは多かれ少なかれ、かつての実写映画＝スクリーン的なものとは明らかに異なっている。そして、アニメーションにおけるその変化は、このあと論じるように、二〇一〇年代以降、劇場で公開されている新作映画の少なからぬ作品に共通する要素である。

これに関してわたしが手掛かりにしたいのは、アニメーション研究の領域で土居伸彰が提起する、「空洞化」、あるいは「私たち（性）」という概念である[■32]。進化したデジタル技術で制作され、また動画サイトなど無数のプラットフォームを介して視聴される昨今のアニメーションは、国内外、またジャンルを問わず、ある傾向を共通して備え始めていると土居は指摘する。すなわち、「かつては一義的な意味しか持たなかったアニメーションの記号が、何も意味を持たない空洞になり、それゆえにあらゆる意味付けに対応するようになる状況が目立ちはじめてきたのだ」、と[■33]。つまり、二〇世紀的なアニメーションの記号は比較的単純で安定した意味を宿していたのに対し、二一世紀の新しいアニメーション表現は多様な意味を帯び始めており、逆にあらゆる意味を受け入れる空洞のようなものと化している、ということだ。

ディズニー長編にせよ、インディペンデント・アニメーションにせよ、あるいはジブリ作品にせよ、二〇世紀のすぐれたアニメーション表現は、いずれも容易には見えない「深さ」との関わりを重視してきた。たとえば作品の主題においては、いずれも「いまここ」に見える現実を超える理想を高らかに掲げ、さらにそれを求める確固としたアイデンティティを持った個人（私）を主人公に据えた。たとえば宮崎駿の描く主人公は、コナンにしろナウシカにしろサンにしろ、「世界はこうあるべきだ」という理想を掲げている。また、それは高畑勲の描く人物においてより顕著といえるだろう。テレビアニメ『赤毛のアン』（一九七九年）の主人公アン・シャーリーは、人並外れてゆたかな感受性の持ち主だ。彼女は、ただの「りんご並木」を「喜びの白い道」と呼び変えるなど、目の前の何気ない世界を想像力でどんどん自分の理想の世界

■32　土居の解説によれば、「空洞化」「流動化」という彼の概念は、セルゲイ・エイゼンシュテインのアニメーション論やユーリー・ロトマンの記号論などに影響を受けたユーリー・ノルシュテインのアニメーション表象に見出される「原形質性」という概念と重なるものだという。ノルシュテイン作品の原形質性については以下の箇所を参照。土居伸彰『個人的なハーモニー』、フィルムアート社、二〇一六年、一八七－一九〇頁。

■33　前掲『21世紀のアニメーションがわかる本』、一四六頁。

に作り替えていく。こうした世界の理想的読み替えは、『おもひでぽろぽろ』（一九九一年）など、その後の高畑アニメでも繰り返し描かれる。そして形式においては、コマ撮りというアナログ作画の基本原理からして、可視的な画面とそのあいだをつなぐ不可視の隙間の関係性――つまり、「コマの間に横たわる見えない隙間を操作する芸術」（ノーマン・マクラレン）という性質を活かして作られてきたのである[■34]。

ところが、ピクサー／ディズニーからアイルランドのアニメーション作家デヴィッド・オライリー、そして『君の名は。』にいたる二一世紀のアニメーションの画面とは、「おそらく何も意味していないし、何の理想も隠していない」と土居はいう[■35]。つまり高精細なデジタル映像で作られた現代アニメーションの画面の多くは、『モンスターズ・インク』（二〇〇一年）のサリーや『ファンタスティック Mr. FOX』（二〇〇九年）のキツネたちの、一本一本にいたるまで微細に作られた毛並みのように、人間の視力や認知では捉えきれないほどの過剰な情報量に覆い尽くされている。だからこそ逆に、膨大な情報が飽和したその画面は無意味なものに反転してしまうのだ。デジタル時代のアニメーション表象は、一方で表層の情報過多を、他方でそれゆえの一義的な隠された意味＝理想の空洞化をもたらしている。同時に、そうした画面は『私』として確立されたキャラクターの存在を許さず、抽象化されて、交換可能で、固有性も内面も持たない、周囲の世界の状況への反応のみで動いている『私たち』を描き出していく」だろう[■36]。

要は、二〇世紀型のアニメーションは、はっきりとしたアイデンティティや理想を持ち、そこで描かれる「個」は「世界」と対峙し、対立するものであった。その典型がスタジオジブリの高畑勲、宮崎駿の作品や、彼らの「弟子」でもある片渕の『この世界の片隅に』の描く人物たちである。『この世界の片隅に』はすずという小さな「個」（私）が大きな「世界」（歴史）とはっきり対峙している（まさに「この世界の片隅に」！）という物語の構図を持っている。しかし、二一世紀になって現れた新しいアニメーションたちはそうではない。そこでは、「私」は複数の「私」と境界線を失って融合し、一体化している。そうしたあいまいに複数化・匿名化した「私」を、土居は「私たち」と呼んでいるのだ。

土居の「画面の空洞化」が二一世紀のアニメーションに擡頭してきているという議論には、わたしも深く同意する。そのうえで強調したいのは、デジタル技術の浸透に伴って、それが実写映画の画面とも収束してきているという側面である。

実際、土居のいう「画面の空洞化」は、実写を含む今日の映画全般の表象空間におよんでいる。土居自身もまた、わたしとの対談で、二一世紀アニメーションの「空洞化」や「私たち

■34　ノーマン・マクラレン「アニメーションの定義」（土居伸彰訳）、『表象』第七号、表象文化論学会、二〇一三年、六八頁。
■35　前掲『21世紀のアニメーションがわかる本』、一四九頁、傍点原文。
■36　同書、一一四－一一五頁。

化」が実写映画の世界でも見られるようになっているという見方に同意していた。そこで土居は、「たとえばクリストファー・ノーランや、マーベルDCのようなアメコミ系の作品、最近ではヨン・サンホの『新感染ファイナルエクスプレス』のような作品は、『21世紀のアニメーションがわかる本』で書いた、『空洞と空白の表現』に近いところがある」といっている[■37]。つまり、さまざまに異なったメディウムの特性や慣習が混淆するポストシネマ的状況において、実写やアニメーションという区分を超え、映像文化全体で同じパラダイムシフトが起きているのだ。

作品の具体的な画面を確認してみよう。ここで見たいのは、クリストファー・ノーラン監督の戦争映画『ダンケルク』(二〇一七年)である。先取りしていえば、この映画では、キャラクター描写の演出や物語表現において、この世界がいまやスクリーン＝実写映画的な「深さ」ではなく、空洞化した画面に満たされていることを自覚的に作品に反映させた、新しい手触りが感じられるのだ。

## 密室と群れの氾濫

注目したいのは、この映画におけるノーランのキャラクター描写である。『ダンケルク』は一種の群像劇であり、じつに多くの人物が登場する。だが、いっけんして感じるのは、イギリス空軍のパイロットとして酸素マスクで顔を覆った主人公のひとりファリア（トム・ハーディ）に代表される、登場人物たちの表情や個性の徹底した希薄さである。同じく主人公の陸軍二等兵トミー（フィン・ホワイトヘッド）をはじめ、兵士はいずれも特徴を欠いた棒人間のようなたたずまいであり、映画は彼らを非個人的な「群れ」としてのみ捉える。この兵士たちの描写のような、具体的な「顔」を欠いた抽象的で匿名的なキャラクターの表現は、現代アニメーションの「私たち性」として土居が指摘していた要素でもあった。

この作品［『映画聲の形』］は『君の名は。』同様に「私」の輪郭を緩め、そのことによって、まったく新しい個人の感覚を作り上げているように思えたからだ。［……］ある意味で、皆が棒線画で描かれたかのように、存在がフラットで、それぞれの区別が無化されているように思われたのだ。［……］

観客は、状況の異なるキャラクターたちの内面を対称的で交換可能なものとして体験する。［……］まるでどのキャラクターも、「まるかいてちょん」の棒線画のように同じ種類かつ微妙な差異しかない存在であるかのように。［■38］

■37　土居伸彰、渡邉大輔「２０１６年の地殻変動」、『クライテリア』第二号、二〇一七年、一七四頁。

■38　前掲『21世紀のアニメーションがわかる本』、三〇－三二頁。

土居は、『映画聲の形』で、心を閉ざした主人公の主観から見える顔にバッテンがついた同級生たちのイメージや、アメリカのアニメーション作家ドン・ハーツフェルトの作品に登場する抽象化されたキャラクターを指して右のように述べている。それは、まさにノーランが造形した『ダンケルク』の俳優たちの表現にもあてはまっている。

「『私』の輪郭を緩め」「交換可能なもの」として描くという特徴は、たとえば彼ら兵士が密室空間にぎゅうぎゅうに詰めこまれる掃海艇の船内や浜辺の漁船のシークエンスにもっとも顕著に見られるだろう。これらのシーンでは、カメラは薄暗い空間に所狭しと押しこまれている兵士たちの姿を捉えるが、そのショットではトミーら画面手前に立つ人物のみに焦点をあわせており、それ以外のひとびとは全体をシャロー・フォーカスで映し出す。このシーンの演出は、ほかのシーンの多くがいずれも手前から奥まではっきりとピントをあわせるパン・フォーカスの手法で撮られているために、より映像上のコントラストが強調されることになる。

イメージの次元においても、トミーら兵士たちは個々の容貌や身体がたがいに溶けあい、アメーバのように匿名的な一個の群れにまとまっていくような印象を、どこか感じさせることになる。その印象は、トミーたちが浜辺に打ち上げられた漁船に侵入するシーンで観る者にはっきりと実感される。彼らは薄暗い船内の闇に溶けこみながら、息を潜めてつかの間の休息を取る。船外から足音が聞こえ、彼らを救出しに来たという商船乗りを名乗る男が現れた直後、鋭い銃撃音が間歇的に響き、船の壁に小さい穴が開く。しばらくしてその無数の穴から静かに水が流れこむ。姿の見えない敵軍の襲撃だろう。混乱する兵士たちのあいだで、何も喋らないギブソンという謎めいた兵士（アナイリン・バーナード）の素性にしだいに疑いの目が向けられる。彼はじつは周囲の兵士から詰め寄られたギブソンは、ようやく片言のフランス語をつぶやく。彼はじつはフランス兵で、イギリス軍の船で脱出するためにギブソンという死んだイギリス兵の軍服を盗み着ていたのだ。このシーンの登場人物たちは、おのおのの顔の見分けがつかないほどの闇のなかで、まさに匿名的な群れとして存在している。ギブソンのどこの誰ともわからないアイデンティティの不確かさは、彼ら全体の属性のあいまいさを体現している。

こうして、『ダンケルク』は、第二次大戦初期の西部戦線の呼び名――「奇妙な戦争」（ファニー・ウォー）――をもじっていえば、「ファジー・ウォー」（あいまいな戦争）としての様相を強めていく。ラストシーンで示される砂浜のおびただしい数のヘルメットのショットは、こうした曖昧模糊とした主体のありようを象徴している。そうした『ダンケルク』の物語は、たとえばおそらくノーランが参照しただろうスティーヴン・スピルバーグの『プライベート・ライアン』（一九九八年）を思わせる。つまり、このふたつの映画とも、愛国心に訴えかける史実を描き、また観客を強烈な視聴覚体験へと巻きこみながらも、よくある戦争映画のように特定の政治的イデオロギーを感じさせたりせず、また奇妙にも物語のカタルシスもほとんど感じさせないのである。

思えば、こうした孤絶し、断片化したシチュエーションは、第四章で扱った「密室空間」の形象に端的に視覚化されている。本作でもまた、スピットファイアのコックピットはもちろんのこと、トミーらが最初に乗りこむ掃海艇からのちに侵入する浜辺の漁船、そして謎の英国兵（キリアン・マーフィー）が閉じこめられるドーソンの船の客室にいたるまで、登場人物たちは何らかの形で外部との連絡を断たれた空間に、頻繁に閉じこめられる。こうした閉鎖空間は、初期の習作的短編『Doodlebug』（一九九七年）から最新作の『TENETテネット』（二〇二〇年）にいたるまで、ノーラン作品でしばしば登場する舞台装置である。また『フォロウィング』（一九九八年）や『プレステージ』（二〇〇六年）など、これもノーランがしばしば画面に登場させる「箱」のモティーフとも共鳴しているだろう。いずれにせよ、『ダンケルク』に散らばった密室は、顔の顕名性から分断された、曖昧模糊としたひとびとの生の輪郭を的確に表現している[■39]。たがいに密室に閉じられているように誰が誰だか判然としない「私たち化」した無意味な存在は、逆にいえば多様な意味を担った「誰でもありうる」。それは一義的な意味を失った空洞化した画面と重なるだろう。

本章で確認してきた、現代アニメーションにおける「（メタ）アニメ的なもの」の氾濫、そしてそれらが内包している「画面の空洞化」という兆候的事態は、そのままポストシネマ的な問題系へと拡張可能である。その点で重要なのは、土居が空洞化という自らのコンセプトを、蓮實的な映画批評に対するカウンターとしても提起したと明かしている点だろう。「僕は蓮實さんの言う、『画面を見ろ』というスタイルに反発があって、〔……〕映っているものをどう誤解して読み取るのか、そのバグの方こそが重要だという見方です」、と土居は語っている〔■40〕。

わたしには、『ダンケルク』の一連の表現が、土居のいう今日の映像文化に氾濫する「イメージの空洞化」の一例に見える。その表現は、「おそらく何も意味していないし、何の理想も隠していない」のだ。土居は、「無限に複製可能なデジタル時代の動きは、『個人』というよりは『集団』(のロジックに縛り付けられた人間)の表現に適している」と記しているが〔■41〕、その指摘は『ダンケルク』の群像劇にもぴったりとあてはまる。

『ダンケルク』のファリアたちの姿は、おそらく土居が注目するハーツフェルト作品の棒人間キャラクターや、『映画 聲の形』の顔にバッテンがついたキャラクターたちと同じ性質の「画面」のうえに存在しているのである。そして、こうした土居のいう「私たち化」した現代アニメーションのキャラクターの特徴が、第二部で検討してきたポストシネマの重要な要素である

■39　ちなみに、より最近の実写映画作品で同様の「私たち性」を宿しているものに、胡波(フー・ボー)監督の『象は静かに座っている』(二〇一八年)が挙げられる。『ダンケルク』同様、数人の人物に焦点をあてた群像劇として撮られたこの映画では、主役となる人物以外の画面に映るキャラクターや風景は、極端に浅い被写界深度によってほとんど輪郭がわからないほどぼんやりとしか見えない独特の映像表現が用いられている。それにより、まさに視覚的にも、「皆が棒線画で描かれたかのように、存在がフラットで、それぞれの区別が無化されている」印象が強調されるのだ。

■40　前掲「2016年の地殻変動」、一八三頁。

■41　前掲『21世紀のアニメーションがわかる本』、一四二頁。

ポストヒューマン性と密接に結びついていることも明らかだろう。事実、彼は「アニメーションが人間との関係性のうちに成り立つのであれば、アニメーションの変化とは、人間自体の性質の変化と無関係ではいられない」と注意を促している[■42]。

蓮實のように表層を見ることを要請する画面の見方ではなく、無意味＝空洞であるからこそあらゆるバグを流れこませることを可能にする画面。それは、逆説的に一義的な画面＝表象の物質性を神経症的に追い求めさせてしまう蓮實的なまなざしでは捉えられないものだろう。いよいよ次章以降では、そうした空洞化したポストシネマの画面、そして、それが持つ新たな「深さ」の一端を、「インターフェイス」という比喩で、より敷衍していくことにしたい。

■42　同書、二〇二頁。

# 第8章 インターフェイス的平面
## ――「表象（スクリーン）」から遠く離れて

## 1 ポストシネマの平板な画面

### 「深さ」と「画面」の再発明

アニメーションというデジタル映像に親和的なジャンルの検討を経由したことで、わたしたちはいまや、ポストシネマの問いをフィルム＝スクリーンとは異なる、新たな「画面」の内実へと展開するところまでたどりついた。

本章では、二一世紀に入り、デジタル・シフトに伴って映画を構成する「画面」のあり方が、実際のしくみとしても、またひとびとの認識のあり方としても大きく変わっているのではないかという仮説を提起する。そこでかつての映画のスクリーンに代わって登場してきた新たな「画面」を、「**インターフェイス的平面**」という概念を用いて検討していきたい。

昨今の映画の「画面」が変わってきている象徴として挙げられるのが、二〇一〇年代に現れた「デスクトップ映画」と呼べるようなスタイルの作品群である。これは、全編がパソコンやスマホの画面上で展開される体裁を取った映画であり、『アンフレンデッド』シリーズ（二〇一四－一八年）やナチョ・ビガロンド監督の『ブラック・ハッカー』（二〇一四年）、アニーシュ・チャガンティ監督の『search／サーチ』（二〇一八年）などがある。コロナ禍でオンライン会議が世界的に浸透した最近でも、ロブ・サヴェッジ監督『ズーム／見えない参加者』（二〇二〇年）といった新作が作られている［■1］。これらの映画では、パソコンのデスクトップを模したスクリーンいっぱいに、つねにTwitterやメッセンジャーのタイムライン、YouTube、スカイプなどの複数のウィンドウがのっぺりと重なりながら登場し、それらの連鎖が物語を進めていく。ここからは映画の画面がいま、根本的に変化している様子が垣間見える。

さて、この問題を検討するさいにまず参照したいのは、思想家の東浩紀の議論である。東は、今日の視覚メディアの変化を見据えながら、「インターフェイス的」あるいは「タッチパネル

■1　デスクトップ映画については、映像作家で批評も手掛ける佐々木友輔が先駆的な考察を行っている。佐々木友輔、noirse『人間から遠く離れて』、トポフィル、二〇一七年、二二五－二二八頁。

的」と形容しうるポストモダンの新しい主体性について、哲学的な定式化を試みている。そこで東が提起しているのが、「深さの再発明」という問題である。

近代は「深さ」を発見した。フーコーは『言葉と物』でそう喝破した。近代人は、目のまえの世界を整理するだけでは満足しない。あらゆる場所に、「深さ」を、言い換えれば「見えないもの」を見いだそうとする。［……］

他方、ぼくたちが生きるこの二一世紀はどうだろうか。しばしば言われるのは、ぼくたちはもはや近代に生きていない、もうだれも「深さ」を必要としていないという主張である。［……］

近代には深さがあった。現代には深さがない。この診断はとりあえずは正しい。［……］けれどもそこにはほんとうは第三の道がある。近代には戻らない、しかし浅さを全面的に肯定するのでもなく、二一世紀の現代でも通用する新たな「深さ」（浅さに還元されないもの）の可能性を探る、あるいは発明するという道がある。ぼくの考えでは、それこそが哲学がいまなすべきことである。［■2］

現代の映画の「画面」の変化の意味を考えようとしているわたしたちにとって、この東の洞察はきわめて切実な意味を帯びている。現代社会のあり方そのものに射程がおよぶこの指摘を映画批評の観点から捉え直すと、以下のようになる。

近代的な世界認識は、可視的な表層＝「浅さ」と、それを背後で支える不可視の深層＝「深さ」の二項対立（とそれらを媒介するメディウム）を強固な前提としてきた。これはたとえば、ルネサンス以降に成立した「遠近法」における主体とイメージとの関係に具体的に表れている。それは奥行きを持った画面を、一定の距離を持って正面から人間が眺めるあり方だ。そしてこの遠近法的な画面は、そのまま二〇世紀の映画館のスクリーンと映画観客の関係に通じていくものでもある。

第一章のカメラアイの問題でも参照した、ラカン派精神分析の影響を受けた装置理論が定式化したところによると、目の前の「浅さ」とそれを相対化する見えない「深さ」とを重ねながら世界と対峙する近代的主体（ミシェル・フーコーのいう「経験的＝超越論的二重体」）とは、「映画的主体」――映画館で映画を観る人間のメディア経験になぞらえられるものでもあった[■3]。すなわち、映画館の観客もまた、目の前の可視的なスクリーンの映像に没入しながらも、その映像の現実の被写体そのものは見ることができない。しかし、その可視的な映像と不可視の被

■2　東浩紀「観光客の哲学の余白に 第6回 深さの再発明のために」、『ゲンロンβ18』、二〇一七年、強調削除。

■3　以上の問題については、装置理論などの映画理論やメディア研究を踏まえた先行文献が、わたしのものを含めてすでにある。東浩紀「サイバースペースはなぜそう呼ばれるか」（第六回）、『サイバースペースはなぜそう呼ばれるか＋』、河出文庫、二〇一一年（初出は一九九八年）。渡邉大輔『イメージの進行形』、人文書院、二〇一二年、一四〇－一四一頁。

写体をメディア（撮影カメラと映写機）が媒介している。これはまさに、近代の人間像の雛形だ［■4］。

しかしそうした事態は、東の見据えているような文化全体のポストモダン化はもちろん、まさに「イメージの例外状態」化＝ポストシネマ化が進行する現在にあって、急速に失効しつつある。第一章で見たカメラアイの多視点的転回などは、その象徴的な事例だろう。だとすれば、今後も「映画的」なコンテンツをアクチュアルに「批評」しようとするときに重要なのは、たしかに（おそらくはロザリンド・クラウスの著名な論文になぞらえて）東のいう新たな「深さの再発明」、新たな「画面の再発明」の作業にほかならないだろう。

実際、今日の映画の画面も、カメラとフィルムを前提として現実を表象するかつてのスクリーンから、CGと動画プラットフォームを前提として多層的かつ双方向的にイメージを仮構する、コンピュータやスマートフォンのインターフェイスに接近していることはまぎれもない。このことは、スマートフォンのカメラやInstagramがもたらすデジタル写真の変化を論じた大山顕の写真論（『新写真論』）の問題設定とも通じるところがあるだろう。

### 表層批評のパラダイムシフト

二〇一〇年代に擡頭してきたデスクトップ映画などの新しい画面を持つ映画は、いわば近代的な遠近法／スクリーンモデルのメディアに、ポストモダン的な非遠近法／インターフェイスモデルの構造を擬似的に移植してみせた作品だといえる。こうした状況を指して「**スクリーンのインターフェイス化**」と呼ぶことができるだろう。そしてこのスクリーンのインターフェイス化は、なかば必然的に、現代日本における映画批評の支配的なパラダイムに大きな変更を迫るものでもあるはずだ。その点でとりわけ兆候的だと思われたのが、本書でもしばしば言及してきた映画批評家の蓮實重彥の発言の変化である。

彼は二〇一七年、『ユリイカ』におけるインタビューのなかで、いささか唐突に、見たはずの画面を意識化する作業を怠ってしまうという「人間的」な条件にあらためて触れたうえで、つぎのように問いかけている。

> 実はわたくしは最近こうも考えているのです。本当に見つづけなければならないのか？

■4　批評家の松浦寿輝は、「映画」（エティエンヌ＝ジュール・マレーの「クロノフォトグラフィ」）を含む「一八八〇年代前後」の西欧に現れたさまざまな表象（エッフェル塔、精神分析、マラルメの詩……）が二〇世紀末まで続くような新たな「平面」を形作り、それはルネサンス以来の「遠近法的」な近代からは決定的な断絶を経ているという見取り図を提起している（この松浦の認識は、フランス第二帝政期に「近代」の切断を見る蓮實重彥の議論と近い）。しかし、本文で述べたとおり、わたしの考えでは、インターフェイス的平面の切断のほうこそが強調されるべきである。松浦寿輝『平面論』、岩波書店、一九九四年。同『表象と倒錯』、筑摩書房、二〇〇一年などを参照。

ことによると、あるとき見ることをやめてしまうことこそが最大の映画批評であるという可能性もあるのではないか？［……］

いままでのところわたくしは、最善の映画批評に辿り着くためにたえず見つづけることを選んできました。［……］

ただ、ここまでキャリアと年齢を重ねてきたわたくし自身は、見ることをめぐる「人間」的な条件に対してある程度居直ってしまってもよいのではないかと感じはじめている、ということです。そうした居直りの表れとして、自発的に見ることをやめるという選択肢もありうるのではないか？ 見ることをやめることが批評家でありつづけるためのひとつの道になる可能性もあり、その可能性を示すことはむしろ批評家としてのひとつの務めでさえあるのではないか？――いまはそんなふうに考えております。［■5］

ひとの意表を突く放言がこの批評家の「伝統芸」とはいえ、この発言はおそらく、わたしを含め長年彼の批評文を読んできた少なからぬ読者を大いに戸惑わせるものだった。いわゆる「表層批評」という標語で要約された蓮實の批評的方法とは、映画を取り巻く外的要素をいっさい捨象して、あくまでも観客の瞳に映る具体的かつ物質的な「画面」のみから理路を組み立てるものであった［■6］。そして、その方法論は八〇年代以降の日本の映画批評に絶大な影響力をもった。

こうした可視的な表層＝「浅さ」に徹底して拘泥するという蓮實の倒錯的な批評倫理は、表層に還元されない「深さ」を逆説的に炙り出してしまうという点で、やはり「浅さ」と「深さ」の関係性によって成り立つ近代的価値観と表裏一体のものであった。

このようなシニカルな事態が現代日本の映画文化にもっとも象徴的な形で現れたのが、まさに蓮實がその強力なアイコンとなって擡頭したシネフィル文化であっただろう。彼が映画の背後に「深さ」（作者が隠す真実の「意味」）などない、具体的な画面＝表層だけをひたすら見ろと訴えれば訴えるほど、「ハスミ虫」とも呼ばれた若い映画ファンたちは、皮肉にも、蓮實が顕揚する映画作家や作品の画面にかけがえのない「深さ」——映画批評家の安井豊作のいう「『シネマ』の概念」——を読み取ろうと躍起になる［■7］。一九八〇年代なかば以降、ある時期までの日本の映画文化や映画批評に起こったのは、そうした事態だといってよい。そして、蓮實自身も、当時からそのことに自覚的だった。

だからこそ、そんなパラダイムを形成した蓮實が、一転して「画面」を「見ることをやめてしまうこと」に映画批評の可能性を見出すと口にしたこと、そして、それがおそらくは自らの

■5　蓮實重彦「『そんなことできるの？』と誰かに言われたら『今度やります』と答えればいいのです」（聞き手・入江哲朗）、『ユリイカ』二〇一七年一〇月臨時増刊号、青土社、二二一－二二三頁、傍点引用者。

■6　蓮實重彦『表層批評宣言』、ちくま文庫、一九八五年。

■7　この点については以下を参照。安井豊作『『転回』以後の蓮實重彦』、『シネ砦 炎上す』、以文社、二〇一一年、九四頁。

「身体的」な変化に基づいた発言でもあったことは見逃しがたい意味が含まれている。もちろん、彼自身はポストメディウム的状況を体現する今日の「動画」に対しては、いまなお消極的な評価しか与えていない。にもかかわらず、そう述べることによって彼は意図せずして、「浅さ」と「深さ」からなる近代的（映画的！）な「視の体制」（マーティン・ジェイ）を相対化する、新たな「画面」のありようの発明へと接近してしまっているといえるだろう。

そして第六章で見たように、映画をめぐるメディア環境の激変によって、現代ではシネフィル的なもののリアリティ自体もすっかり過去のものになった。つまり、これまでの自らの主張を覆すかのように「表層」を見ることの（戦略的）放棄を述べる蓮實の姿は、こうした時代の変化を図らずも象徴しているのである。

表層が表象すべき「『シネマ』の概念」＝「深さ」など、そこにはもはや存在しない――少なくとも、そうした信憑を観客に強く抱かせる要素を、今日の「スクリーンのインターフェイス化」は含み持っているように思われる。

## 「シネマ」の再発明としてのポストシネマ

ところで、東浩紀は、さきの引用文を含む連載のなかで、やはり映画に象徴される二〇世紀的な「スクリーン」と、二一世紀になって現れつつある新しい「画面」を対比している。

その連載で東は、二〇世紀的なスクリーンを観客にとって「受動的で視覚的な平面でしかない」ものと規定し、それにとって代わる新しい「画面」をスマートフォンやタブレット端末のタッチパネルだとする。そして、その特性を、スクリーンに「能動性と触覚性を加えた新たな平面」だと定義し、それを「触視的平面」と名づけていた[■8]。ルネサンスの遠近法や映画のスクリーンが象徴していた、観客とイメージのあいだに距離があり、それゆえに「深さ」を感じさせる画面は、近代的で二〇世紀的なモデルだった。他方、「触れて動かすことができる平面」である今日のタッチパネルは、スクリーンとはまったく異なる、二一世紀的な新しい「深さ」＝世界観のモデルである——現在の東が示すこの見取り図は、一九九〇年代からの彼の情報社会論やメディア論の仕事を発展させたものでもある[■9]。それらの議論は、わたしが『イ

■8　東浩紀「観光客の哲学の余白に　第9回　触視的平面の誕生」、『ゲンロンβ21』、二〇一八年。

■9　前掲「サイバースペースはなぜそう呼ばれるか」(初出は一九九七－二〇〇〇年)。さらに私見では、東の仕事のなかでこの問題は、以下の原稿においてもっとも深く論じられている。東浩紀「crypto-survival noteZ」、『文学環境論集　東浩紀コレクションL』、講談社BOX、二〇〇七年、七二五－七六四頁(初出は二〇〇三－〇五年)。また、デジタルメディア研究の文脈でも、類似した観点からの主張が、同時期からいくつかなされている。たとえば同様の事態を、レフ・マノヴィッチならば、「鑑賞の体制」の不安定化、アメリカの映像メディア研究者アン・フリードバーグならば、「ヴァーチャル・ウィンドウ」と呼んで論じている。レフ・マノヴィッチ『ニューメディアの言語』、堀潤之訳、みすず書房、二〇一三年、一五六頁以下。アン・フリードバーグ『ヴァーチャル・ウィンドウ』、井原慶一郎、宗洋訳、産業図書、二〇一二年。

メージの進行形』で「映像圏 imagosphere」という用語で論じた現代の映像文化や、本書で描き出そうとしている「ポストシネマ」の捉え方にも大きな影響を与えている。

とはいえ、東とわたしの議論には重要な相違もある。というのも、現代思想や社会分析をも広く射程に入れながらタッチパネルに新たな可能性を見出す東の立場としては、メディアとしての映画を、おそらくは「西洋の哲学を支えてきた視覚的なパラダイム」のもはや古いモデルの典型としてみなすことになるだろう。もちろん東も、タッチパネルの触視性の画期を強調する一方、「五〇年後も、一〇〇年後も、受動的なスクリーンは当然生き残っているだろう」と断っている［■10］。ただ、映画＝スクリーンはもう過去のものだ、これからは、タッチパネルの、アニメーションの、ネット動画の、VRの、ゲームの時代なのだ——と、とりたてて映画にこだわらず、現代のメディア環境や情報社会論の進展に多少なりとも鋭敏な論者ならば、ごく自然にこうした見立てにいたるに違いない。東の議論に影響を受けてきたわたしも、映画批評を専門としながらも、やはり同様の枠組みで映像文化を論じてきた。［図1］

だが、映画研究や映画批評に足場を置いているわたしには、ここには見解の違いもある。わたしは東とは異なり、むしろその両者のモデルのせめぎあう中間地帯（臨界点）にこそ批評的な局面を見出していくべきだと考えている。わたしにとっては、伝統的な形を保っている映画を古いモデルとして片づけるのではなく、「西洋の哲学を支えてきた視覚的なパラダイム」には簡単におさまらないような、新たなインターフェイスを宿らせた映画、あるいはそれと似た特徴をもちながらも、これまではまともに論じられてこなかった映画（的なもの）の可能性にこそ、積極的な視線を向けてみることが重要なのだ。そして、そうした試みこそが、映画について考える現在の営みにも有効な視座をもたらすはずだ。

　現代はインターフェイスやタッチパネルがスクリーンに取って代わりつつある時代である。それはそれで「正しい」として、たんにその全面肯定に向かうのではなく、かつての表象モデルに胚胎されている今日的なアクチュアリティを発見、ないし「発明」すること。それが、わたし

■10　前掲「観光客の哲学の余白に　第9回　触視的平面の誕生」。

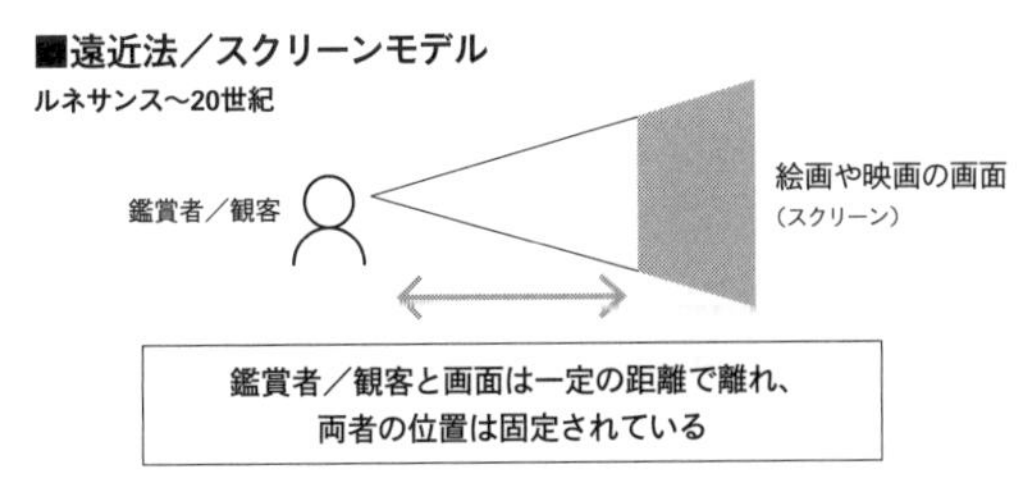


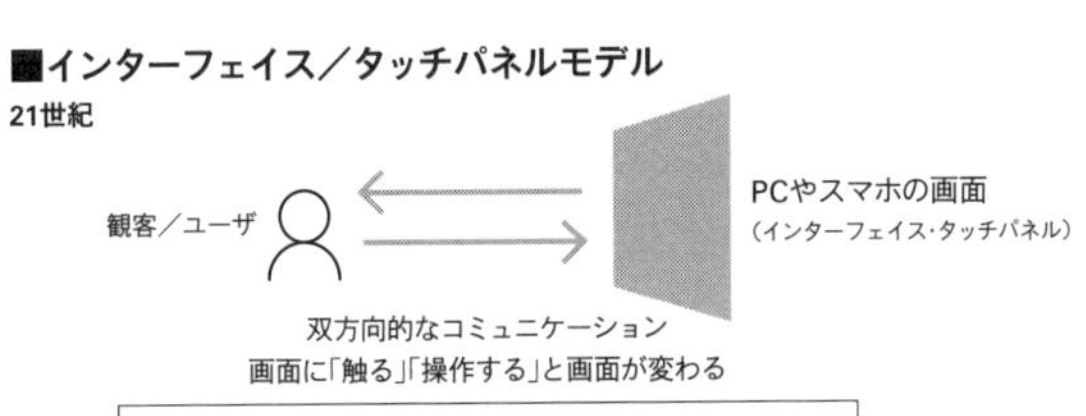


図1　スクリーン的画面からインターフェイス／タッチパネル的画面へ

のいうポストシネマであり、新たな「画面の再発明」ということになる。

## 『レディ・プレイヤー1』とゲーム的世界観

さて、ここで具体例を踏まえて考えてみたい。今日にあってアクチュアルな、東のいう「能動性と触覚性を加えた」画面に接近しつつもスクリーンにとどまるポストシネマ的平面の探究として、おそらくスティーヴン・スピルバーグ監督の『レディ・プレイヤー1』(二〇一八年)ほど、取り上げるのに適格な作品はないだろう。この作品については第六章でも触れたが、ここでは映画でありながら新しいインターフェイス的画面をも胚胎したポストシネマのありようを、東のいうような触視性(触覚性)の議論も引き続き参考にして、もう少し理論的に考えてみたい。

第六章で紹介したとおり、VR世界を舞台にした近未来SF『レディ・プレイヤー1』は、映画冒頭に軽快に流れるヴァン・ヘイレンの大ヒットロックナンバー「ジャンプ」をはじめとする八〇年代ポップカルチャーや、日本のオタク文化に関する膨大な引用で注目された。だが、それだけでなく、物語や画面のいたるところにポストシネマ的な主題を

図2　『レディ・プレイヤー1』(2018年)
写真＝Everett Collection／アフロ

見出すことは難しくない。

環境変化によって人類の生存に決定的な荒廃がもたらされている本作の近未来社会のイメージは、第二部で論じたポストヒューマン的な世界観であり、「人新世」という仮説的な地質年代とも通じあっている[■11]。また、映画冒頭から全編にわたって登場する無数のドローンが「ポストカメラ」的な撮影を可能にするガジェットだったことは第一章で見たとおりだ。

だが本節で注目したいのは、まず第一に、『レディ・プレイヤー１』が試みているように見える、従来の映画＝スクリーン的な画面をもとにした新たなインターフェイス的イメージの創出である。そもそも、本作のモティーフとなったＶＲゲームというガジェットそれ自体が、インターフェイス／タッチパネル的画面のひとつだ。そして本作では、主人公たちが現実世界とネットワーク上のＶＲ世界というふたつの領域を幾度も往復しながら、オアシスでのゲームに参加していく。頭に装着したヘッドマウントディスプレイを介して現れる眼前の視界に対して、

■11　とはいえ、八〇年代の大量記号消費社会のアイコンが溢れかえる『レディ・プレイヤー１』の世界は、人新世的世界観というよりも、より正確にはダナ・ハラウェイらが提起するような、人類の近代消費文明が生態系にもたらす地質的影響を示す「資本新世 Capitalocene」的なそれと捉えたほうが適切だろう。資本新世については、たとえば以下を参照。ダナ・ハラウェイ「人新世、資本新世、植民新世、クトゥルー新世」（高橋さきの訳）、『現代思想』二〇一七年一二月号、青土社、九九－一〇九頁。クリストフ・ボヌイユ、ジャン＝バティスト・フレソズ『人新世とは何か』、野坂しおり訳、青土社、二〇一八年、第一〇章。

ユーザたちが何らかの形で主体的かつ能動的に働きかけうるという設定は、まさに「触視的」な性質と関わっている。いいかえれば、『レディ・プレイヤー1』は「ゲーム的」な経験を描こうとした作品だともいえるだろう。

映像文化としてのビデオゲームは、いまや二〇世紀の映画、テレビなどの媒体に代わる巨大なエンターテイメントへと成長しただけでなく、この十数年で脚光を浴びるようになったゲーミフィケーションをはじめ、現代の情報社会の世界観を示す象徴的なジャンルとなった。そしてそれらが存在感を強めていった一九七〇年代は、まさにスピルバーグが映画監督としてデビューした時期だった。実際にスピルバーグとゲームとは、ゲーム産業の黎明期から、一再ならず結びあってきたという経緯もある。

その流れでいえば、最近ではいわゆる「FPS」（一人称シューティング）や「TPS」（三人称シューティング）と呼ばれるゲームの画面を思わせる映画が目立ってきており、海外の映画研究では「ゲーム映画 game movies」という言葉も出てきている。たとえば、サイボーグと化した主人公のPOVによって全編が作られたイリヤ・ナイシュラー監督の奇抜なSFアクション『ハードコア』（二〇一五年）を筆頭に、アサシンのヒロインの一人称視点が部分的に展開されるチョン・ビョンギル監督のサスペンス・アクション『悪女／AKUJO』（二〇一七年）などの「FPS映画」がある。また、盲目の退役軍人が襲いかかる家から脱出しようとする少年少女を描くフェデ・アルバレス監督のホラー・サスペンス『ドント・ブリーズ』（二〇一六年）、そしてごく最近では、第一次世界大戦の戦場を舞台に、ふたりの若いイギリス兵士の姿を臨場感たっぷりに描いたサム・メンデス監督の『１９１７　命をかけた伝令』（二〇一九年）など、ゲームであれば操作キャラクターにあたる作中人物を第三者視点からフォローし続けるカメラワークを伴った「ＴＰＳ映画」が、二〇一〇年代以降、いくつも現れてきたことにも目を向けなければならない。しかも、『ハードコア』は実際に協力型ＦＰＳゲーム『ＰＡＹＤＡＹ２』（二〇一三年）とコラボレーションし、『悪女』のチョン監督はＶＲの短編企画に関わっていた経歴を持つ。これらの「ゲーム映画」はポストスクリーンの諸ジャンルと結びついているのだ［■12］。

## II　ポストシネマにおける触覚性の問い

### 把握性と平滑空間

とはいえ、『レディ・プレイヤー１』のようなゲーム的映画について分析していくためには、

■12　また、近年ではデジタル技術を駆使する個人アニメーション作家が、インディ・ゲームの領域に進出する動向も注目されている。たとえば以下を参照。土居伸彰『私たちにはわかってる。アニメーションが世界で最も重要だって』、青土社、二〇二一年、二七九－三〇〇頁。

こうしたインターフェイス的画面の持つ触覚性の内実について、もう少し理論的に整理してみなければならないだろう。

ここで重要なのは、わたしたちを取り巻くさまざまな映像の画面には、二種類の「触覚性」が認められるのではないかということだ。すなわち、「触覚」を表すふたつの語——「haptic」と「tactile」にそれぞれ帰属する異なる触覚のありようである。haptic はギリシャ語、tactile はラテン語起源の言葉であり（ちなみに touch もラテン語起源）、後者がたんに何かに「触れる」という意味あいを持つのに対し、前者はそこに「（指で）触って操作する」というニュアンスが加わるようである[13]。

東の提示する「スクリーン／タッチパネル」という対、そして彼の「触視的」という表現に接して思い起こされるのは、ジル・ドゥルーズとフェリックス・ガタリが『千のプラトー』のなかで提示していた、「把握的 haptique」という概念だろう[14]。この用語は、同書の第十四プラトー「一四四〇年——平滑と条里」において、「平滑空間」の持つ「美学的」な性質のひとつとして挙げられている。

ドゥルーズ&ガタリのいう平滑空間とは、領土化（区画化）された定住的空間である「条里空間」と対になる空間のありようだ。条里空間はわたしたちが日常空間を営む、位置確定され、「法」によって整備された区画空間のことで、公園や舗道、主権国家の領土、IPアドレスが割り振られたインターネット空間もこれに含まれる。それに対して平滑空間は、そこから絶えず逸脱していくノマド的な空間と定義される［■15］。たとえば領土に対する海底のように、条里空間の「法」＝区画が無効化し、あらゆる侵犯や放逸が許された空間である（ドゥルーズ＆ガタリは条里空間を将棋に、平滑空間を囲碁に喩えていることで知られている）。そして、ドゥルーズ＆ガタリは、この平滑空間／条里空間という対概念の内実をさまざまな領域に適用していくなかで、オーストリアの美術史家アロイス・リーグルやフランスの現象学者アンリ・マルディネの議論

■13　たとえば、あとでも触れるヴァルター・ベンヤミンの「触覚的 taktile 受容」を論じた評論家の多木浩二は、この語について、「手で撫でるとか、指先で接するとかの場合の知覚をいうのではな」く、「時間をかけ、思考にも媒介され、多次元化した経験にともなう知覚」であり、「あえていうなら現象学的な経験の根源」だと説明している。多木浩二『ベンヤミン「複製技術時代の芸術作品」精読』、岩波現代文庫、二〇〇〇年、一二二－一二四頁を参照。

■14　この「haptique」には、これまでにも「触視的」という訳語があてられてきた。たとえば、以下の論文などを参照。鈴木啓文「任意空間と触覚性」、『映像学』第八八号、日本映像学会、二〇一二年、四一－五八頁。また、カナダの映画研究者ローラ・U・マークスは、本書でも参照したリーグルやドゥルーズ＆ガタリの理論を参照しながら、異文化間映画やフェミニズム映画などの視聴経験を「触覚的視覚性 haptic visuality」という概念を用いて考察している。Laura U. Marks, *The Skin of the Film*, Duke University Press, 2000.

■15　ちなみに、この平滑空間は、のちのドゥルーズの映画論『シネマ』のなかでは、パスカル・オジェの用いる「任意空間」という術語に相当するとみなされ、ロベール・ブレッソンを例にやはりその触覚性に言及される。ただし、『シネマ』の任意空間においてはそれは「haptique」ではなく「tactile」に変更されている。ジル・ドゥルーズ『シネマ1＊運動イメージ』、財津理、齋藤範訳、法政大学出版局、二〇〇八年、一九四頁。また、ジョナサン・クレーリーは、『観察者の系譜』で提示した「観察者」モデルの特性を、リーマン空間を介して、ドゥルーズ＆ガタリの平滑空間と並行的に語っている。これらの点については、拙著『イメージの進行形』、八九頁も参照。

を参照しつつ、遠隔像＝光学的と形容される条里空間に対して、平滑空間の特性を、近接的、把握的と呼ぶのである。

［平滑空間とは］まず、遠くからの像と区別される「近接像」である。それはまた、光学的空間と区別される「触覚的［tactile］空間」、というよりむしろ「把握的［haptique］空間」とでもいうべき概念である。把握的という言い方は触覚的という言い方よりも適切である。というのは、把握的という言葉は二つの感覚器官を対立させないで、眼もそれ自体で光学的な機能以外の機能を持つと考えさせるからである。アロイス・リーグルは賞讃すべきページを書いて、この近接像―把握的空間という対概念に、美学上の根本的な地位を与えた。［……］われわれには〈平滑なもの〉こそが、近接像の特権的な対象であるとともに把握的空間（触覚だけでなく視覚にも聴覚にもあてはまる）の要素でもあるように思われる。反対に、〈条里化されたもの〉は、より遠くからの像、より光学的な像の方に依拠しているようだ――眼だけがこうした像を持つ唯一の器官だとはいえないにしても。［■16］

遠隔的／光学的なものとしての条里空間と、近接的／把握的なものとしての平滑空間。ここで示されているドゥルーズ＆ガタリの区分がわたしたちにとって示唆的なのは、このふたつの空間の対比が、ほかならぬ映画・映像文化におけるスクリーン的な画面とインターフェイス的な画面のそれにきわめて正確に重なりあうように思えるからだ。

つまり、ドゥルーズ&ガタリによれば、一方で条里空間は「より遠くからの像、より光学的な像」として描き出され、それゆえにはっきりとした輪郭=領土を伴って全体化されうる（包括性）。それに対して平滑空間は、そうした距離（遠隔性）を排した近接性を持ち、なおかつ、まさに「手で触れる」という行為を想起させる、「把握的」（触覚的）な性質を備える。それゆえに平滑空間は、ノンリニアなプラットフォームとして形作られ、その全体的な輪郭をけっして見通しえない（局所性）。「把握的機能と近接像はまず平滑なものを前提にし、それは、背景も平面も輪郭も持たず、方向変化と局所的部分の接続をもつだけである」[■17]。

この対比を今日の視覚文化論の文脈に敷衍すれば、条里空間的な画面とは、イメージと観者が二項対立的に位置づけられ、メタレヴェルのパースペクティヴからイメージが明確に輪郭化=全体化される遠近法絵画やスクリーンであるだろう。他方、平滑空間は反対にイメージと観者が距離を排して可塑的に相互干渉しあうインターフェイスやタッチパネルに置きかえることができる。したがって、東の捉えるようなタッチパネル的な平面とは、より正確にはドゥルーズ&ガタリのいうこの「ハプティックな触覚性」をメディア論/表象文化論の文脈でより発展

■16　ジル・ドゥルーズ、フェリックス・ガタリ『千のプラトー』下巻、宇野邦一ほか訳、河出文庫、二〇一〇年、二八三―二八四頁、傍点原文。Gilles Deleuze, Félix Guattari, *Mille Plateaux*, Les Editions de Minuit, 1980, pp. 614-615.

■17　同書、二九〇頁。ibid., p. 619.

させたものなのだ[■18]。

## 美術史からたどる触覚性——リーグルと遠近法

それでは、こうしたドゥルーズ&ガタリ的、あるいはインターフェイス的特性を示すハプティックな触覚性について、もう少し検討してみたい。

この遠隔性／近接性、光学性（視覚性）／把握性（触覚性）、あるいは包括性／局所性という条里空間／平滑空間をめぐる対概念を、試みにドゥルーズ&ガタリが参照したアロイス・リーグルの美術史的な見取り図にまで遡行して考えてみよう。ウィーン学派の創始者として知られるリーグルは、古代エジプト、古典ギリシャ（ヘレニズム）、そして初期ローマにいたる平面的な図像に満たされた美術と、末期ローマの美術に顕著に見られる立体的なイリュージョニズムを獲得した美術とを、視知覚的な表現でそれぞれ「触覚的」、「視覚的」と名づけた[■19]。そして、前者より後者の造形のほうがより「近代的」であるとし、美術史の変遷を触覚性から視覚性へのパラダイムシフトと見たのである[■20]。

ちなみに社会学者の大澤真幸もこれとよく似た美術史的な対比を紹介している。これまでにも論じてきたように、一般的に遠近法は近代のルネサンス期に発明された。しかし大澤は、じつは古典古代にも狭義の（近代の）遠近法とはまた異なったもうひとつの遠近法が存在していたと指摘する。

「中心遠近法」「線遠近法」とも呼ばれる近代に生まれた「狭義の遠近法」は、視野の中心を固定的な一点とみなし、描かれるべき対象（世界）のもろもろの点をそれぞれこの一点と結び

■18　『千のプラトー』に絡めてつけ加えれば、ドゥルーズ&ガタリは、神経症者と分裂症者の差異を、「靴下の穴の数」を比喩に語っている。神経症者のモル的な視点においては、靴下には足を通すひとつの大きな穴しか見えない。が、分裂症者の分子的な視点では、そこに「編み目の多様体」である無数の小さな穴を見出すことができる（上巻、六六頁。ibid., p.39.）。ここで描かれる分裂症者のまなざしは、私見では『21世紀のアニメーションがわかる本』で土居伸彰が定義するデジタルアニメーションの画面の「空洞化」とも重なる要素がある。というのも、デジタル化したアニメーションの画面は情報量の過剰を引き起こし、それゆえにその画面には無数の意味＝解釈を受け入れる多孔的な「余白」が生まれるのだが、これはまさに靴下の編み目に無数の穴＝余白をいくつも見出してしまう分裂症者の分子的なまなざしと近いだろう。

■19　アロイス・リーグル『末期ローマの美術工芸』、井面信行訳、中央公論美術出版、二〇〇七年。なお、本書の原著（一九〇一年）のなかで、じつは「触覚的」には「taktisch」の語があてられている。だが、著者没後の一九二七年に刊行された同書第二版の緒言で編者のエミール・ライシュが付した有名な注記によれば、リーグルはのちにこの「taktisch」という用語選択を誤りだったと反省しており、すべて「haptisch」に差し替えたいと述べたという。

■20　同書、四二－四四頁。なお、リーグルにやや先立って芸術学における「視覚／触覚」概念を提起していたドイツの彫刻家アドルフ・フォン・ヒルデブラントは、ドゥルーズ&ガタリ的な条里空間と平滑空間の対比を、それぞれ「視覚表象Gesichtsvorstellung」と「運動表象Bewegungsvorstellung」、あるいは「存在する形Daseinsform」と「作用する形Wirkungsform」と名づけている（『造形芸術における形の問題』、中央公論美術出版、一九九三年）。ここでヒルデブラントが用いる「運動」や「作用」というニュアンスは、第九章で論じる原形質性や可塑性といった生命論的なパラダイムに照らしてもきわめて示唆的である。

つけたときにできあがる「視野のピラミッド」の切断面を「画面」として構成する技法である。この技法で描くと、奥行き方向の線はすべて視点と同じ単一の消失点に収斂する。

それに対して、古典古代の「もうひとつの遠近法」はそのような統一的な消失点を持たない。代わりにそこでは、画面を縦に二分割する一本の軸のうえに集まっていく「消失軸」が存在する。この消失軸は、視野のピラミッドの切断面を、観者の目を中心とする球面にし、それを無理やり平面に展開したときに生じるものである。このように、近代の遠近法が、視点の主体と画面（世界）とのあいだに想定する距離（空間）によって対象の見かけ上の大きさを規定するのに対して、古典古代の遠近法はまったく別の論理で構成されている。そこでは、見かけ上の大きさは対象を捉えるときの視角の大きさによって決まる。

ともあれ、ここで重要なのはこのふたつの遠近法がもたらす世界認識の違いを考えるにあたって、大澤が「古典古代の芸術は、純粋な立体芸術であった」[■21] という美術史家エルヴィン・パノフスキーの言葉を引きつつ、まさにリーグルを思わせる古典古代の遠近法に備わる「触覚性」に注意を促している点だ。

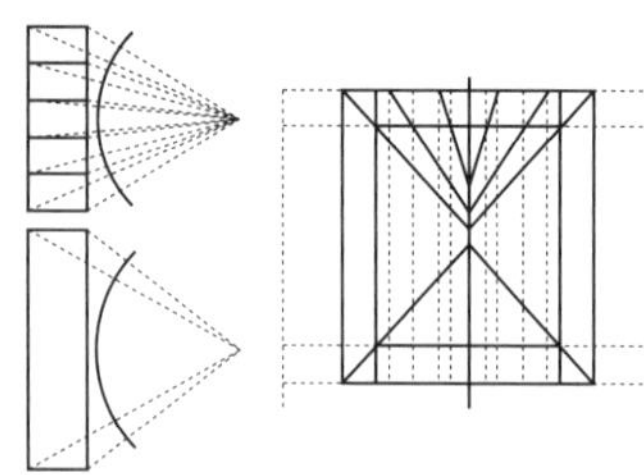

図3　パノフスキーによる古代の遠近法の図。平面図（左上）、立面図（左下）とも弧に投影された像を引き延ばすため、両者を組み合わせると右のような遠近法図が得られる。
パノフスキー『〈象徴形式〉としての遠近法』、ちくま学芸文庫、27頁の図をもとに編集部制作

すなわち、西洋の古代にあっては、**手でつかむことのできるモノ**だけが、描かれるべき現実と見なされたのだ。このことと視角の遠近法（古代の遠近法）との関連は、次のように考えるとよい。視野の中心から対象へと向かう視線を、**仮想的な腕**のようなものと見なすのだ。立体の大きさを測るのに、その仮想的な腕が運動しなければならない量こそが、まさに視角であろう。［■22］

大澤の整理によれば、古典古代の遠近法では「仮想的な腕のようなもの」によって「手でつかむことのできるモノ」が「描かれるべき現実」＝対象としてみなされた。そして、この遠近法に欠けていた要素は、「物体と物体の間の空虚」だという。いいかえればこれこそ、近代の遠近法が獲得した目と対象とのあいだの距離（空間）である。そして、近代はその視点の主体と画面との距離を前提とした視覚的なパースペクティヴを作り上げ、その構造は映画館のスクリーンにまで続いている。その意味で、リーグルが古代の初期ローマと末期ローマのあいだに

■21　エルヴィン・パノフスキー『〈象徴形式（シンボル）〉としての遠近法』、木田元監訳、川戸れい子、上村清雄訳、ちくま学芸文庫、二〇〇九年、三〇頁。

■22　大澤真幸『量子の社会哲学』、講談社、二〇一〇年、三〇頁、傍点引用者。パノフスキー自身も、「これ［古典古代の芸術］は、単に見えるというだけではなく、手でつかむこともできるようなものだけを芸術的現実と認める芸術であ」ると記している。前掲『〈象徴形式（シンボル）〉としての遠近法』、三〇頁。

見出した「触覚的」と「視覚的」の対は、古典古代と近代の遠近法にもあてはまるものだといえることになる。

話を戻せば、リーグルの触覚性概念は、その後、ヴィルヘルム・ヴォリンガーなどの美術史学者にとどまらず、ドゥルーズ&ガタリをはじめ、後述するヴァルター・ベンヤミンや、マーシャル・マクルーハンなど多くの論者に示唆を与えた。

「触覚性／視覚性」というリーグルの対概念は、今日のインターフェイス的な画面の変化にも類比的にあてはめることができるかもしれない。一例を挙げれば、二〇一〇年代前半にデジタル端末のユーザインターフェイスやウェブデザインの領域で起きた、いわゆる「リッチデザイン」（スキューモーフィズム）から「フラットデザイン」への移行がそれだ。

パソコンやスマートフォンといった情報端末のユーザインターフェイスでは、だいたい二〇〇〇年代ごろまで、アイコンなどのイメージに物理世界を仮構する立体的なテクスチャーを加えたリッチデザインが長らく主流だった。それが二〇一〇年代に、抽象的で平面的なフラットデザインにしだいに置きかわっていった。

これは、現実世界の慣習を仮想空間に反映させることでユーザビリティを高めるスキューモーフィズムの効果が、わたしたちの社会のなかでその必要性を失った一方、同一のユーザインターフェイスでマルチデバイスの出力に最適化するために、より簡潔なデザインが求められるようになったことに起因しているとされる。つまり、リッチデザインではまだアイコンのイメージに現実との類似性が求められていたが、タッチパネルの触覚的要素が自明になったフラットデザインではそれが取り払われたわけだ。その意味で、現代のユーザインターフェイスの造形もまた、文字通り、かつてと比較してより端的にユーザの「近接性」や「触覚性」に左右されるようになったのだといえる。そもそもが「触覚的」（把握的）な画面であるこのインターフェイス自体のテクスチャーの変化にもまた、かつてリーグルが西洋美術史に見立てた「触覚性から視覚性へ」（プレモダンからモダンへ）という変化の転倒、つまり「視覚性から触覚性へ」（モダンからポストモダンへ）という図式をあてはめることができるように思う。

いずれにせよ、おそらく今日のインターフェイス的な画面がまといつつある触視性（触覚性）の内実とは、このような、まさに「平滑（スムース）」（！）にイメージと触れあい、ヒトとヒトでないもの、映像と映像でないものの境位をかるがると相互還流していくドゥルーズ＆ガタリ的な把握性に近いものがある。

## ふたつのメディア、ふたつの触覚性

さて、インターフェイスやタッチパネルに見られるのは、たんに「触れる」だけではない、「指で撫でたり触ったり操作したりする」ハプティックな触覚性である［■23］。では、こうしたリテラルな意味での触覚性とは異なる、映画独特の触覚性といったものは果たして存在するのだろうか。先ほどは、ドゥルーズ&ガタリの議論に仮託して、二〇世紀のスクリーンを「遠隔視的/光学的/条里空間的なもの」の領域に区分した。しかし、さらに過去の映画論にも、ある種の「触覚的なもの」を見出した言説が存在する。

そちらに遡る前に、このキーワード「触覚性」が現代の映画理論でどのように扱われてきたのかに簡単に触れておこう。このキーワードは、映画理論がいわゆる「情動論的転回」を迎えた一九九〇年前後から大きな注目を浴びるようになっていた。アメリカの哲学者スティーヴン・シャヴィロはその先駆的な著作『映画的な身体』において、バイオレンス映画やポルノグラフィの映像に典型的に見られる煽情的で微分化された身体性が、映画観客の欲望や知覚を実質的に支えていると指摘しつつ、これらの映画の「触覚的な収束 tactile convergences」の諸相を論じている[■24]。また、同じくアメリカの映画理論家ヴィヴィアン・ソブチャックは、メルロ=ポンティに依拠しながら、映画体験を主客未分化の「生きられる体験」として定式化していた[■25]。

こうした現代映画理論における「映像の触覚性」に対する関心の高まりは、いわゆる「スクリーン的」な表象モデルとは異質な、映画創成期の異種混淆的な視覚文化に注目する初期映画研究の勃興と軌を一にしている[■26]。またひるがえってこれらの言説が、レフ・マノヴィッチやマーク・B・N・ハンセンといった、今日においてインターフェイス的平面を考察するさいの基礎的文献となっているソフトウェア・スタディーズ、あるいは(たとえば、シャヴィロ、ブライアン・マッスミのように)近年の思弁的実在論や新しい唯物論の動きと連動しつつ、それらを先導する形で擡頭してきたものである事実も押さえておく必要があるだろう。

以上の文脈を踏まえたうえで、スクリーン特有の触覚性について考えるとすれば、参照すべきはやはり映像メディア論の古典中の古典、ドイツの思想家ヴァルター・ベンヤミンの一九三六年の論文「複製技術時代の芸術作品」だろう。写真や映画、レコードといった「複製技術」の登場の意味を「アウラの凋落」という表現で論じたことであまりにも有名なこの論文は、終盤近くで映画の映像がはらむ特異な「触覚性」に注目した点でも先駆的な意義を担っている。

■23　本文では haptic と tactile という触覚を表すふたつの英語の違いについて考えたが、他方で、美学者の伊藤亜紗は、坂部恵の議論を参照しながら、やはり触覚に関わる「さわる」「ふれる」というふたつの日本語の意味の違いを問題にしている。そこでは前者は一方的であるのに対し、後者は相互的だという指摘がなされるが、このあと、第九章で見るようにポストシネマが宿す性質が相互干渉性や競合性であることを踏まえるとき、インターフェイス的画面の持つハプティックな触覚性とは、「ふれる」ものに近いということもできるだろう。伊藤亜紗『手の倫理』、講談社選書メチエ、二〇二〇年を参照。

■24　Steven Shaviro, *The Cinematic Body*, University of Minnesota Press, 1993, p. 55.

■25　Vivian Sobchack, *The Address of the Eye*, Princeton University Press, 1992. また、後期メルロ＝ポンティの「肉 chair」の概念を参照しつつ、デジタル以降の映像環境も視野に入れながら映画に見られる視覚意識の成り立ちを哲学的に考察した以下の著作もソブチャックの問題意識と重なる部分がある。マウロ・カルボーネ『イマージュの肉』、西村和泉訳、水声社、二〇一七年。

■26　文化社会学者の長谷正人は、リュミエール兄弟のシネマトグラフのカメラが捉えた、風のそよぎや波の動き、土煙などの自然の運動性に感応した初期映画の観客たちの経験を「触覚的」と表現している。長谷正人『映画というテクノロジー経験』、青弓社、二〇一〇年、七六頁。

ベンヤミンはダダイズムの芸術に映画と同様の効果を見出し、それを「触覚的要素」という言葉で語っている。

ダダイストたちにおいて芸術作品は、もはや魅惑的な姿形や説得力ある響きであることをやめ、一発の銃弾となった。それは観る者に命中した。芸術作品はいまやある種の触覚的（タクティッシュ）な性質を獲得した。これによって、映画の需要が促進されることになった。映画のもつ注意散逸をひき起こす要素も、ダダの芸術作品の場合と同様、まずもって触覚的要素だからである。これは場面とショットの転換に基づいている。場面やショットはひとくぎり、またひとくぎり、という具合に観る者に迫ってくるのである。映画は、ダダイズムがまだいわば道徳的なショック作用のなかに包んでおいた身体的なショック作用を、この包装から解放したのである。［■27］

ここでベンヤミンが記しているのは、同じくリーグルを参照していても、のちにドゥルーズ&ガタリが「把握的」という表現で厳密化した――インターフェイス的な――「haptic/haptique」ではなく、（ドゥルーズ&ガタリが「触覚的」と表現した）「tactile/taktisch」のほうである［■28］。

たしかに、ここでベンヤミンが論じている映画の触覚的な性質は、ドゥルーズ&ガタリのいうハプティックな――本論がいうインターフェイス的画面に象徴される触覚性とは明らかに異なっている[■29]。それは最近も英米文学者の高村峰生が「『触覚的（タクティッシュ）な性質』はここでは［……］暴力性と大衆性である」と論じたように[■30]、画面をまなざす観客の身体に対して、「一発の銃弾」のように強烈かつ暴力的な「ショック作用」を、スクリーン側から一方的に惹起するものとして描き出されている。その画面の効果は「観る者に命中」するのであり、観客身体はその衝撃をただ受け止め、そのショックに「慣習」によって慣れていくしかない。写真研究者の前川修

tactile（触覚）という語は、tactics（戦術）という語とも結びついている。

■27　ヴァルター・ベンヤミン「複製技術時代の芸術作品〔第二稿〕」、『ベンヤミン・コレクションI』、浅井健二郎編訳、久保哲司訳、ちくま学芸文庫、一九九五年、六二三頁、強調削除。

■28　とはいえ、高村峰生が指摘するように、ベンヤミンの触覚言説には、複製技術論文に代表される二〇世紀の映像メディアがもたらした新たな身体的知覚としての触覚性とは別に、複製技術登場以前の「手」による具体的な模倣の能力に根ざした、もうひとつの触覚性の概念があることには注意が必要である。高村峰生『触れることのモダニティ』、以文社、二〇一七年、第三章を参照。

■29　ベンヤミンの触覚性とドゥルーズ＆ガタリのそれとはその性質が異なるが、他方で、複製技術論文の言説にはやはり後者とも共通するようなリーグルの議論からの影響が垣間見られる。それが、ほかならぬ「アウラ」の定義だ。知られるように、この論文でベンヤミンはアウラを「ある遠さが一回的に現れているもの」だと述べ、その凋落をそうした遠隔性の喪失だと考えている。つまり、ベンヤミンにおけるアウラとその凋落の過程は、リーグルのいう視覚性から触覚性への移行と重ねられるものだといえる。

■30　前掲『触れることのモダニティ』、一四七頁。

がすでに、taktil という語を彼が taktisch（戦略的）という軍事的な用語としばしば同義に用いたことに注意を促しているが［■31］、以上のようなベンヤミン的な触覚性の概念は、明らかに当時のヨーロッパのファシズム的な社会状況を念頭に置いたものである。ともあれ、わたしの考えでは、こうしたベンヤミンの触覚性概念には、イメージと観者が距離を排して可塑的＝平滑に相互交流しあうインターフェイス的な触覚性（把握性）とは対照的な要素が含まれている。すなわち、二〇世紀的な映画のスクリーンにも光学的／遠近法的な視覚性とは別に、ある種の「触覚的」な性質があったのだとすれば、それはここでいう「タクティルな触覚性」とでも呼べるものだろう。

## 「YouTuber 化する映画」の触覚性

さて、ここで、あらためて議論を整理しておきたい。まず第一に、タッチパネルに象徴される今日のインターフェイス的画面は、東が述べるように、その核心部分に（能動性を伴った）触覚性を持っている。そして、それはかつてのスクリーン的な画面の中核にあった視覚性とは対照的な特徴である。本節では、そのインターフェイス的な触覚性を、ドゥルーズ&ガタリを参照して、ハプティックな触覚性と呼んだ。さらに最近では、そうしたハプティックな触覚性に満たされたインターフェイスの画面にも、リッチデザインからフラットデザインへの変化として、より先鋭化した触覚的な感覚を発見することができる。とはいえ、すでに見たように、スクリーン的な表象モデルについての思考を積み重ねてきた映画理論においても、「映像の触覚性」は一定の規模で論じられてきたという事実がある。そして、ベンヤミンの古典的な議論を参照しつつ、ひとまずここではそのスクリーンが持つ触覚性の一端を、「タクティルな触覚性」という名で抽出してみたのである。

つまりわたしたちを取り巻く無数の画面には、観客にとって、相互に能動的で対称的なハプティックな触覚性と、もうひとつの、受動的で非対称なタクティルな触覚性というふたつが宿っているのではないか。「スクリーンからタッチパネルへ」という現代の画面の変質から遡行して、わたしたちはこのような映像の持つ触覚性の差異について、より具体的に腑分けすることができるようになっている。

断っておけば、ドゥルーズ&ガタリの条里空間／平滑空間の対概念がそうであったように、両者の触覚性がある特定の画面ごとに、スタティックに、かつ厳密に区別されうるものではもちろんないだろう。ひとつの画面のなかにも、あるいはひとつの作品のなかにも、ハプティックな触覚性とタクティルな触覚性の双方が混在している。ただ、これらは大枠において、それぞれ現代のインターフェイス的な画面と、かつてのスクリーン的なそれにあてはめることは可

■31　前川修『痕跡の光学』、晃洋書房、二〇〇四年、一八九－一九〇頁。

能なように思えるのだ。

しかし、最後にもう一歩、議論をさきに進めておこう。

というのも、当然のことながら、ベンヤミンやシャヴィロがいうように、スクリーン的な、タクティルな触覚性が映画にもあるのだとしても、ベンヤミンが映画のショット連鎖に触覚的要素を見出していたとしても、むろんそれをまなざす映画館の観客たちは、スクリーンに実際に触れられるわけでもないし、かりに触れたとしても画面が動くわけでもない。その意味では、やはり映画＝スクリーンは視覚的な秩序の下にある。これは動かしようのない事実である。

ただ、ここでわたしがあらためて注意を促したいのは、そこでスクリーンとタッチパネルという単純明快な二項対立に戻るのではなく、物理的なインフラとして後者に接近しながらも、前者の領域にとどまっているようなコンテンツの存在である。それらの作品は、スクリーン的な表象モデルのメディア的限界とハプティックな触覚性の氾濫する状況を見据えることで、わたしたちの視線を「映画（的なもの）」のアクチュアリティのほうに促してくれる。

たとえば、先ほどハプティックな触覚性をめぐって、ユーザインターフェイスのデザインに起きている変化を類比的に論じてみた。じつは同様の変化の兆候を、まさにポストメディウム化した今日の映画のイメージにも見て取ることができる。『映画 山田孝之3D』を扱った第三章で、現代映画の一部にYouTuber動画のような「平面的な構図」や「顔のクロースアップ」が増加していると指摘したことを思い出していただきたい。繰り返せば、Netflixのような映像ストリーミングプラットフォームの擡頭によって、映画館のスクリーンやテレビ画面に限らず、マルチデバイス対応で製作・観賞されることが自明の前提となった昨今の映像作品では、俳優やキャラクターのクロースアップショットやフラットな画面構成が目立つようになっている。

こうした「画面の平面化」も、いうまでもなくユーザインターフェイスのフラットデザイン化ときわめてよく似ている。また「複製技術時代の芸術作品」のなかで、ベンヤミンはまさに顔の「クロースアップ・ショット」を、映画の「視覚的無意識」が垣間見えるショットとして取り上げている。つまり、これらの作品の映像にはかつての古い秩序（スクリーン）の触覚性と、いま擡頭しつつある新たな秩序（タッチパネル）の触覚性とが共存しているのだ。実際、『KING OF PRISM by PrettyRhythm』（二〇一六年）や『ムーンライト』（二〇一六年）は、タブレットやスマートフォンで観られる場合、登場人物やキャラクターの顔にユーザの指が触れることになる。こうした、いわば「YouTuber化した映画」の画面もまた、従来の視覚メディアと同じスクリーンの秩序を保ちながら、ハプティックな触覚性に適応したイメージへの変質を被っているといってよい［■32］。

あるいは、ベンヤミンが注目した映画のタクティルな触覚性を、タッチパネルのハプティックな触覚性とアクロバティックに接触させうるような局面を模索することもできるかもしれない。ベンヤミンは、いわばスクリーン的な触覚性を「身体的なショック作用」を観客にもたらす暴力的なものとして描き出した。ここで彼がその身体的なショック作用の効果を「一発の銃弾」になぞらえていることは注目すべき点である。というのも、第七章で参照したトーマス・ラマールもまた『アニメ・マシーン』（二〇〇九年）において、ポール・ヴィリリオを踏まえつつ、彼のいうシネマティズムを「遠近法主義のヘゲモニー的な視覚体制の変種、［……］突進する発射体(プロジェクタイル)の視点から見る弾道的な知覚、つまりは弾丸の眼から見た眺め」として描き出しているのだ［■33］。ラマールはベンヤミンを明示的に参照してはいないが、ここではスクリーン的な触覚性とシネマティズムが比喩的に重なりあうことが見えてくる。両者の議論はひとまず整合的なもののように受け取れる。

　たださらに注目すべきなのは、この「弾丸の眼から見た眺め」（弾道学的特性 ballistics）が、他方で「走行する列車の窓」のイメージにもつなげられていることだ。ラマールは『鉄道旅行の歴史』（一九七七年）のヴォルフガング・シヴェルブシュに倣って、こうした「弾丸」のような経験を列車の乗客の経験と結びつけている。もともとヴィリリオもこの速度をもって移動する「列車や車の窓」で起きる事態を指して、シネマティズムと呼んでいた［■34］。しかしながら、ラマールは同時に大友克洋の『スチームボーイ』（二〇〇四年）の列車の車窓シーンを例に、複数のレイヤーが横に横に移動するアニメティズムの多平面的イメージの特徴を説明していたのだ［■35］。つまり「走る列車の窓」の横にえんえんとスクロールするイメージは、ある意味でシネマティズムとアニメティズムという対立軸を密かに接合しているということができる。しかもそれだけではなく、ラマール自身が「シヴェルブシュの列車が表す近代の世界」と「ビデオゲーム、マイクロソフト・ウィンドウズ等」にいたる「新しいコミュニケーション・テクノロジー」の連続性を強調しているように[■36]、横に平面的にスクロールしていく列車の窓の風景は、指でスワイプされることで動作するようなタッチパネルが体現するハプティックな触覚性をも思わせる要素を含んでいるのではないか。

以上はまだ雑駁な仮説にすぎないが、ともあれここで示したタクティルな触覚性とハプティックな触覚性のあいだの複雑な「再メディア化」（マクルーハン）の様相をたどっていくことは、今後の映像論にとって重要な課題となるだろう。

■32　ここで興味深いのは、セルゲイ・エイゼンシュテインが自身のモンタージュ理論の概要を日本文化との類似性によって示した有名な論文のなかで、モンタージュの本質を、本意文字（漢字）や短歌などとともに「顔」の形成――東洲斎写楽の役者絵や能面の、極端にデフォルメされた表情で説明していた事実だろう。ここにもまた間接的であれ、「顔」＝表情の本来的に持つ可塑的な触覚性が垣間見える。そして、思えば、「インターフェイス interface」とはそもそも、inter-face、すなわち文字通り、複数の「顔」の重なり、接触としてみなすことができるものではなかったか。セルゲイ・エイゼンシュテイン「枠を超えて」（鴻英良訳）、岩本憲児編『エイゼンシュテイン解読』、フィルムアート社、一九八六年、七一－七三頁。

■33　トーマス・ラマール『アニメ・マシーン』、藤木秀朗監訳、大﨑晴美訳、名古屋大学出版会、二〇一三年、五六頁。

■34　ポール・ヴィリリオ、シルヴェール・ロトランジェ『純粋戦争』、細川周平訳、ユー・ピー・ユー、一九八七年、一一三頁。

■35　前掲『アニメ・マシーン』、三〇－三四頁。

■36　同書、四頁。

図4 『なまくら刀』(1917年)
提供＝国立映画アーカイブ

## 触覚性のメディア考古学

かつての映画理論やメディア考古学における映像の触覚性の問い——現在のインターフェイス的平面の問題系も大枠ではこうした潮流に由来する——が同時代の初期映画研究との関連のなかで提起されてきたように、ここで映画(シネマトグラフ)成立前後の多種多様な「スクリーン・プラクティス」(チャールズ・マッサー)に目を向けてみてもよいかもしれない。

その点で興味深いのが、「玩具映画」の存在である。玩具映画とは戦前期(おもにサイレント映画期)の日本で、文字通り子どもの玩具として販売された、簡単な家庭用小型映写機(玩具映写機)とごく短い三五ミリフィルムのセットを指す[■37]。戦前の日本映画のオリジナル・フィルムはじつにその九割以上(!)が失われている。そのなかで、近年、玩具映画にはフィルム・アーカイビングの見地からも研究者を中心に注目が集まっている。たとえば国産初のアニメーション作品のひとつ、幸内純一監督の『なまくら刀(別名:塙凹内名刀之巻)』(一九一七年)もまた、長らく現存が確認されていなかったが、リプリントされた玩具映画版フィルムという形で二〇〇七年に大阪で発見されている。

スマートフォンにせよポータブルゲーム機器にせよ、現在のモバイルでユビキタスな映像環境は、リュミエール的なスクリーンではなく、キネトスコープのように、てのひらにおさまる小さな動画を孤独に閲覧する「エジソン的回帰」（山田宏一）をもたらしているとはよくいわれる。玩具映写機や玩具フィルムは、まさにそうした小さな子どもの手でも気軽に扱える遊戯的なガジェット――ハプティックな「モノ」そのものであった。その「モノ」性は、つい先ほど挙げた列車にも通じる要素があるだろう。戦前の子どもたちは家庭のなかで、ハンドル式の玩具映写機を自らの手で回して操作していた。社会学者・権田保之助の大正初期のフィールドワークは、細かくちぎれた屑フィルムを集めて仲間うちでさかんに陳列しあうことが彼らのあいだで流行していたことを報告している[■38]。したがって映画研究者の雑賀広海がまとめるように、「玩具映画には、玩具映写機のハンドルをまわす感覚、燃えやすいフィルムを手にする感覚が伴う。これらの触覚的な刺激は機械に根差す感覚である。この感覚は映画館での鑑賞にはない。したがって、玩具映画を見るときのこどもの視覚性に迫るためには、［……］玩具に触れるという機械的感覚を中心とした視点からアプローチする必要があるだろう」[■39]。

■37　二〇一五年には、京都市内に貴重な玩具映画や文献資料を収集・保存・公開する民間施設「おもちゃ映画ミュージアム」が開館した。デジタル修復された玩具映画の映像は、同ミュージアムの公式ウェブサイトで閲覧することができる。URL=http://toyfilm-museum.jp

■38　権田保之助『活動寫眞の原理及應用』、内田老鶴圃、一九一四年、三五一頁。

さらに、この玩具映画固有の触覚性について論じた雑賀の研究によれば、当時の玩具映画の断片的なフッテージを確認してみると、通常の映画館でのフィルム映写のように、かりに一定の再生速度で上映すると、明らかにコマ数の少ない——速すぎてよく視認できない——シーンが存在するという。この点について雑賀は、当時、実際に玩具映画で遊んでいた芦屋小雁の証言などを参考にしつつ、「つまり、正しい再生速度というのはなく、阪妻［阪東妻三郎］の動きは玩具映画をまわすこどもの手のなかにあり、こどもの意のままに阪妻は踊らされたのだ」と述べる［■40］。そして今日のネット動画との類比性にも触れつつ、つぎのようにまとめる。

玩具映画を見るときのこどもの視覚性は映画館の観客と対比的に次のように言わなければならない。すなわち、映画館における観客は座席に座ってすでにある映画を受動的に見ることになるが、玩具映画は、玩具映写機を操作するこどもの手によって生かされている映像であり、こどもはこの映像と個人的であり触覚的な関係を結ぶことになる。これを遊戯的な関係性と名づけることができるだろう。［■41］

以上で明らかなように、玩具映画に固有の観客性＝身体性とは、「座席に座ってすでにある映画を受動的に見ることになる」「スクリーン」の秩序（タクティルな触覚性?・）とは決定的に異なる、「そこに能動性と触覚性を加えた」、まさに「手によって生かされている映像」の秩序に属する性質を備えたものだろう[■42]。いうなれば、玩具映画はその触覚的な「玩具性」において、今日のゲームの枠組みを取りこんだ『レディ・プレイヤー1』と呼応しあっているのだ。今日のインターフェイス的平面の思想史的、メディア文化史的な画期性を分析していく作業の

■39　雑賀広海「玩具映画の受容における視覚性と触覚性」、『映画研究』第一二号、日本映画学会、二〇一七年、一五頁。また は、以下の論文も参照のこと。福島可奈子「玩具映画産業の実態とその多様性」、『映像学』第一〇一号、日本映像学会、二〇一九年、一三四－一五四頁。

■40　前掲「玩具映画の受容における視覚性と触覚性」、一八頁。

■41　同書、二〇頁。

■42　ここで玩具映画に着目することのもうひとつの今日的な重要性は、映像文化史を離れて、まさに手に触れる玩具の物質性そのものがはらむモノ＝オブジェクトのメディア論とのつながりにもあるだろう。たとえば、雑賀はさきの論文において玩具映画の普及の背景に、子どもたちに対する教育（映像教育や科学教育）の目的があったことに触れているが、かたや教育メディア史の研究者である青山貴子は、明治期に用いられた学校用掛図や教育錦絵、恩物などの幼児用教具、教育双六などの触覚的な視覚メディアに注目している。また、メディア文化史研究者の松井広志は、戦時下の子どもの玩具である「科学模型」の制作に、まさに同様の教育的効果の介在を指摘している。こうした主体とハプティック＝平滑的に干渉しあう多種多様なガジェットの諸機能の分析は、松井が論じるように、近年のIoTからアクター・ネットワーク理論、オブジェクト指向の存在論まで、沸騰する「モノのメディア論」の考察にも有益な示唆を与えるだろう。それぞれ以下を参照。青山貴子『遊びと学びのメディア史』、東京大学出版会、二〇一九年。松井広志『模型のメディア論』、青弓社、二〇一七年。また、以下の著作は、版画家の恩地孝四郎などを通じて、明治期の恩物教育（フレーベルが考案した教具を用いた幼児教育）が日本の近代抽象芸術にもたらした影響について触れており、きわめて示唆に富む。岡﨑乾二郎『抽象の力』、亜紀書房、二〇一八年。

重要性は、いくら強調してもしすぎることはない。ただ、わたしとしては、そうしたパラダイムシフトの内実をより重層的に捉えるためには、映画＝スクリーンの秩序の周辺にうごめく「（実際に）触れて動かすことができる平面」の痕跡や還流にも鋭敏であるべきだと考える。先ほども触れたように、こうした問題意識は、一九九〇年代ころから擡頭してきたメディア考古学やスクリーン・プラクティスと呼ばれる領域と関連している。メディア考古学は、メディア文化とその体験の歴史のなかで、埋もれてしまった遺物や言説を掘り起こし、過去と現在を対話させるための研究アプローチである。第三章でも紹介したスクリーン・プラクティスは、マジック・ランタンやファンタスマゴリアをはじめとした「スクリーンに基づく文化的実践の総体」を指す。近年、「プレシネマ」を構成する多様な映像文化が知られるようになってきたことで、「映画＝シネマトグラフの誕生」を映画史（映像史）の中心的・特権的な起源とする見方は、いまでは説得力を失っている。

残念ながら、本書ではメディア考古学や視覚文化史的な探求はこれ以上できないが、ポストシネマというコンセプトとはまた、二世紀近くにもわたる映像文化史のそこここに散らばる複数の触覚性を思いがけない形で結びあわせる一種の「星座」としても機能しうるのかもしれない。リモートワークからオンライン教育、そしてＺｏｏｍ映画まで、コロナ禍の「ニュー・ノーマル」のなか、今後ますます新しい「画面」とつきあい、また文字通り触れあわざるをえなくなるだろうわたしたちにとって、この「画面」にまつわるさまざまな歴史を知ることには意義があるはずだ。

# 第9章 準-客体たちの平面

## ――インターフェイスとイメージの幽霊性

### 1 原形質性の氾濫

#### 人魚の踊りのデジタルな「原形質性」

わたしたちの時代の画面には、「インターフェイス／タッチパネル的」とでも形容しうる新たな性質の画面が現れつつある。それは、かつてラカンから蓮實重彥まで、無数の論者がさまざまな形で見出したような、表象＝スクリーン的な画面とは異なるものである。そのポストシネマのインターフェイス的な画面の内実を、第七章でわたしは、土居伸彰のいう「空洞化」、「私たち（性）」という用語を用いて腑分けしてみた。

簡単に振り返っておこう。かつての画面（映像）が映し出していたもろもろのイメージたちは、確固とした実質を持ち、一義的な意味や理想、主人公のアイデンティティを描いていた。ところが、映像メディアが広範なデジタル化を被ったいまや、情報過多となった画面は、何の意味も持たないと同時にあらゆる意味づけを融通無碍に受け入れる「空洞」と化した。また、そこに描かれるひとびとは極端に抽象化されて、相互に交換可能な「私たち」へと溶解しつつある。こうしたデジタル時代固有のイメージの性質を、土居は「私たち（性）」と名づけていたのだった。わたしは、その議論を受ける形で、同様の傾向をハリウッド映画『ダンケルク』（二〇一七年）など実写映画に見出した。

そして、本書最後となる本章では、第七章に引き続きアニメーション作品も取り上げながら、ポストシネマ的特質を、おもに「**可塑性**」と「**準‐客体性**」という術語で定式化していくことを試みたい。

「可塑性」（プラスティシティ）とは、文字通りプラスチックのように、外からの力を受けて物体の形が変化することを意味する言葉で、デジタル文化の重要なキーワードとしてすでによく知られている。デジタル映像で作られたイメージは、まさに個体のすがたや形が有機体（生物）のように動的に伸縮し、あるいは外部からの多様な変形作用を受けながらなお形状を保持する性質を如実に表現している。さらに、この言葉は現代思想の領域でもフランスの哲学者カトリーヌ・マラブーが取り上げており、彼女は「形態を保存するものこそが可塑的なのである。したがって、『可塑的』とは変形作用に抵抗しながら形に譲歩することを意味する」と述べている［■1］。

まず、このデジタル時代の可塑性の一般的な表現を見るために、湯浅政明監督のアニメーション映画『夜明け告げるルーのうた』（二〇一七年）と、ここまでにも論じた『シン・ゴジラ』（二〇一六年）の二作を取り上げる。その後、可塑性の性質から派生する準‐客体の性質について、清原惟監督の実写映画『わたしたちの家』（二〇一七年）を見る。これらの作品はインターフェイス的平面と可塑性との関わりの問題をより深く捉えるために、恰好の事例である。タッチパネルやゲーム的なインタラクティヴィティに典型的に表れているように、今日の映像の画面は、実質と形式の両面で絶えず生き物のように動き続ける可塑性をなかば必然的に獲得している。そのさまざまな様態を確認したうえで、さらに、これがポストヒューマニティともつながるような問題にも大きな意味を持つことを論じていきたい。

まずは、ひとつのシーンを提示してみよう。

画面上方に水平線が大きく開け、その下に幾重にも白い波頭が立ち上がる海が、日光に照らされてエメラルドグリーンに輝いている。波のしぶきに乗って、画面手前にたくさんの小さい赤ん坊の人魚が楽しそうに現れる。群れをなす人魚たちは、海面から突き出た岩場にたどりつくと、その周辺を恰好の遊び場にして、身体にまといつく泡を転がしたり、たがいに水鉄砲を掛けあったり、それぞれにはしゃぎあっている。やがて何かに気づいたように頭から水に潜りこむと、そのままなめらかに列をなして海底へと降りていく。すると、そこではさまざまな海中生物たちによる、サーカス団のようなパレードがはじまろうとしていた。

以上のシーンを記憶してもらったうえで、ここから人間の少年と幼い人魚の少女との交流を描き、日本人三人目のアヌシー国際アニメーション映画祭長編部門クリスタル賞（グランプリ）に輝いた湯浅のアニメーション映画『夜明け告げるルーのうた』について見ていきたい。

本作のモティーフや映像演出、製作形態のなかに、ポストシネマの痕跡を認めることはさほど難しくはない。たとえば、開始早々、YouTubeを模した動画サイトの画面から音楽ソフトで制作した楽曲音が軽快に流れ出す。本作には主人公の中学生・足元カイ（声：下田翔大）の趣味であるノートパソコンでの楽曲制作をはじめ、全編にわたってデジタルデバイスやウェブプラットフォームが数多く登場するのだ。とりわけ物語中盤の、クライマックスともいえる慰霊の祭りのシークエンスは、こうした二一世紀の映像のネットワーク的な拡散がもっとも印象的に表現された場面だろう。ここでは音楽に乗せられて、広い砂浜で踊る小さな人魚のルー（声：谷花音）も、祭りに来ていた町のひとびとも、誰もが思わず身体を揺らしてリズミカルに踊り出し、しかもその様子を撮影した動画が動画サイト上にアップロードされ、いわゆる「踊って

■1　カトリーヌ・マラブー『ヘーゲルの未来』、西山雄二訳、未來社、二〇〇五年、三二頁、傍点原文。なお、この可塑性は、第五章の脚註で触れたジルベール・シモンドンの個体化の議論とも通底している。

みた」の動画のように、ウェブ上にどんどん拡散されていく様子が描かれる。

『ルー』では、主題歌である斉藤和義の代表作「歌うたいのバラッド」をはじめ、ときに物語の線的な進行を突き崩すほどに、無数の楽曲が流れ、またそれらを演奏し、狂乱して歌い踊るキャラクターたちの描写が頻出する。湯浅自身のアニメーターとしてのキャリアに即していえば、こうした演出の数々は、彼のごく初期の代表的な仕事であるテレビアニメ『ちびまる子ちゃん』（第一期は一九九〇‐九二年）の初代オープニング（OP）「ゆめいっぱい」や、初代エンディング（ED）「おどるポンポコリン」の作画から通底しているものだろう。アニメーターとしての湯浅はある意味で、物語の連続的な展開よりも、むしろ伴奏音楽と映像双方をリズムにあわせて心地よく同期させるフラッシュ・カット的な編集にこそ、意を用いるクリエイターなのだ。いわば湯浅のアニメ的感性には、本来的に「OP／ED映像的なもの」、あるいは「ミュージック・ビデオ的なもの」が一貫して伏在している［■2］。この点はいっけん対極的な作風ながら、RADWIMPSと組んだ創作活動を展開する近年の新海誠とも共通する個性だろう。

情報社会の進展を踏まえたメディア文化理論の文脈ではつとに指摘されてきたことだが、広範なネットワークに常時紐づけられた今日のデジタルコンテンツにおいては、それらを制作／鑑賞するユーザ双方の身体的情動をスムースに惹起する「音楽的」な要素がきわめて重要な意味を担う。その点で、『ルー』の音楽的な演出は、湯浅の出自にあるOP／ED映像的なものの表れであると同時に、かつての「踊ってみた」や「MMD」（MikuMikuDance）、より最近なら

TikTokなどにも連なるきわめて「ポストシネマ的」な慣習にも裏打ちされているといえるだろう。実際に、作中では主人公の人魚をCGになぞらえる自己言及的な台詞（！）も登場する。そして、こうした要素は、サーファーだった亡くなった恋人がヒロインの歌声にあわせて水のなかに現れるという『きみと、波にのれたら』（二〇一九年）など湯浅のその後の作品にも受け継がれている。

このような、『ルー』のポストシネマ的な趣向は、本作の制作工程においても見うけられる。じつは本作は、全編がいわゆるAdobe Flashを用いた「フラッシュ・アニメーション」で制作された作品なのだ。そもそも湯浅が二〇一〇年代に率いていたスタジオ「サイエンスSARU」（湯浅は二〇二〇年に退社）は、北米のテレビアニメ『アドベンチャー・タイム』の一エピソード「フードチェーン」（二〇一四年）や、テレビアニメ『ピンポン THE ANIMATION』（二〇一四年）などの短編作品で、フラッシュによるデジタル作画表現を実験的に取り入れてきていた。『ル

■2　アニメーション研究において、アニメーション作品における本編（物語）以外の傍系的な映像やジャンル（「OP／ED映像」「アイキャッチ」「ミュージック・ビデオ」など）に関する研究も、実際はまだ緒についたばかりである。OP／ED映像とも深く関わる「アニメソング」については、石田美紀「アニメソング論」、小山昌宏、須川亜紀子編『アニメ研究入門【応用編】』、現代書館、二〇一八年がまとまっている。上記の分野の分析で注目を集めた研究としては、以下の論文を参照。石岡良治「宮崎駿『On Your Mark』とアニメの系列的読解」、『美学芸術学論集』第一三集、神戸大学文学部芸術学研究室、二〇一七年、五六－一〇八頁。細馬宏通「アニメーションのオープニングを考える」、『表象・メディア研究』第一〇号、早稲田表象・メディア論学会、二〇二〇年、一七－二七頁。

ー』では劇場用長編作品としてははじめて全編をフラッシュ・アニメーションで制作したわけだが、その結果、動画チェックから彩色にいたるまで、手描きの工程では煩雑であった作業や修正が格段にスムースになったという。

たとえば本作でのフラッシュ・アニメートを手掛けたアニメーターのひとり、アベル・ゴンゴラは、本作の物語世界で重要な役割を持つ、海の水の特徴的な表現について、以下のように述べている。

図1　『夜明け告げるルーのうた』(2017年)


特に本作では、そういうところ［滑らかな水の動きの表現］にフラッシュのよさが表れていると思います。フラッシュには「シェイプトゥイーン」という機能があるんですね。これは、四角い物がだんだんと丸くなるようなモーフィングの処理を自動的に行ってくれる機能です。こういう形の水の塊が次はこんな形に変化すると設定すれば、その間の形を自動で作ってくれるんですよ。だから本作ではゆらめくような水の表現が多用できたわけです。［■3］

ここでゴンゴラが解説するように、終始、海辺がおもな舞台となる『ルー』で観客たちの目を引くのは、なめらかに躍動する液体から四角く凝固して浮かび上がり、またもやふたたび粘性を伴う液状のイメージへと循環的に生成変化していく海水の特徴的な描写だろう。この表現は、次作の『きみと、波にのれたら』でも重要なモティーフとして再登場する。そしてその水の表現は、ひるがえって、通常のパースどりから逸脱してふにゃふにゃくねくねとアメーバのように動く、湯浅作品特有のキャラクターの身体イメージともぴったり重なるものでもある。

この特異な作画表現について考えるとき、おそらくまっさきに参照すべきなのが、これもここ数年、アニメーション研究や映像文化論の分野でさかんに注目を集めている、ソヴィエトの映画監督セルゲイ・エイゼンシュテインによる「原形質性」をめぐる議論だろう［■4］。原形質性とは、エイゼンシュテインが晩年に書き記していた未完の草稿の一部であるディズニー論のなかで指し示していた概念である。それはいわば「アニメーション表現固有の形状の自由な変形可能性」を意味する。

■3　「サイエンスSARUが描く〝フラッシュアニメーション〟の世界」、『夜明け告げるルーのうた』劇場パンフレット、二〇一七年参照。

■4　エイゼンシュテインの「原形質性」についての日本語論文では以下が詳しい。今井隆介「〈原形質〉の吸引力」、加藤幹郎編『アニメーションの映画学』、臨川書店、二〇〇九年、一一－五六頁。また、日本アニメにおける「水」のイメージと原形質性の関係については、以下も参照。横濱雄二「動く水」、『層』第五号、北海道大学大学院文学研究科、二〇一二年、四二－五八頁。

［……］かつて―そして―永久に割り当てられた形式の拒絶、硬直化からの自由、いかなるフォルムにもダイナミックに変容できる能力である。

その能力を、私はここで「原形質性」と呼びたい。［……］いまだ「安定した」形式を有さず、どんな形式を呈することもでき、進化の梯子の横木を飛び越して、どんなそしてあらゆる――すべての――動物の形式へと自らを固定させることのできるものである。［■5］

このような原形質性を、エイゼンシュテインは、ディズニーのカートゥーンキャラクターたちの伸縮自在で柔軟な身体に発見している。この柔軟性は、いわゆる「ストレッチ・アンド・スクウォッシュ」（伸ばしと潰し）をはじめとする草創期のディズニー・スタジオのアニメーターたちが開発した独特の表現技法によるものである。このような、生き物（キャラクター）が動くときに発生する筋肉や関節の現実よりも過剰に誇張された柔軟性を、ディズニーのアニメーターたち自身は「可塑性」と呼んだ［■6］。それはまさに今日の湯浅のアニメーションが描き出す、「可塑的（プラスチック）」なキャラクターのそれに突出した形で認められるものでもあるだろう。事実、エイゼンシュテインは、同様の原形質的な身体性を、「脊椎のないゴムのようにしなやかな生き物とな」る舞台芸の「ヘビ人間」や、ニューヨークの黒人ナイトクラブの「スネーク・ダンサー」たちにも見ていたのである［■7］。このことは、即座に『ルー』のキャラクターたちのダンスシーンを思い出させるだろう。

さらに彼はアニメーションにおける重要な原形質的表象として「炎」にも頻繁に言及する［■8］。この点も、物語のクライマックスで日無町を襲うルーのパパの可塑的な身体に、無数の炎がまといついていたことを想起させるものである。

そして、より注意に値するのが、ディズニーのアニメーションのうち、エイゼンシュテインが「最も驚くべき作品」と呼んでいたのが、著名な短編連作「シリー・シンフォニー」シリーズ（一九二九―三九年）の第七二作『人魚の踊り』（ルドルフ・アイジング＆ヴァーノン・スターリング

■5　セルゲイ・エイゼンシュテイン「ディズニー（抄訳）」（今井隆介訳）、『表象』第七号、表象文化論学会、二〇一三年、一六〇―一六一頁。

■6　フランク・トーマス、オーリー・ジョンストン『生命（いのち）を吹き込む魔法』、高畑勲、大塚康生、邦子・大久保・トーマス監修、スタジオジブリ訳、徳間書店、二〇〇二年、七二頁。ちなみに、本書でわたしは「可塑性」と「原形質性」という用語を基本的にほぼ同じ意味で用いている。一方で、土居伸彰の指摘によれば、ディズニー（トーマス＆ジョンストン）のいう可塑性とエイゼンシュテインが定式化した原形質性とは、厳密には相容れない概念である。土居の整理に基づけば、似たような「柔らかさ」（形状の変形可能性）のニュアンスを持つ両者だが、原形質性が「生物種の枠を超えて変容していく」「メタモルフォーゼ」であるのに対して、ディズニー的な可塑性とは、あくまでも「柔軟性を用いることにより」「現実の鋳型にはまりこんでいくために用いられる」たんなる「リアリズムのカリカチュア」（トーマス＆ジョンストン）だという。以下の文献や著作を参照のこと。土居伸彰「柔らかな世界」、前掲『アニメーションの映画学』、五七―一一〇頁、および、同『個人的なハーモニー』、フィルムアート社、二〇一六年、一二〇頁以下。

■7　前掲「ディズニー（抄訳）」、一六〇頁。

■8　前掲「〈原形質〉の吸引力」、四〇頁以下を参照。

監督、一九三八年）であったという事実である。

ここでもう一度、先にわたしが描写したシーンに立ち戻ってみよう。無数の幼い人魚が海で戯れる場面である。もし『ルー』を未見の読者ならば、本作に登場する一場面の情景かと思ったかもしれない。

しかし、ここで種明かしをすれば、これはじつは『ルー』のものではなく、ディズニーの『人魚の踊り』の冒頭部分だったのである。この短編アニメーションでは、海面に突き出た岩場に波が打ちつけられて立つ無数の水泡がみるみる人魚の赤ん坊に美しくメタモルフォーゼしていく姿が描かれたのち、海底ではタツノオトシゴやタコといった海中の軟体生物たちが、馬や象などの陸上生物に形状を自在に変化させながらサーカスの行進を始める様子がユーモラスに描かれる。

すなわち、『ルー』で描かれた無数の原形質的なイメージの奔流による現代の「人魚の物語」は、ドローイング・アニメーション表象の「起源」としてかつてエイゼンシュテインが見出していた、ディズニーによるもうひとつの「人魚の物語」から直接に派生したものだといえるだろう［■9］。なおかつ重要なのは、本作ではその原形質的なイメージが、やはりフラッシュによるデジタル表現によって、さらに高精細かつ「平滑（スムース）」な画面に作られている点である。

土居伸彰は、ロトスコープ技法からアニメーション・ドキュメンタリーまでを例に出しながら、エイゼンシュテイン的な原形質性が、とりわけデジタル化以降のアニメーション表象にこそ多く見られるようになっていることを指摘している［■10］。そして、第七章でわたしたちも参照した「空洞化」というキーワードは、この原形質性と同じ意味を持つというのだ。確認すれば、二一世紀のアニメーション表現のいたるところに見られるようになっている空洞化とは、アニメーションの画面がどんな意味や解釈でも受け入れ可能な空っぽの容れ物になっているということだった。それはいいかえれば「どんなものにでもなれる」という変形可能性のことでもある。その意味で、デジタル化はアニメーション本来の可塑性をさらに加速させている。

■9　エイゼンシュテインの原形質論との関連でいえば、彼とほぼ同時代に生きたフランスの美術史家・美術評論家エリー・フォールが一九二〇年代に提起した「映画造形 cinéplastique」概念も重要である。フォールは「映画はまずもって造形的であ」り、「持続のなかで生き生きとリズムを繰り返し刻んでいくことにある」と定義するが、これは後年のエイゼンシュテインの原形質概念を予告しているように見える。実際、フォールもまた、映画造形の例に、「ダンス」や「体操選手の一団によるリズミカルな運動」などを挙げている。また、訳者の須藤健太郎が解説しているように、映画造形概念はカトリーヌ・マラブーの可塑性の哲学とも比較しうる側面がある。以下を参照。エリー・フォール「映画造形（シネプラスティック）について」、『エリー・フォール映画論集 1920-1937』、須藤健太郎編訳、ソリレス書店、二〇一八年、八－三六頁。および須藤による同書の後記「シネプラスティックとその彼方」。

■10　前掲『個人的なハーモニー』、一八〇－二二五頁。

## デジタルゴジラの可塑的な尻尾

こうした映像のデジタル化と可塑的なイメージの擡頭という論点において、もうひとつの補助線として見ておきたいのが、本書で繰り返し取り上げている実写映画『シン・ゴジラ』である。その可塑性のわかりやすい事例のひとつが、本作で東京湾の海上から水蒸気煙とともに顔をだし、続く日本上陸後もゴジラ本体の体高を上回るほどの長さで背後に揺れ動くゴジラの「尻尾」のイメージである。この異様に長い尻尾は、『シン・ゴジラ』におけるゴジラの造形でしばしば注目された点のひとつだ。またこの造形については、北村龍平監督による前作『ゴジラ FINAL WARS』(二〇〇四年)までのシリーズがすべてスーツアクターによる着ぐるみ演技であったのに対し、狂言師の野村萬斎によるモーションキャプチャとフルCGという手法によって、はじめてバーチャルに制作された点も公開当時から注目を浴びた。ここには従来のゴジラ表象からの明らかな進展が認められる。すなわち、それがイメージの可塑性という問題である[■11]。

かつての重厚な着ぐるみで作られたゴジラと違い、今作の「デジタルゴジラ」の尻尾は、別の生き物のような存在感を持ってクネクネと動き回る[■12]。さらに、尻尾に典型的なデジタルゴジラの「柔軟性」は、これも本作で新たに導入された設定である、ゴジラが全編を通してその形状をつぎつぎと生成変化させていく「進化」にも反映されている。そしてつけ加えておけば、その柔軟性は逆に、物語のクライマックス（「ヤシオリ作戦」）で血液凝固剤を投入されたゴジラの身体に起こる、モノのような「結晶化」（硬直性）の表象ともみごとな対称性をなしているといってよい。

ここでゴジラの身体によって表象される可塑性に注目してきたのは、デジタル以降の実写映像でもまた、同様の性質が根本的要素として、しばしば挙げられるからである。これまでも述べてきたように、すべてがバーチャルな情報で構成されるデジタル映像は、かつてのアナログフィルムのような現実との結びつき（「指標性」）を徹頭徹尾失い、代わりにデジタルアニメーションや3DCGを典型的モデルとする、イメージの備える「運動性（モビリティ）」の側面に重点を移しているからだ。その意味で、アニメーションを出自に持つ庵野が二〇一〇年代の実写のゴジラ表象に、独特の可塑的な映像センスを加味したのは当然だともいえる。

さて、以上を確認したうえでここであらためて『ルー』に戻ろう。

■11　イメージの可塑性の問題については、以下の新海誠を論じた拙論も参照。渡邉大輔「彗星の流れる『風景』」、『ユリイカ』二〇一六年九月号、青土社、九〇－一〇一頁。

■12　ちなみに、萬斎によるモーションキャプチャの演技では尻尾にまではセンサがついていないようで、この部分はCG映像で補ったようである。ただプリヴィズ制作中の資料写真を確認すると、シーンによっては萬斎の腰のあたりに重りをワイヤー状のものでつないだ尻尾のようなものをつけて演技している。庵野秀明企画・責任編集『ジ・アート・オブ シン・ゴジラ』、カラー、二〇一六年、二二二頁を参照。

土居によると、それらデジタル化された近年のアニメーションにおいては、たんにキャラクターの身体のみならず、記号と意味、主体と客体、現実と虚構などといった従来のアニメーション空間を支えている多種多様な図式もまた、流動化し混淆していくのだという。

そこで思い出されるのは、これも『ルー』でいたるところに登場する奇妙なカメラアイの存在だろう。その例をひとつだけ挙げておけば、ルーとカイが海を望む丘のうえのブランコに乗っているシーン。ふたりがふと前方を見ると、東京でモデルをやっていたが、いまは帰省して喫茶店を営んでいる伊佐木（声：伊藤静）が男性とキスをしている姿が目に入る。ここで映画はその姿をまなざすふたりのどちらかのPOVショットに切り替わるのだが、不思議なことに、そのキャラクターの目が見たはずの映像は、あたかもカメラのレンズのように、小刻みに画面がズームアップする、肉眼ではありえない動きで描かれる。このいっけんして奇妙な表現は、観る者に対して、まるでルーとカイが機械のカメラに変貌したかのような錯覚を感じさせる。こうした表現は、第二部で検討したオブジェクト的な存在様態にも通底しているだろう。

思えば、ポストシネマとは、たとえば『ゼロ・グラビティ』（二〇一三年）がそうであったように、「人間的」なカメラアイの消失、いいかえれば「ポストヒューマン的」ともいえるカメラアイの創出とも決定的に関わっていた。すなわち、ここでは彼らの身体は有機物からカメラのような無機物へとやはり可塑的に変化しているといえる。

## II 映像文化の可塑的な編成

### ひとつの「家」で重なるふたつの物語

デジタル時代の映像表現は可塑的な性質を宿している。ところで、モノの形が外圧を受けて変形する、ないしは異なる要素同士がたがいに力を与えあって柔軟に変化しあうというその性質は、そもそもスマートフォンやタブレット端末のタッチパネルにもいえるのではないか。わたしたちが日常的にやっているスワイプやドラッグといった操作を思い浮かべてほしい。指でなでたり、なぞったり弾いたりすると、画像の大きさや位置などが変わる。タッチパネルは、触ることで画面が変化する可塑性——東浩紀のいう「触視的平面」——を宿している。

さらにその性質はメディアや映像そのもののみならず、映像が受容される環境の側面、たとえばスクリーンとわたしたち観客／ユーザの関係性の変化にもあてはめることはできないだろうか。二〇一〇年代の映画文化の状況でいえば、シネコンを中心に活況を呈する「応援上映」「発声可能上映」の浸透が思い浮かぶ。アニメーション映画『KING OF PRISM by PrettyRhythm』（二〇一六年）の冒頭シーンでは、画面下の部分に女性キャラクターの台詞が字幕で表示され、それを劇場で観客が読んで吹き替えるという変わった「観客参加型」の演出が登場する（わたしもたまに大学の講義でこの映像を流すのだが、教室が一瞬でカオスに包まれる）[■13]。こうした参加型や応援型の上映方式やコンテンツは、『映画 Yes! プリキュア5　鏡の国のミラクル大冒険！』（二〇〇七年）あたりから登場し、その後、二〇一〇年代に『シン・ゴジラ』やインド映画『バーフバリ　伝説誕生』（二〇一五年）など、広く浸透し人気を呼んだ。これらの映画はまさにスクリーンと観客との双方向的＝相互干渉的なコミュニケーションによって成立するようになっている。いいかえればそれはスクリーンと観客側の、本来固定化された関係が相互に影響をおよぼして柔軟に変形させあっているといい表せるのではないか。

こうした意味での可塑性を描く作品として、『わたしたちの家』を挙げることができる。『わたしたちの家』は、ぴあフィルム・フェスティバルでＰＦＦアワード２０１７グランプリを受賞した、清原惟の東京藝術大学大学院映像研究科の修了制作作品である。本作が劇場デビュー作となる清原は、武蔵野美術大学映像学科在学中からその作品がＰＦＦで連続入選を果たすなど、デビュー以前からその才能が注目されてきた期待の新鋭だ。本作は二〇一八年の第六八回ベルリン国際映画祭フォーラム部門への出品も果たした［■14］。『わたしたちの家』は、本書でこれまでに展開してきた議論のすべてが表れている驚くべき映画である。最後にこの作品のポストシネマ性を丹念にたどることで、本書の内容を締めくくりたい。

『わたしたちの家』のいっぷう変わった物語のおもな舞台となるのは、その題名のとおり、港町の路地に建つ二階建て古民家である。一四歳の誕生日を迎えつつある中学生のセリ（河西和香）は、クリスマスの直前に父親が失踪して以来、母親の桐子（安野由記子）とふたりでこの家に暮らしている。だが最近、母親に高史（古屋利雄）という若い恋人ができたらしいことを知り、心中穏やかではない。ここで、映画は不意にもうひとつの物語を語り始める。さな（大沢まりを）は目覚めると夜の海に浮かぶフェリーの客室にひとりで乗っている自分に気づく。なぜか自分に関する記憶が消失していた彼女は、デッキで出会った透子（藤原芽生）と名乗る若い女性が住む家に住まわせてもらうことになる。だが、しだいに透子の行動にはどこか秘密があるように思えてくる。

本作を観ている観客は、セリと桐子が暮らす家と、さなが招かれる透子の家とが、まったく同じ家だということに確実に気づくだろう。だが、物語のなかでは一方が登場するシーンに他方が登場することはなく、両者が別々の世界であるかのように進行する。

■13　渡邉大輔「液状化するスクリーンと観客」、大久保遼、光岡寿郎編『スクリーン・スタディーズ』、東京大学出版会、二〇一九年、七四‐七五頁を参照。

■14　本論の論旨からは逸れてしまうが、清原の映画はいっけんして、若い女性たちのみずみずしいたたずまい、ダンス場面の頻出、音楽の効果的使用、SF的な趣向など、多くの点で東京藝術大学映像研究科の先輩でもある瀬田なつきの作品群を思わせる。そして、ここには三浦哲哉がすでに『わたしたちの家』における『レネットとミラベル／四つの冒険』（一九八六年）との類縁関係を指摘しているように、エリック・ロメールからの影響関係も窺わせるだろう（清原はむしろ、ジャック・リヴェットへの偏愛をしばしば語っているが）。濱口竜介や深田晃司などロメールからの影響を公言している監督は彼女たちと世代の比較的近い男性監督にも少なくない。ここには今日の日本映画における「ロメールの系譜」とでもいうべきものを見出すことができる。

映画は、セリ／桐子、さな／透子という、それぞれふたつの異なる時間（物語）を生きながらもどこかでささやかにつながりあう二組の女性たちの姿を、同じひとつの家を舞台に巧みに交錯させて描いていくのだ。一般的には「並行世界」といったSF的な用語で語られる設定を持つ物語ではあるものの、清原はそれらの背景を何ら作中で説明することはない。最小限に切り詰められた道具立てのなかで、物語世界の背景は最後まで「秘密」として保持される。

ではまず、『わたしたちの家』におけるインターフェイス的平面性や画面の空洞化を見ていこう。

視覚的にわかりやすいところでいえば、本作の画面には障子などさまざまな四角い枠（フレーム）がいたるところに氾濫しており、さらに手前と奥の複数のフレームが相互に重なりあっている点がまず注目される。たとえば、さなが住まわせてもらう透子——名前に「透ける」という字が入っていることも暗示的だが——の家の部屋には、ガラス窓のうえから青みがかった大きな布が何枚も掛けられている。麻のような素材で織られたその矩形の布は、風にそよぎながら、外の窓枠の矩形を半透明にうちに透かして見せる。

ところで、東浩紀はアメリカの理論神経生物学者マーク・チャンギージーの知見（『ヒトの目、驚異の進化』）を参照しながら、立体視（遠近法）

図2　『わたしたちの家』（2017年）
©東京藝術大学大学院映像研究科

に象徴される近代的主体に代わる、ポストモダンの主体像の本質を、「透視」に見出せるのではないかと記していた[■15]。この東の指摘は、コンピュータの画面のうえでいくつものウィンドウが奥行きを欠いて重なっていることを表す、彼が「超平面性」や「過視（的）」と名づけた議論と関係している[■16]。であるなら、この複数の矩形の半透明のフレームこそ、後述する幽霊的な主体や拡張現実的な時空間とも呼応する『わたしたちの家』の画面のインターフェイス性を視覚的に明示するものと呼べるだろう。

実際に、清原の映画では、画面手前に何らかの対象を据えることでショット内の奥行きを強調する構図が頻出する。『わたしたちの家』でも、カメラは、セリたちの住む民家をしばしばそうした奥に長く伸びる縦の構図で捉える。たとえばそれは、映画冒頭からしばしば示される住居一階のショットに典型的だろう。そこでは、横長のガラスを真ん中に嵌め込んだ障子戸に囲まれた、掘り炬燵のある居間が、画面奥に台所を、画面手前に二階に上がる階段に接した別の部屋を配して、玄関から映される。そのショットでは、セリが炬燵机で食事を取る姿が、画面のほぼ右半分を覆う障子戸によって観客の視界からほとんど遮られながらも、横長のガラスが小さなフレームの役割を果たすことで、彼女の顔の部分だけがちょうどクロースアップショ

■15　東浩紀「観光客の哲学の余白に　第2回」、『ゲンロンβ14』、二〇一七年。

■16　東浩紀『動物化するポストモダン』、講談社現代新書、二〇〇一年、第二部を参照。

ットのように縁取られて見えるのである。

こうした矩形のガラスや障子をはじめ、二階にある鏡台、さながら仕事の面接を受ける喫茶店の窓枠や壁に掛かる絵画の額縁など、『わたしたちの家』の画面にはじつに多くのフレームが、登場人物たちの周囲に多層的に重なりあって現れるのだ。

不思議な物語構造を持つ『わたしたちの家』には、以上のようにインターフェイス的平面を髣髴とさせる細部がある。こうした平面がポストシネマの画面にとってきわめて重要な要素となっていることは前章で見てきた。もちろん、この指摘だけではまだ視覚的な印象論に留まる。しかし後述の物語展開との関係から見たとき、『わたしたちの家』のインターフェイスは、異なる要素や作用が関係しあう「接触面」という観点から、可塑性や空洞化と関連づけられる広がりを持ち始めるのである。

## 「私たち／原形質」的な「世界の見え方」

このようにして原形質性や可塑性に注目すると、この作品の表象空間の持つ特異性がはっきりと見えてくる。この点を考えるうえで注目したいのは、先も触れた土居が、空洞化という概念を、ロシアの世界的アニメーション作家ユーリー・ノルシュテインのアニメーション表象に認められる原形質性から援用していることだ。また映画研究者の畠山宗明は、そのノルシュテインが強い影響を受け、ほかならぬ原形質という概念を定式化したエイゼンシュテインの映画理論について検討するなかで、原形質的なものがもたらす「わたしたちの世界の見え方」の変化を丹念に跡づけている。

畠山はまず、エイゼンシュテインが自らの映画理論の構築において、観客の身体的／経験的知覚を重視していた点に注意を促す。そしてこの、眼前で生きいきと動き、具体的な個物＝「主語」に取って代わることのない一般化したイメージを捉える（アニメーション的な）「運動の知覚」を、「述語的なもの」という心理学の概念と重ねあわせる。注目すべきなのは、この「何にでもなれる述語的なもの」こそ、エイゼンシュテインが「主語が不定な運動的なものの究極のあり方」と定義した「原形質」と通じるのだという点である。というのも、そこで原形質のように知覚される「述語的なもの」には「わたしたちの世界の見え方」に関する、ある独特の性質が宿っているからである。畠山はそれをつぎのように要約している。「注意しなければならないのは、実写であれアニメーションであれ、原形質的なものは日常的な見え方に重なり合っているものとして想定されているということだ。それは、述語的なものの『輪郭』のみが際立つというありかたにおいて、通常の画面においても私たちの見え方に重なり合っている。主語的なものと述語的なものは『互いに無関係なものとして知覚されながら、一緒のものとしても認識される』のである」[■17]。たとえば、前節で見た『人魚の踊り』を思い出してほしい。エイゼンシュテインとの関連からこの作品に言及する畠山も、このシーンの「ゾウのようなかたちで歩くタコ」を例に原形質性を説明している[■18]。そこでは「歩く」という述語に象とタコというふたつの異なる主語がオーバーラップして宿っているわけだ。「ゾウ」「タコ」という主語的なものと「歩く」という述語的なものはたしかにたがいに区別される「無関係なものとして知覚されながら」、同時に「ゾウのようなかたちで歩くタコ」という「一緒のものとしても認識される」のである。

もう一度、『わたしたちの家』の世界に視線を向けてみよう。冒頭で記したように、この映画では、一軒の民家のなかで、相互にすれ違う二組の女性たちの物語が重ねて描かれる。彼女たちのあいだには、たとえばふたりの女性の物語であること、いずれも何らかの理由で家から追い出したい男性の存在があること、あるいは喪失できない記憶と喪失した記憶を抱えた女性がいることなど、いくつかの共通点やコントラストが見られるものの、基本的には作中でたがいがたがいの姿に出会うことはけっしてない。彼女たちはひとつの同じ家に住まっているはずでありながら、たしかに別々の時空を生きており、セリと桐子にはさなと透子が見えず、またさなと透子にはセリと桐子が見えない。ただ、いたるところで彼女たちはたがいの存在の気配を感じ取り、さまざまな符牒を介してかすかに触れあってもいることが暗示される。そうした薄い皮膜のような重なりあいとすれ違いのなかで、二組の女性たちの存在の固有性もまた、ぼんやりとした、「互いに無関係なものとして知覚されながら、一緒のものとしても認識される」存在になっていくだろう。両者は、畠山のいう主語的なものと述語的なものの役割を交互に入れ替えながら、協働して原形質性を構成していくように感じられるのだ。

ちなみに、このようなひとつの居住空間を舞台に、そこにかりそめの生活をともにする女性たちがアイデンティティを希薄にしたまま、どこかたがいにすれ違い続けるという物語は、清原作品に固有のモティーフでもある。おそらく彼女の初長編作品である武蔵野美術大学の卒業制作作品『ひとつのバガテル』（二〇一五年）でも、ある団地の一部屋に間借りする少女あき（青木悠里）とその部屋の老いた家主まり（原浩子）のふたりは、やはりどこかたがいの姿が見えないかのように、あいまいにつぶやき、頷きあうばかりだった。

## 幽霊たちの拡張現実的な家

ひとつの空間を共有しつつもたがいにレイヤーの異なる存在たちが重なりあいながら共存する様子を繰り返し描く清原の映画は、いわば一種の「拡張現実」（AR）のようなリアリティを感じさせる。そうしたARのような半透明の存在たちが一軒の家のなかで世界をまなざすあり方と、さらにその存在たち自体をまなざす清原の映画（をまなざすわたしたち観客）のあり方とは、

■17　畠山宗明「エイゼンシュテイン――運動とイメージ、そしてアニメーション」、『ゲンロン7』、二〇一七年、一四七頁。
■18　同書、一五二頁。

同じような特質を持って重なりながら、かつてのスクリーン的な画面とは異なった「深さ」を垣間見させているように思える。

それはやはり浅さ＝見えるものと深さ＝見えないものの関係に関わっている。かつての画面では、その両者は峻厳に区別されていた。ところが、『わたしたちの家』における家では、浅さと深さははっきりと区別されない。そこは、見る者の身体や視角の違いによって見えるもの＝浅さの位相がプリズムのように移り変わるレイヤー状の時空なのであり、いうなれば複数の、層の違うウィンドウを画面上に並列させるインターフェイス、あるいは異なった「拡張現実」を抱えこむプラットフォームとして機能している。またひるがえってその家の内部にいるひとびとから見れば、おたがいの存在はあたかも「幽霊」のように半透明の皮膜を被ったあいまいな他者（準‐他者？）として現れるだろう。

実際、一種のホラーとしても見ることのできる『わたしたちの家』と似たような画面を描く映画は、じつは国内外で目立ってきている。たとえば、いささか唐突に感じられるかもしれないが、日本でも大ヒットしたアンディ・ムスキエティ監督の『IT／イット〝それ〟が見えたら、終わり。』（二〇一七年）。スティーヴン・キングによるモダン・ホラーの名作を原作にした本作では、「ペニーワイズ」（ビル・スカルスガルド）と名乗る不気味なピエロが北米東北部の田舎町に潜み、幼い少年少女をつぎつぎに襲っていく。

この映画のペニーワイズの描写でことのほか興味深いのは、第一に彼の姿や彼が巻き起こすできごとが、恐怖を感じる子どもの目にしか見えないということであり、また第二に、彼が町の地下に張りめぐらされた排水溝の水脈（ネットワーク）を自在に移動することによって一種の遍在性を獲得しており、さらに、二七年ごとに現れるという周期性によって、もはや固有の身体を伴った怪物というよりも、どこか匿名的な「環境」（インフラ）のように表象されているということだろう。すなわち、『ＩＴ／イット』のペニーワイズとは、ユビキタスなネットワーク環境を前提に、特定の条件のもとで現実空間に可視化される拡張現実的な幽霊――いうなれば、スマートフォン向け位置情報ゲームアプリ「Pokémon GO」のモンスターと似たような存在だといえる［■19］。そして、『わたしたちの家』に登場するセリ／桐子、さな／透子のカップルもまた、このペニーワイズのような「インフラ化した幽霊」として、たがいに寄り添い、まなざしあう存在と化している［■20］。さきの畠山は重ねて、以下のようにも述べていた。

■19　たとえば、『ＩＴ／イット』では冒頭の舗道を流れる雨水から少年たちの乗る自転車の滑走など、重力がもたらす起伏を欠いて横に「スクロール」する運動のイメージが頻出するが、こうしたイメージもまた、本作の物語世界がどこか現実の足場から遊離した拡張現実的なニュアンスをまとっていることを感じさせる。かつて思想家の中沢新一は「ポケットモンスター」のモンスターたちをラカン派精神分析でいう「対象ａ」（「象徴化の残余」）になぞらえた（『ポケットの中の野生』）。作中でスライド画像やテレビ画面の隅に「シミ」のように現れ、思春期の少年少女たちに何度もトラウマ的（幽霊的）に再来する『ＩＴ／イット』のペニーワイズもまた、まさに対象ａに似た多形的な「剰余物」だといってよいだろう。

> 原形質は、一種の取り憑きのような状態を作り出すのではないだろうか。〔……〕そこには、画面のなかの目に見える対象にも、それを見る私にも帰することができない任意の主体、「幻のもうひとり」（三浦雅士）の可能性が出現していないだろうか？
>
> そのとき、取り憑くものは原形質的なものである。
>
> 〔……〕エイゼンシュテインはディズニー論で、『人魚の踊り』（一九三八年）において、ゾウのようなかたちで歩くタコを原形質的なものの例として挙げている。その例で彼は、一つの輪郭（場所）に、ゾウとタコという二つの主語が宿っていると述べているのだ。〔……〕述語的な感情移入は、私ともあなたとも、誰とも言えないような、いや逆に、その主語が私でもあなたでもかまわないような、情動的な共感のゾーンを切り開くのではないだろうか。
>
> エイゼンシュテインの動画概念はデリダの言う「憑在論」的な性格を持つと言えるのではないだろうか？〔■21〕

原形質的なものは、いわば確固とした「私」＝「主語的なもの」から存在を遠く隔てる一方、「一種の取り憑きのような」「幻のもうひとり」＝「幽霊的な存在」を作り出す。そして、「一つの輪郭（場所）」のうちに、「私ともあなたとも、誰とも言えないような、いや逆に、その主語が私でもあなたでもかまわないような」、複数の私／主語（のようなもの）を宿らせる〔■22〕。

こうした性質は、まさしく『わたしたちの家』の家とそこに住む登場人物たちが如実に体現しているものであり、なおかつ、ポストシネマの画面の持つ「空洞性」や「私たち性」とはっきりと重なるものだ。それは奇しくも『わたしたちの家』という本作の題名自体が象徴している［■23］。なるほど、セリが友人と一緒にうしろから尾行していたとも知らず、若い恋人と街中でデートして帰ってきた夜、桐子は真っ暗な玄関で立ち尽くす娘を見て小さく叫ぶ。「びっくりしたあ。おばけかと思ったよ」。そして、セリは「さっき、おばけ出たよ」と返すのだが、こ

■20 『わたしたちの家』の劇場配給も手掛けた批評家の佐々木敦は、「家」（密室）という舞台装置が内在的なプラットフォームと化して、そこから幽霊的な存在を生成する『わたしたちの家』のような映画を、ジェームズ・ワン監督の『インシディアス』（二〇一〇年）やデヴィッド・ロウリー監督の『A GHOST STORY／ア・ゴースト・ストーリー』（二〇一七年）などの作品とともに「居るホラー」と名づけている。佐々木敦「「ホラー映画」の内と外」、『この映画を視ているのは誰か？』、作品社、二〇一九年、九九－一二二頁。

■21 前掲「エイゼンシュテイン――運動とイメージ、そしてアニメーション」、一五一－一五二頁。

■22 こうした『わたしたちの家』の幽霊的主体の性質は、どこか能を思わせる要素がある。能楽を専門とする演劇学者の横山太郎は、一九七〇年代から現代まで、すなわちポストモダンから「モノのエージェンシーの観点から捉え返す」「実在論的転回」にいたる時期の日本型の「現代思想」に、能楽が与えた影響関係を論じている。そこで彼は能の演技の持つ「内と外、自己と他者が流動的な状態にある」「経験の人称の流動状態」に多くの論者が注目した経緯を跡づけているが、こうした性質は、本章が描き出す準－客体を軸とした主体像、世界像と明確に響きあう側面がある（なお横山は西田幾多郎の「述語論理」との同型性にも触れている）。以下を参照。横山太郎「『現代思想』と能」、松岡心平編『中世に架ける橋』、森話社、二〇二〇年、三〇三－三三二頁。

れらの言葉は、図らずも彼女たち自身の存在の幽霊性に対する自己言及とも受け取れるだろう。

　セリやさなたちが住み、交錯する家は、いうなれば複数の幽霊たちがきわめて触覚的かつ偶然的にコミュニケーションを発生させるメディア的な「接触面」なのである。わたしたちはここにも、『わたしたちの家』の画面がはらむインターフェイス性を見ることができる。

## III　準 - 客体たちの視線劇

### 準 - 客体の氾濫

　さて、わたしは先ほど、『ルー』について、主体と客体といった従来の対立する二項が、流動的に混淆していく様態が顕著に認められると記した。現代の社会では、従来、分断していた主体と客体がフラットな関係に変わり、相互に関わりあうようになっている。こうした事態を的確に捉える概念として、いま思想の世界で注目されているのが、「準 - 客体」である。
　準 - 客体とは何か。すでに第五章でも軽く触れたとおり、これはミシェル・セールが一九八〇年代に使い出した主要な用語のひとつであり、簡単に要約すれば半分は受動的な客体（モノ）でありながら、同時に、もう半分では能動的・自律的な主体（ヒト）のような働きを持って振る舞う対象のことである（したがってセールはこの用語を、しばしば「準 - 主体」という言葉とカップリ

ング で用いる）［■24］。

この、いちがいにオブジェクトともサブジェクトとも呼べない奇妙な対象は、複数の行為体（アクタント）たちが相互に相手を牽制しあいながらもフォーメーションを変えて動的に結びついていく、流動的かつ競合的なネットワークを生成するための媒体として機能する。

登山が趣味で、スポーツを愛するセールがこの準-客体の例としてよく出すのが、「サッカーのボール」である。当たり前だが、ボールはプレイヤーに蹴られて操作されるモノである。しかし同時に、蹴られたボールはプレイヤーたちのフォーメーションの流れに影響を与え、彼らを操作してもいる。その意味で、ボールは「主体のようにヒトを操るモノ」とみなせるわけだ。サッカーのボールは、主体に動かされる客体であるとともに、主体の動きも操作している。またセールは、「モノがヒトの役割を横取りする」事態を、やはり（日本では「パスカット」と呼ばれる）サッカー用語でもある「インターセプター」と呼んでいる。

すなわち、準-客体たちが織りなすネットワークの内実とは、「主体／客体」、「自己／他者」、

■23　ちなみに、エイゼンシュテインは同時代の人類学、とりわけリュシアン・レヴィ＝ブリュールに大きな影響を受けていたことが知られている。レヴィ＝ブリュールの「融即律」は、近年のいわゆる「存在論的転回」を経た人類学でもふたたび注目を集めつつあるが、これが原形質的な「私たち性」とも通底する概念であることは本論の文脈からも興味深いだろう。

■24　たとえば、ミッシェル・セール『生成』、及川馥訳、法政大学出版局、一九八三年。

「ヒト／モノ」、「一／多」うんぬんといったカップリング群が、不断に交差・融合しあい、それら対立項のおのおのが中性的な立場から捉え直されるという事態にある。準‐客体を媒体として形成される複数のアクタントたちによる動的なフォーメーションは、能動的な変形作用と受動的な形態保持がせめぎあう「可塑的(プラスチック)」な性質を帯びることになる［■25］。［図3］

　セールが八〇年代の著作で提起したこうした議論は、その後、情報通信技術やデジタルメディアの発達に伴って、近年の現代思想のなかで急速に脚光を浴びつつある。たとえば、準‐客体論を参照しつつ「アクター・ネットワーク理論」（ANT）を展開するフランスの科学人類学者ブルーノ・ラトゥールや、さらにそのラトゥールのANTに大きな影響を受けている、同じくフランスのピエール・レヴィらの情報哲学などがセールを参照している。ラトゥールのANTもまた、自らの性質や形態がほかのアクタントとの関係の効果として生み出され、またたがいの状態に影響を与えあう、人間を含めた多種多様なア

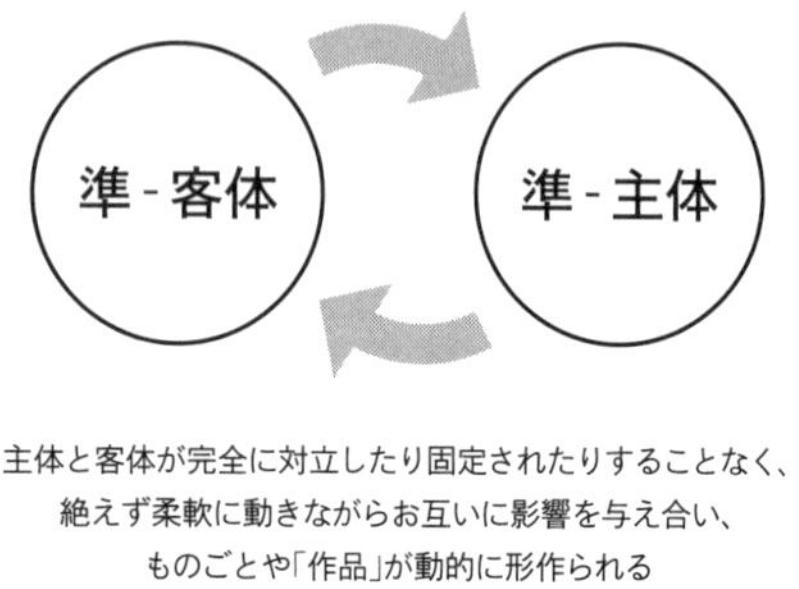

準‐客体

準‐主体

主体と客体が完全に対立したり固定されたりすることなく、
絶えず柔軟に動きながらお互いに影響を与え合い、
ものごとや「作品」が動的に形作られる

図3　デジタル文化の構造

クタントが異種混淆的に織りなす競合的なネットワークの様相を追う理論である。

こうしたヒトとモノとの相互干渉の様態は、第四章でも例に出したSiriやドローンの本質を表す概念でもある。それゆえ準–客体はいま、あらためてデジタル以降の文化状況を考えるのに有効なキーワードとして注目されている。

### アクター・ネットワーク的な視線の劇

すでに見たように、『わたしたちの家』とその登場人物たちのまなざしには、幽霊的＝拡張現実的な「深さ」――インターフェイス性と呼びうる要素がたしかに宿っている。そしてそれらは、セールの準–客体やラトゥールのANTの議論ともつながりを持つだろう。インターフェイスは、さまざまな対立項を触れあわせる接触面であり、同じ性質をエイゼンシュテインのいう原形質も共有している。前節の引用文で畠山が指摘していた「私ともあなたとも、誰とも



■25　哲学研究者の串田純一の指摘によると、ドイツの哲学者ハイデガーは、アリストテレス『形而上学』の枠組みを参照しつつ、事物自体のデュナミス（可能態）には受動的な「被ることErleiden」と抵抗的な「従わないことUnduldsamkeit」という対照的な力があり、このふたつの「力の在り方」がおのおのの存在者の世界形成や現存在の脱抑止の方向づけにも付帯していると考えていた。この受動性と抵抗性の存在論的な拮抗もまた、一種の可塑的な関係性に通底しているといえるかもしれない。串田純一『ハイデガーと生き物の問題』、法政大学出版局、二〇一七年、一七二頁。

言えないような、いや逆に、その主語が私でもあなたでもかまわないような」あり方を示す原形質性とは、より敷衍すれば、自己と他者や主体と客体、ひいてはヒトとモノや人為と自然といった対立項を混在させるものだからだ。そこでは、なかばは自己＝「わたし」、なかばは他者＝「あなた」といった幽霊的なアクタント同士が競合的かつ流動的なネットワークを取り結ぶ。

　つまり準－客体によるネットワークの可塑性は、エイゼンシュテインの原形質性の議論まで遡ることができるものなのである。実際、ディズニー・アニメーションに描かれた「ゾウのようなかたちで歩くタコ」のように、複数の主語を宿らせる述語的な運動としての原形質を、エイゼンシュテインは別の文章で「いかなるフォルムにもダイナミックに変容できる能力」（「ディズニー」）ともいいかえているからだ。本来は交わらない対立する複数の記号がひとつの物体のなかで競合し、プリズムのごとく「ゾウ」にも「タコ」にも「ダイナミックに変容できる」可塑性は、ANTにおいてアクタントが構成しあう動的均衡性に近いものである。

　さらにいえば、アクタントたちが織りなす可塑的なネットワークからは、全体が部分に対して一方向的に包摂されるという関係ではない、いわば非ホーリズム的な相互包摂関係も派生してくる[■26]。その様態は、ひとつの家のなかでふたつの別々の物語を生きる二組の女性たちが、たがいがたがいにかすかに触れながらも、すべてがどちらかに完全に包みこまれることのない『わたしたちの家』の世界が描き出すものでもある。

たとえば、セールやANTを駆使して「存在論的転回」を人類学で積極的に推し進めているオランダの人類学者アネマリー・モルは、これを「袋詰め ensachage」というセールから借りた比喩で表現している。セールによるこの比喩は従来の存在論のあり方を示す「箱詰め emboîtement」という比喩に対応するものである[■27]。「箱詰め」は全体と部分、あるいは部分同士の関係を、AがBより大きく、BがCより大きいならば、AはCより大きいという、不可逆的な階層性を持つものとしてのみ捉える。これに対して「袋詰め」は、AがBより大きくても、AをおりたためばBに入るというように、両者の位置を絶え間なく入れ替え、相互包摂しあう可塑的な様態を指すのである[■28]。

ここでモルのいう箱詰め的な固定した関係性は、近代的な世界認識のあり方全般に見られるものでもあるだろう。デカルトの主客二元論的な認識モデルは、やはり主体と客体という階層的な二項を対置し、主体が世界という客体をまなざしによって一方的に包摂するものである。その関係性は固定されており、なおかつ非対称的である。それゆえ、このデカルトのモデルは、

■26　この点は以下の文献の第六章に示唆を受けた。清水高志『実在への殺到』、水声社、二〇一七年。

■27　ミッシェル・セール『アトラス』、及川馥、米山親能、清水高志訳、法政大学出版局、二〇〇四年、三八―三九頁。なお、邦訳では「emboîtement」は「はめ込み」と訳されており、「箱詰め」という表記は前掲『実在への殺到』、一三五頁を参照した。

■28　アネマリー・モル『多としての身体』、浜田明範、田口陽子訳、水声社、二〇一六年、一九四―一九五頁。

視覚論の文脈では近代の遠近法モデルにほぼそのまま置き直すことができる。画面の奥の一点に集約される遠近法の消失点は、箱詰め的な全体と部分、主体と客体の階層性・非対称性を具体的に表している。その意味で、袋詰め的な関係を伴った新たな視覚モデルは、そうした「《象徴形式》としての遠近法」（パノフスキー）にはおさまらないものとなる。それは「見る主体／見られる客体」が、半透明で幽霊的な境界を媒介に、たがいをリヴァーシブルに相互包摂しあうようなモデルといえるかもしれない。それは「インターフェイス的視覚世界」と呼べるものだ。

具体例を挙げてみよう。たとえば、いわゆる「アニ文字」の顔のアニメーション映像。アニ文字とは、二〇一七年発売のiPhone Xから新しく搭載されたTrueDepthカメラを用いた機能である。センサがスマートフォンユーザの表情を逐次読み取って、全一二種類の3DCGアニメーションキャラクターの表情に反映させ、そのキャラクターのアニメーションをメールで送ることができる。いってみれば、「絵文字の顔認証アニメーション版」のような機能である[■29]。

アニ文字のキャラクター＝客体の見せる表情は、この場合、インターフェイスの操作者との文字通り「触覚的」な作用によって可塑的に形作られる。他方、そこでは本来主体であるはずのユーザの表情も、アニ文字＝客体の表情の変化から影響を受けうる場合がある。ユーザのそれを読み取って作られたパンダや宇宙人の表情の動きを実際に見ていると、ユーザの表情もそちらにあわせていつの間にかグニグニ動き、思わぬ反応をしてしまうのだ。その結果、イメージとユーザの表情はまさに競合的かつ流動的に影響を与えあうことになるのである。この主体と客体、人間と３Ｄキャラの可塑的な相互包摂性にアニ文字の面白さがある。そして、これは今日のデジタル映像の非ホーリズム的な構造をもっともよく反映しているだろう。

さて最後に、以上に整理してきたようなアクター・ネットワーク的な関係が、『わたしたちの家』のいたるところで見られることを確認しておこう。たとえば、「わたし」と「あなた」の動的な競合関係は、色彩設計によって端的に示されている。この物語で対をなすセリ／桐子とさな／透子の世界は当初、それぞれ赤と青という対照的な色調によって統一されているのだ。ところが、その色調は物語が中盤を過ぎたあたり、ふたつの世界が微妙に交錯し始めるころから、相互に徐々に浸透していく。そして、それぞれ異なる色を担っていたふたつのアクタントたちのネットワークには、当然ながらその関係性を活性化させる何らかの重要な準‐客体が関わってくることになる。これは映画を観た観客ならば、物語を通じ、まさにさなからセリに最後に届けられるプレゼントのような箱として、目の当たりにすることだろう。ただ、その贈り

■29　もとよりインターフェイス研究者の水野勝仁が指摘していたように、通常のモバイル端末の電子メールでも用いられる「絵文字」が可塑性を帯びていた。絵文字はひとつの記号＝イメージのなかに、それを読む者によって多様な意味を読み取れる「余白」を含んでいる。この「何にでもなれる述語的なもの」の役割の大きさという特徴もまた、原形質性と共通する部分がある。水野勝仁「絵文字は空白をつくり、スリルを生む」、『ÉKRITS』、二〇一六年。URL=http://ekrits.jp/2016/06/2070/

物もまた、相手が気づかないうちにいつの間にか偶然受け取ってしまっており、受け取ったときにはもうその送り主を確かめる術はないという――東浩紀のいう「郵便的」な――メディアとしてある。

そして、『わたしたちの家』はさらに、あるインターフェイスを媒介にして、このふたつのアクタント――見る主体にして見られる客体、相互に包摂しあう幽霊たちを密やかに通じあわせることになる。その特権的なインターフェイスとは、本作に氾濫する半透明のフレームのなかのひとつ、和紙の貼られた障子である。

映画の中盤、薄明りのなか、布団に寝ているセリが、かすかにきしむ足音を耳にしてふと目を覚ます（このとき、空間は青みがかり、セリの世界にさなの世界が密かに入りこんでいることに観客はおぼろげに気づくはずだ）［■30］。ゆっくりと起き上がり、部屋の外の廊下に出た彼女は、ぐるりと回転して周囲を見回したあと、眼前に立つ障子戸に目をやる。弱い光にあたって陰影に粒立つように浮かび上がった白い和紙の表面がクロースアップで映された、つぎの瞬間、セリの人差し指が勢いのよい音を立てて和紙を突き破る。彼女は頭を少し屈めて、指の跡に開いた小さな穴を覗きこむ。続いて場面は、子ども服の修繕をするさなと透子の様子に変わる。直した服のハンガーを長押に引っ掛けたさながふと、目の前の障子戸に視線を落とす。するとそこには、セリの世界で開いたはずの穴がたしかに存在するのである。さなは「あれ、こんなところに穴開いてたっけ」とつぶやく。「大きい穴。指差したでしょ」とからかう透子をさなは笑って否定しながら、彼女もまた、何気なくその開いた穴の向こう側の空間を覗く。

ある空間の壁に開いた穴が外界の光を投射する、あるいはそこから空間に視線を注ぐという構造が、近代が生んだ典型的な光学装置の数々——カメラ・オブスキュラやキネトスコープのそれをそのままなぞっているのはいうまでもない。この「障子の穴を覗く」というイメージは、通常ならば、まさにあの遠近法的な「見る主体／見られる客体」の関係性を隠喩的に想起させるものである。しかし、『わたしたちの家』の障子穴は、セリとさなにたがいの姿を見せることはない。にもかかわらず、穴はふたつの世界をたしかにつないでいる。ここでは、いわば幽霊化したセリとさなの視線が、おたがいを等しく包みこんでいるのだ。

それとともに、セリが指で触れるこの和紙の表面は、まさに一種のタッチパネルでもありうる。この和紙の表層こそ、それぞれが異なる位相を生きる幽霊たちが交差する「接触面」なのだ。『わたしたちの家』はセリとさなの、インターフェイス／タッチパネルを介した相互包摂的なふたつのまなざしによって、新たな視覚像のネットワークを示している。まぎれもなく映画でありながら、なおかつ「映画以後」のイメージをも確実に拓く本作こそ、「ポストシネマ」の傑作と呼ぶにふさわしいだろう。

■30　本論では、視覚的な側面の幽霊性しか扱えなかったが、『わたしたちの家』では、じつは音の持つ幽霊性もきわめて重要な意味を担っている。

最後に、今日の映像文化の可塑性の本質をまとめながら、ここまでの議論を振り返っておこう。

映画を含むデジタル時代の作品は、主体と客体、スクリーンと観客、作家と素材といった要素がある種の「共同作業」を相互に繰り広げながら形成される、プロセスの総体として考えることができる。本書で論じてきたさまざまなポストシネマの論点全体を振り返るとき、この準-客体たちの可塑的な相互干渉の様態こそ、じつは一貫していた特徴であったと気づくはずだ。すなわち、近代的な価値観や制度（もちろん、そこには従来の「シネマ」も含まれる）のなかでは対立させられたり、離れていたり、優劣づけられていた多様な要素が相互に能動的に関わりあい、形を変えあっていくという事態である。第一章で論じた非擬人的カメラであれば撮影者とカメラが、第二章で論じたフェイクドキュメンタリーであればリアルとフェイクが、第三章で論じた「楽しさ」の映像論でいえばオリジナルとリメイクが、第四章・五章で論じたポストヒューマンの映像であればヒトとモノが、第六章で論じたポストシネフィリーであれば映画史的記憶とデジタルな忘却が、第七章で論じた現代アニメーションであれば実写と絵が、第八章で論じたインターフェイス的平面であれば視覚と触覚が、それぞれ相互に影響を与え、新たな映像文化を——ポストシネマを生み出していた。

ポストシネマは、この新しい地平から生まれた。そして、その可塑的な変形作用は、関連する「原形質」という語の生物学的なニュアンスからもやはりアンドレ・バザンの記した

「幼形成熟(ネオテニー)」の比喩を思い出させる[■31]。「大文字の映画史の終焉」を自覚するところから映画製作を始めたヌーヴェル・ヴァーグの若き作家たちの庇護者でもあったバザンは、しかし一方で、当時にしてすでに完成されきったと信じられていた映画というジャンルに、まだ誰も知らない幼形のポテンシャルが潜在している可能性を示していた。思えば、あらゆるジャンル（genre）は生物のようにその世代（generation）によって、固定することなく永遠に生成変化（generate）し続けるものだろう。

さしあたりここでポストシネマと呼んださまざまな作品を貫く可塑性の力は、バザンの夢見たウーパールーパーのように、これからもダイナミックに形を変えながら、無数の刺激的な映画をわたしたちに見せてくれるだろう。

■31　第五章の脚註で参照したフランスの技術哲学者ジルベール・シモンドンもまた、その個体化論において、物理的個体化、生命的個体化、精神的個体化……といった水準の異なるさまざまな個体化がそれぞれ完全には具体化されず、宙吊りのままつぎの個体化が開始されていく様態（成熟と未成熟の併存）を、「ネオテニー的増幅」と名づけている。以下を参照。宇佐美達朗『シモンドン哲学研究』、法政大学出版局、二〇二一年、一一三－一一四頁。

# おわりに
## ――ポストシネマのアナクロニズム

### 「転回」の年から

本書の冒頭で、わたしは「ポストシネマ」という耳慣れない言葉とともに、つぎのような問いを掲げた。

メディア環境、社会的制度、ひとびとのリアリティ……。昨今、じつにさまざまな側面で「映画が映画であること」の輪郭が、かつてとは明らかに異なったものになりつつあるように思えるが、いったいその内実はどのようなものか。あるいは、そうした何らかの変化をわたしたちに示す作品群が生きる現在をアクチュアルに掬い取る、従来型の映画批評の枠を越えた、新たな映画のための批評言語は、いかにして可能か。

そのような思いから本書では、拙著『イメージの進行形――ソーシャル時代の映画と映像文化』、『明るい映画、暗い映画――21世紀のスクリーン革命』や拙編著『ビジュアル・コミュニケーション――動画時代の文化批評』から続けてきた、今日の映画を取り巻く新しい状況と、それらに影響を受けた映画の表象システムそのものの変容について思考をめぐらせてきた。そして、そうした思考は、二〇二〇年の新型コロナウイルスの世界的拡大に伴う社会的激変によって、より実感を伴うものになったのではないかと思う。

いま振り返ると、本書のもととなった連載が二〇一六年の一月からはじまったことは、まったくの偶然ではあったものの、ポストシネマという新たな映画や映画批評の問題を考えるにあたっては絶好のタイミングだった。年間を通じて歴史的な大ヒット作や傑作がつぎからつぎへと公開され、「日本映画の当たり年」「アニメの当たり年」などとも呼ばれたこの一年は、おそらく二一世紀の映画にとって、ひとつの巨大なパラダイムシフトの年になったからだ。事実、本書でも、濱口竜介監督の『ハッピーアワー』(二〇一五年)、庵野秀明総監督の『シン・ゴジラ』(二〇一六年)、山田尚子監督の『映画 聲の形』(二〇一六年)、そして片渕須直監督の『この世界の片隅に』(二〇一六年)など、現在もなおさかんに言及される重要作を主題的に取り上げてきた。ここであらためて、まずは第一章で『ハッピーアワー』を論じたさいにわたしが差し出していた問題意識に立ち戻ってみよう。

五時間一七分の長さを持つ濱口の『ハッピーアワー』には、ある特異な時間がたたみこまれている。映画前半で描かれる、震災後の東北の海岸で活動していたという怪しげなアーティストが主宰するワークショップのシークエンスを例に挙げながら、わたしはそう指摘した。第一章ではその特異な時間を、本書のなかでもたびたび参照してきたミシェル・セールを引きつつ、「可塑的(プラスチック)な時間性」と名づけておいた。それは、セールが「ミゼラブル」と呼ぶような、それぞれがバラバラに孤立した棒のような人物たちが、競合的な相互干渉のプロセスによって生成させる、「リニアな時間軸を絶えず複数に分岐させていく冗長で潜在的な時間性」のことである。

このように、わたしは『ハッピーアワー』が描く特異な時間性に一種の可塑性の手触りを見出した。他方、三浦哲哉はこの映画についてじつに精細に読み解いた著作において、『『ハッピーアワー』』は、登場人物たちの人間関係の総体が変容していくプロセスを、重心の劇として造形する。均衡が維持され、ときに破れ、またそれがべつのかたちで回復する過程が微細に描かれる」と記している[■1]。この三浦の言葉は、時間と人間関係の描写という違いはあれど、本作が対象のありようを柔軟に変形していくプロセスとして演出されているという要素に注目している点で、わたしのいう「可塑的な時間性」とさほど距離をかいさずに呼応しているように思える。

ここには、本書がたどってきたポストシネマなるものの持つそれまでの映画(史)とは異なる、固有の時間性=歴史性の内実がたしかにこめられているはずである。その点について、最後に水﨑淳平監督のアニメーション映画『ニンジャバットマン』（二〇一八年）および黒沢清監督の『ダゲレオタイプの女』（二〇一六年）にも触れながら、およそ一五年前の蓮實重彥のある命題から説き起こしてみよう。そして、以降の論述を通じて、本書の企図と今後の展望を総括しておきたい。

## 『ニンジャバットマン』と蓮實重彥の奇妙な主張

『ニンジャバットマン』は、題名のとおり「DCコミックス」を代表するヒーローキャラクターを、ワーナー・ブラザースが日本人スタッフの手によってアニメーション化したスピンオフ作品である。現代の犯罪都市ゴッサム・シティで悪と戦っていたバットマン／ブルース・ウェイン（声：山寺宏一）は、謎の光る球体に包まれ、中世（戦国時代）の日本にタイムスリップしてしまう。そこには、キャットウーマン／セリーナ・カイル（声：加隈亜衣）らおなじみのスーパーヴィランたちも現代から転送されており、ポイズン・アイビー（声：田中敦子）、デスストローク（声：諏訪部順一）、ペンギン（声：チョー）、トゥーフェイス（声：森川智之）は各地の実在の領主と入れ替わり、「ヴィラン大名」として全国を支配していた。なかでも、バットマン最大

■1　三浦哲哉『『ハッピーアワー』論』、羽鳥書店、二〇一八年、一三七頁。

の宿敵であるジョーカー（声：高木渉）は、ハーレイ・クイン／ハーリーン・クインゼル（声：釘宮理恵）を小姓に据えて、日本制覇を企んでいた。バットマンは飛騨の忍者集団「蝙蝠衆」の助けをえて、タイムスリップの装置を開発したヴィラン、ゴリラ・グロッド（声：子安武人）の居所を突き止め、ジョーカーらの魔の手を阻み現代に戻ることを決意する。

第六章や第八章で取り上げた『レディ・プレイヤー1』（二〇一八年）、あるいは『パシフィック・リム：アップライジング』（二〇一八年）、『アベンジャーズ／エンドゲーム』（二〇一九年）などの昨今のハリウッドのヒーローもの、ロボットものの世界観と同様、『ニンジャバットマン』もまた、映画に描かれる時間にまつわる、ある奇妙な手触りをわたしたちに感じさせる作品だといえる。つまり、本作ではＤＣコミックスのヒーローやヴィランたちが、あたかも絵巻物の鳥獣戯画の動物たちのように、そのキャラクターだけアメコミの文脈を背負ったまま、ゴロッと一六世紀ごろの日本の風景に重ねられているのだ［■2］。

図1　『ニンジャバットマン』（2018年）
Batman and all related characters and elements are trademarks of and © DC Comics. © Warner Bros. Japan LLC

『ニンジャバットマン』の分析については本論後半であらためて立ち戻ることにしたい。そのための準備として、ここで触れておきたいのが、本書でやはり何度もその仕事を参照してきた、蓮實重彥のことである。

前にも述べたように、近年の蓮實には「あらゆる映画はサイレント映画の一形式にすぎない」といういっけん奇抜な主張がある。これも過去に論じたことだが[■3]、この主張はある側面では、一九八〇年代以来の彼自身が一貫して示してきた重要な批評的根拠を、自ら否定するようなものでもある。のちに述べるが、現代の映画にとってひとつの大きな節目となった年に、図らずも蓮實のこの発言がなされたという偶然には見逃しがたい意味がある。おそらくその年にいたる、蓮實の「転回」の意味を知ることが、じつは『ニンジャバットマン』のポストシネマ性の解明にも深く関わってくるのである。

近年とりわけよく指摘されているが、蓮實の批評的営為には、彼が責任編集者となった季刊映画批評誌『リュミエール』（一九八五－八八年）が創刊された八五年前後に、その思想に重要な転換点が認められる[■4]。すなわち、それ以前の蓮實においては、「表層批評」という彼独特の批評理念に象徴される、作品の具体的かつ物質的な「表層」（画面）とのある種絶対的な

■2　とりわけ近年の『バットマン』映画が、「9・11」以後のアメリカ社会を描いた『ダークナイト』（二〇〇八年）にせよ、「トランプ以後」の世界（ポスト・トゥルース）を描いたといえる『バットマンvsスーパーマン ジャスティスの誕生』（二〇一六年）や『ジョーカー』（二〇一九年）にせよ、そのモティーフや設定に、むしろこの現代世界の状況を重ねることにこそ意を用いていた事実からも、『ニンジャバットマン』の特異性が際立ってくるように思われる。

■3　渡邉大輔「『歴史的／メディア論的転回』の帰趨をめぐって」、『ユリイカ』二〇一七年一〇月臨時増刊号、青土社、二〇九－二一六頁。

「遭遇」の体験＝「事件性」こそが特権的に称揚されていた。そして他方で、それら「作品」が律儀におさまる相対的な歴史的パースペクティヴのほうは、むしろ否定的なニュアンスで語られがちであった。ところが、八五年以後の蓮實は、まさに『リュミエール』創刊号の巻頭特集に掲げられた「七三年の世代」、そしてその用語とも密接に関連する「五〇年代ハリウッド作家」などのキーワードを積極的に打ち出すことによって、急速に「歴史的」な文脈の重要性を訴えることに向かうのである[■5]。

だがその後のある時点で、この蓮實のいわば「歴史的転回」は、不意に、また「転回」を迎える。それが、二一世紀初頭に開催されたとある国際シンポジウムの講演ではじめて表明された、さきの「あらゆる映画はサイレント映画」だという主張に端的に示されている認識なのである[■6]。ここで蓮實は、それまで『ハリウッド映画史講義』（一九九三年）など、無数の著作で再三繰り返してきた自らの映画史的見取り図を反故にするかのように、映画というメディアが一九世紀末の誕生から現在まで、「声」という現前性の禁止と「視覚の優位性」という本質的要素においてまったく変化＝前進がなかったのだという、いかにも反動的かつ「非歴史的」な見解を披瀝するのである。

この蓮實の二度目の「転回」後の、非歴史的ないしポストヒストリカルなパースペクティヴはまた、あとで詳しく論じる一六世紀日本と二一世紀のアメリカが粗っぽく混在する『ニンジャバットマン』の世界観を髣髴とさせる。と同時に、それは『ハッピーアワー』を評してわたしがいった「可塑的な時間性」とも通じるだろう。

本書がここで注目したいのは、リニアで理念的な映画史的パースペクティヴや記憶の連続性を徹底的に無化してしまうこの蓮實の主張が提示されたのが、二〇〇七年のことだという事実である。というのも、わたしはかねてから、今日のポストシネマの擡頭にいたる歴史的帰趨を考えるにあたって、この二〇〇七年という年が、きわめて象徴的な意味を持つと考えてきたからだ。また、この年にわたしたちの時代のメディア環境に起こったことも、右にまとめた主張

■4 たとえば、以下の論考が詳しい。片岡大右「『昨日』の翌朝に、『アカルイミライ』の約束もなく」、工藤庸子編『論集蓮實重彥』、羽鳥書店、二〇一六年、二六三-三二八頁、入江哲朗「シネマとアメリカ」、同書、四八九-五三二頁。ちなみに、蓮實らの主導で、東京大学教養学部に表象文化論コースが設置されたのは、八七年である。

■5 なお、この一九八五年という年は、蓮實にも大きな影響を受けた映画評論家の安井豊作が一九八〇年代末ごろから提唱した「スピルバーグの時代」と「キャメロンの時代」というキーワードを思い起こさせる。安井によれば、スティーヴン・スピルバーグの名に象徴される一九七五年から八五年までのハリウッド映画とは、「シネマ」という理念がかろうじて機能していた時代であり、ジェームズ・キャメロンの名に象徴される八五年以降の映画とはもはやそうした理念が失われ、「構造」しかなくなったといわれる（その見立ては、村上春樹や吉本ばななの小説について評した柄谷行人の有名な言葉も想起させる）。蓮實の批評的スタンスの変化も、こうした安井の見立てとどこか通じるところがあるように思う。たとえば以下を参照。青山真治ほか著、稲川方人、樋口泰人編『ロスト・イン・アメリカ』、デジタルハリウッド出版局、二〇〇〇年、第三章。安井豊作『シネ砦炎上す』、以文社、二〇一一年、第二部第三章。

■6 以上の蓮實の仕事の変遷に関しては、次の長谷正人による総括も参照のこと。長谷正人「蓮實重彥」、堀潤之、木原圭翔編『映画論の冒険者たち』、東京大学出版会、二〇二一年、一二二-一三三頁。

や物語描写と通底するからである。

## ポストシネマ的時空の起点としての「二〇〇七年」

こと映画に限るならば、二〇〇七年に現代文化のひとつの分水嶺を見出すというこの視点はこれまであまり語られてこなかったかもしれない。

だがたとえばより広くジャンルを見渡した文化批評であれば、まさにこの年に注目し、「一〇年代文化」の震源を鮮やかに抉り出した著作『一〇年代文化論』のさやわかによるすぐれた見取り図をすぐに想起することができる[■7]。また、さやわかの議論でも触れられているとおり、二〇〇七年の前後は、いわゆる「Web2.0」——iPhone、Twitter、pixiv、Ustream、そしてニコニコ動画、初音ミクといった新世代のデバイスやプラットフォームが相次いで登場し、双方向型のコミュニケーションスタイルがわたしたちの文化的世界を大きく変えていく端緒になった時期でもあった。そうまとめることも可能だろう[■8]。

さらにこのことは、以上の流れとも深く関連しつつ、今日の映画・映像文化に関してもより厳密にあてはまるように思われる。

たとえば、日本映画の文脈で考えれば、この二〇〇七年前後の重要な動向として、「若手インディペンデント映画作家の相次ぐ登場」があった。映画美学校や東京藝術大学大学院映像研究科などの映画教育機関の充実や制作機材のデジタル化、あるいは新しい形でのウェブ配信の普及などにより、関連上映イベントも含め、インディペンデント映画シーンの活況が目に見えて高まっていったのである。具体的には、本書でも取り上げた濱口をはじめ、入江悠、石井裕也、空族（相澤虎之助、富田克也）、真利子哲也、三宅唱、瀬田なつき……などなど、二〇一〇年代以降の邦画の重要な一角を担ってきた新世代作家たちがほとんどこの時期に、揃って頭角を現し始めている。わたしは蓮實に倣って、彼らを「二〇〇七年の世代」と呼んでいる。そして興味深いことに、土居伸彰がわたしとの対談で語ったところによれば［■9］、同様の事態は、ほぼ同じ時期に、やはりインディペンデント・アニメーションの分野でも起こっていたのだという。



■7　さやわか『一〇年代文化論』、星海社新書、二〇一四年。

■8　このいわば「〇七年の断層」とも呼べるパラダイムシフトは、おそらく日本の文化表現に限ってもいたるところに認められる。さやわかが注目したのは、おもにネットコンテンツやライトノベル、アイドル文化だったが、批評の文脈ではこの年に東浩紀が『ゲーム的リアリズムの誕生』を刊行し、宇野常寛が『ゼロ年代の想像力』の連載を開始した。また、ジャンル小説の分野でも、SFでは円城塔と伊藤計劃がデビューし（いわゆる「伊藤計劃以後」）、本格ミステリでは『容疑者X』論争」が起こり（「新本格＝第三の波の終焉」）、ラノベ界隈では前年末に西尾維新の「〈物語〉」シリーズがはじまる（「セカイ系的なものの終焉」）……。平野謙ふうにいえばこの「二〇〇七年」の問題は、さやわかや「Web2.0的」な文脈とはまた別に、一種の同時多発的な「文化運動」として整理できるはずである。

■9　土居伸彰、渡邉大輔「2016年の地殻変動」、『クライテリア』第二号、二〇一七年、一六九－一七〇頁を参照。

すなわち、デジタル化／ネットワーク化の深甚なインパクトを受けた新たな映画・映像のパラダイムが、まさにこの「二〇〇七年」前後を起点に始まっているのだ。なるほど、たとえば最近でもアメリカの映像研究者アレクサンダー・ザルテンは、日本のエンターテイメントコンテンツを世界に紹介する最大規模の総合イベント「JAPAN国際コンテンツフェスティバル」（コ・フェスタ）が、やはり二〇〇七年の九月から映像産業振興機構（VIPO）の主導のもとでスタートしたことにわたしたちの注意を促している［■10］。そこでは映画が、マンガ、アニメ、ゲーム、テレビドラマ、J－POPなどとともに、無数の「コンテンツ」のひとつにフラットに集約され、本格的にプレゼンされていくことになった。事実、それまで単独で開催されてきた東京国際映画祭やSKIPシティ国際Dシネマ映画祭などのイベントは、以後、東京ゲームショウやAnimeJapan、また国際ドラマフェスティバル in TOKYOなどのイベントと包括的・横断的に組織されることになったのである。

ここで結論を記せば、本書の元連載がはじまった二〇一六年に全面化した映画をめぐる巨大なパラダイムシフト（ポストシネマの全面化？）とは、このほぼ一〇年前の二〇〇七年の文化的地殻変動によって準備されていたといってよい。

ただ、ここで重要なのは、そうした「歴史」自体がもはやわたしたちがよくなじんでいる連続的な性質のものではなく、まさに『ハッピーアワー』の時空が体現していたような、「リニアな時間軸を絶えず複数に分岐させていく冗長で潜在的な時間性」に近いものであったように思えることだ。二〇〇七年以後、当時の若い映像作家たちは、新しく登場したYouTubeやVimeoといったプラットフォームを積極的に活用して自らの制作・配信手段を整えていったが、それは同時に、古今東西のあらゆる映像作品が、ジャンルや文脈を越えて、レコメンド的にフラットに並列されて受容されるという新たな条件も生んだ。象徴的にいえば、第六章で論じたポストシネフィリー的な環境が自明化していったのも二〇〇七年以降だったのであり、そこでは映画史を連続的に捉えるような感覚は急速に失われていく。

そして、「あらゆる映画はサイレント映画の一形式にすぎない」かのように、ありとあらゆる年代の映画がすべて前後の文脈を脱臼されてレイヤー状(幽霊的?)に重なりあってしまうような様態へと、映画史をことごとく還元してしまった二〇〇七年の蓮實の見立ては、図らずもその「ポスト歴史的」、あえてこういいかえてしまえば「ポストYouTube的」な時空を正確になぞっていたようにも思うのである。

そして、その地平は、まさに「ポストYouTube的」なインパクトを如実に背負った『ニンジャバットマン』の画面にまで確実に続いている。

■10 Alexander Zahlten, *The End of Japanese Cinema*, Duke University Press, 2017, pp. 214-215.

## ポストシネマの時間性＝歴史性

ひとつの画面、ひとつのシークエンス、あるいはそれをまなざすひとりの観客の身体のなかに、複数の映画や映像のリズムの記憶がたがいに薄紙のように張りついて、それらがかすかに重なりあう。それらの遠さと近さ、こことよその幅がいっさいの自明性を欠き、それどころか、ときには連なった画面同士が、たがいを場違いな幽霊のようなものに感じさせもする。それでも、それらのあいだにつかの間にありうる連関をぎこちなく模索し続ける。あるいは観客の身体も、そうした連関になんとか同調しようと試みる。『わたしたちの家』（二〇一七年）の清原惟も描いていた、こうした幽霊的な時間性＝歴史性こそが、ポストシネマが本来的に抱える条件だといってよい。

これはありていにいえば、すでにYouTubeの動画群の画面が示す時間性が映画の領域に全面化したということだろうし、もしくは歴史哲学的概念としての「時間層Zeitschichten」（ラインハルト・コゼレック）が、デジタル環境の氾濫のなかでベタに体現されつつある、と表現してもよいのかもしれない。ともあれ、本書の元連載が二〇一〇年代後半の二年半のあいだにたどってきた、多視点的転回、準－客体、ノンヒューマンとオブジェクト、擬似シネマティズム、スロー・シネマ、そしてポストシネフィリー……などといった個々の論点は、すべてこうした特異な時間性＝歴史性の周りをひたすら周回していたのではなかったか。そして、いままた三浦の『ハッピーアワー』論を参照すれば、このポストシネマ的な時間性＝歴史性とは、おそらくは彼のいう「震災後の映画」とも重なるものでもあるだろう。そこで三浦は、こう書いていた。

既存のやりかたを疑い、基礎の基礎から問い直しつつ再開することの必要性は、震災以後の地平において、より一層、切実に感じられていたのではないだろうか。思い出してみよう。東北という、日本の過疎地域を破壊したこの地震は、時計の針を早回しして遠い未来にいたるところで起こるだろう崩壊の光景を先取り的に現出させたと、しばしば表現された。［……］

このような認識は、おそらく作品制作の姿勢を根本から変えるだろう。作品を支える伝統という、いわば無意識の足場それ自体の検討がいまや要求される。もはや伝統へ無条件に依存しつづけることはできないように思われるからだ。だから「一から」やり直し、制作の営みそれ自体が再検討される。また、再検討の過程そのものが作品の内容へと組み入れられる。［■11］

「時計の針を早回しして遠い未来にいたるところで起こるだろう崩壊の光景を先取り的に現出

■11　前掲『『ハッピーアワー』論』、一四一－一四二頁、傍点原文。

させ」るかのような、このアナクロニックな「震災後の映画」たちの時間性は、まさに「もはや伝統へ無条件に依存しつづけることはできない」という、従来の映画史的記憶やパースペクティヴからの離脱にこそ由来している。その意味で、震災後のわたしたちはまぎれもなくポストシネマ的なときを生きているといえるだろう。実際、三浦がそこで「震災後の映画」として『ハッピーアワー』と並べて挙げている映画は、小森はるかの『息の跡』（二〇一六年）、鈴木卓爾の『ジョギング渡り鳥』（二〇一五年）、そして片渕須直の『この世界の片隅に』など、本書でも中心的に論じた作品と重なっている。

ここであらためて『ニンジャバットマン』に立ち戻りたい。この作品もまた、こうしたポストシネマ的な歴史感覚（アナクロニズム）に貫かれた作品だからである。

## 『ニンジャバットマン』のポストシネマ的時空

『ニンジャバットマン』の物語世界において、このようなポストシネマ的アナクロニズムはいたるところに見出すことができる。たとえばそれは、映画前半の木々が生い茂る森のなかの戦いで、ジョーカーが「自然を大切にとプライマリースクールで学ばなかったのか？」と不意に口にする、なんとも場違い（時代違い？）な単語にも顔を覗かせ、戦国日本の時空に飛ばされてしまった現代アメリカのキャラクターのミスマッチを巧みに際立たせている。

こうした感覚は、『ニンジャバットマン』の映像を作り上げたスタジオの力に由来するところが大きいだろう。本作の映像を手掛けたのは、数々のテレビアニメ作品のオープニング映像やミュージック・ビデオ、デジタルゲームのアニメーションパートなどを手掛け、テレビアニメ『ポプテピピック』(二〇一八年)の制作でも大きな話題を集めたアニメ制作会社「神風動画」である。『ニンジャバットマン』は、同社によるはじめての長編アニメーション作品だった。

本作の映像は、従来の「映画」というよりも、はるかにウェブ動画やゲームのメディア生態系に親和性の高い表現で作られている。実際、日本では六月に劇場公開された『ニンジャバットマン』だが、北米では四月にウェブ上でのデジタル配信が先行していた。また演出においても、ウェブ動画的な傾向を見て取れる。通常の長編映画のように適度に起伏をつけた物語が構築的・連続的に展開されるのではなく、あたかも短い動画で描かれるようなクライマックスシーン(見せ場)だけが、そのあいだをつなぐ「ダレ場」(本筋に直接関係ないシーン)を挟むことなくえんえんと連続していくのだ(このことは同年の『ポプテピピック』が、声優を替えただけの同一エピソードを「再放送」と称して連続放送するというユニークな構成をしていたことを連想させる)。したがって、観客の視線は、マーベル映画を観ているときのように、超高速で動く情報量の多い画面を忙しく追うのと同時に、逆にそれらのシークエンスがいつでも中断され、バラバラにモジュール化もされうるような印象も感じてしまう。

あるいは、そこにはやはりあからさまに「動画的」な構図も随所に見られる。たとえば、作中で挿入される複数のヴィラン大名たちをバットマンたちや観客に紹介するシーンでは、ＣＧキャラクターの周囲を視点が三六〇度クルクルと動き回り、あたかもデジタルゲームのアニメーション映像（キャラクター紹介シーン）のような演出が凝らされており、物語のなめらかなつながりに異質な滞留を持ちこんでいる。

他方、これもまた作中で登場するのが、高畑勲の著作『十二世紀のアニメーション』の主張をそのまま実装したかのような、中世の「絵巻物風」のレイアウトだ。そこでは、場面転換の説明描写がモンタージュを挟むことなく、右から左へ、横へ横へとスクロールして描かれていく。

かつて高畑は今村太平や奥平英雄らの戦前の先行言説も援用しつつ、一二世紀後半の連続式絵巻群（語り絵）の表現に、今日のマンガ・アニメの起源を見出し、精緻に分析した。ここで高畑は、『信貴山縁起絵巻』や『伴大納言絵詞』の画面に仮想的なカメラアイを想定し、さまざまなカメラワークに相当する図像表現をそこにあてはめていっている。とはいえ、その画面は高畑が指摘するような従来型の編集技法やカメラワークというよりは[■12]、本書の第一章で論じたような、「非擬人的カメラ」（エドワード・ブラニガン）の画面にこそ近いだろう。そして、何よりもこの絵巻物（巻き絵）という形式こそ、第三部で主題的に論じてきた触覚的なデバイスのすぐれた歴史的先行例にほかならない。高畑の遺作『かぐや姫の物語』（二〇一三年）の作中でも描かれたように、絵巻物は両手で端の巻き筒を繰り展げたり畳んだりしながら画面を自在に収縮して眺めることができる。ここには、第八章で紹介した玩具映画のような映像のはらむインタラクティヴな触覚性の萌芽がはるかに宿っているだろう。その意味で、中世絵巻にはポストカメラ的な多視点性と同時に、二〇〇七年に生まれたiPhoneのような、触覚的なインターフェイスの肌理も織りこまれている[■13]。『ニンジャバットマン』の画面にもまた、似たような手触りを感じることができる。

このような、ウェブやゲーム、そしてタッチパネル的画面と通じる要素が、『ニンジャバットマン』にポストシネマの可塑的な時間性をもふんだんに流れこませているのだ。第三章で見たとおり、今日のデジタル化したコンテンツは、アナログメディアの時代のような安定的で自律的な規模を失い、極端に短尺化するか、極端に長尺化するかの二極に分かれる傾向にある。アニメーションについても例外ではない。たとえば、二〇一八年に話題となった劇場公開アニメーション映画企画は、スタジオポノックの『ちいさな英雄―カニとタマゴと透明人間―』

■12 高畑は中世の連続式絵巻に、「同ポジション」や「カットバック」といったコマ割りやモンタージュでシーンを構成するマンガ・アニメ的な手法を見出している。高畑勲『十二世紀のアニメーション』、徳間書店、一九九九年、二八、九六頁。

■13 余談ながら、『ニンジャバットマン』と同様、中世絵巻物のレイアウトに強くインスパイアされた『かぐや姫の物語』の企画が本格的に始動したのもまた、二〇〇七年前後のことであった。「月報」、高畑勲、田辺修、百瀬義行、佐藤雅子、笹木信作、橋本晋治『かぐや姫の物語』(スタジオジブリ絵コンテ全集20)、徳間書店、二〇一三年。

（二〇一八年）にせよ、コミックス・ウェーブ・フィルムの『詩季織々』（二〇一八年）にせよ、奇しくもいくつかの短編を集めた「オムニバス」形式という点で共通している。神風動画による『ニンジャバットマン』の、断片的なクライマックスシーンの連続や、その逆の絵巻物のような長尺の演出も、基本的には同様の秩序のもとにあるといってよい［■14］。

そして、こちらは第二部で指摘したことだが、こうした映像に対する向きあい方は、わたしたち観客にも、かつての映画や映像の歴史的記憶に根ざしたシネフィル的身体性からの離脱――いわば「ポストシネフィリー」への移行を促しているだろう。第六章ではその問題を『リメンバー・ミー』（二〇一七年）における「記憶喪失」のモティーフに見たが、それは『ニンジャバットマン』においてもまた、ほぼまったく同様に、ジョーカーの記憶喪失にいたる展開として反復されている（ジョーカーが記憶を花の匂い＝嗅覚によって取り戻すことも、『リメンバー・ミー』における聴覚＝非視覚的な身体性の前景化と重なる）。

あるいは、こうした『ニンジャバットマン』をめぐるいくつかの要素は、第八章などでも述べた近年の蓮實の仕事の変質をも思わせるところがある。たとえば、蓮實は二〇二〇年、瀬川昌久との対談集『アメリカから遠く離れて』を刊行している。この本で彼は、日本のジャズ評論の大家との対話にあわせて、音楽について話しているのだ。蓮實といえば、――過去に武満徹との対談集（『シネマの快楽』）を出したり、早世した長男の蓮實重臣が作曲家であったりという接点を除き――そのキャリアのなかで「音楽」に触れることはほとんどなかった。彼の批評はあくまでも「画面」――ほぼ視覚的な情報のみに禁欲的なまでに限定されていたのである。しかもこの本で彼は、これもほとんどこれまで言及してこなかったアニメーション（『桃太郎海の神兵』）にまで触れている。これまで何度も述べてきたポストシネマと親和性の高い、音楽とアニメーションという『ニンジャバットマン』にも通じる要素に突如として蓮實が触れるようになった。この事実にも、ポストシネマにいたる符牒が見え隠れしているように思える。

以上のように、『ニンジャバットマン』にもまた、ポストシネマの奇妙な時間＝歴史の圏域の痕跡がいたるところに認められる。そして、二一世紀の映画は、おそらくはまだ当分のあいだ、この圏域でさまざまな未知の可能性を探索していくことになるのだろう。むろん、わたしも批評家として、今後も引き続き伴走していくつもりだ。

## ダゲレオタイプと「幽霊化」する女

こうしたアナクロニズムの問題は、黒沢清の『ダゲレオタイプの女』においても、「アナロ

■14 本論に絡めていえば、『ポプテピピック』で神風動画の梅木葵とともにシリーズ構成・シリーズディレクターを務めた青木純は、東京藝術大学を卒業した非商業的なアニメーション作家でありながら、商業アニメにもコミットするという、まさにデジタル以降のクリエイターである。彼が自身の会社であるスペースネコカンパニーを立ち上げたのも二〇〇七年のことだった。

グからデジタルへ」というメディア論的な問いとして示されている。

『ダゲレオタイプの女』は、黒沢がはじめて海外資本（ロケーションはフランス、出資国はフランス、ベルギー、日本）で製作した「フランス映画」である。物語のおもな舞台は、大規模な再開発工事が行われているパリ郊外の一角にたたずむ古い屋敷。主人公の青年ジャン・マラシス（タハール・ラヒム）は、そこに住む中年の写真家ステファン・エグレー（オリヴィエ・グルメ）に撮影アシスタントとして採用された。気難し屋のステファンの「ある奇妙な仕事」を手伝ううちにジャンは、ステファンの一人娘であり、かつて自殺した彼の妻ドゥーニーズ（ヴァレリ・シビラ）に代わって撮影モデルを務めている美しい女性、マリー（コンスタンス・ルソー）に心を奪われていく。ところが、ステファンが妻の幻影に悩まされ、彼を追うようにしてマリーがある忌まわしいアクシデントに見舞われるところから、ジャンの周囲の世界はどこか夢幻のような不穏さを増していく……。

オールフランスロケ、ヨーロッパ資本、外国人キャスト・スタッフ、全編フランス語と、あらゆる点でそれまでにはなかった、新たな環境と条件で撮られながらも——あるいはそれゆえに、その種々のモティーフや演出の細部にわたって、『ダゲレオタイプの女』は、まぎれもなく黒沢清らしい「ホラー映画」ないし「幽霊映画」として仕上がっていると

図2 『ダゲレオタイプの女』（2016年）
©FILM-IN-EVOLUTION – LES PRODUCTIONS BALTHAZAR – FRAKAS PRODUCTIONSAS – LFDLPA Japan Film Partners – ARTE France Cinéma – 2016

いえる。

まず『ダゲレオタイプの女』の物語の主軸を担っているのが、邦題にも掲げられているとおり、作中で写真家ステファンが扱う「ダゲレオタイプ」という原初的な撮影機械（撮影術）である。

ダゲレオタイプとは、その名称の由来にもなっているフランスのルイ・ジャック・マンデ・ダゲールが、一八三九年に開発した世界最古の実用的な写真撮影術だ。これは銀メッキを施した銅板の表面に写真像（ポジ画像）を直接感光させて現像する技術である。ネガを介さず感光をさせるため、一九世紀後半以降に急速に普及し今日でも一般的な「ネガ・ポジ法」の銀塩写真（いわゆるアナログ写真）とは異なり、複製不可能な一点性を特徴としていた。また、ポジ画像を直接銀板に定着させるため、きわめてクリアな像をえることが可能な反面、長時間の露光が必要であり、人物撮影の場合はその間、被写体は不動でいることを強いられた。さきに述べたステファンの「ある奇妙な仕事」の正体とは、このいかにも反時代的なダゲレオタイプを用いて、青いドレスを着させた娘マリーをモデルに、屋敷の地下スタジオで偏執的に撮影をすることであった。しかもそのさい、かつてダゲレオタイプの撮影で実際に用いられていた、身体を固定するための異様な拘束器具を彼女にあてがうのである。そして、『ダゲレオタイプの女』では、このふたりの男性たち（ステファン、ジャン）によるダゲレオタイプ撮影が、彼らと対になるふたりの女性たち（ドゥーニーズ、マリー）を一種の「幽霊的」存在に変えていく。

事実、ジャンが恋心を募らせるマリーもまた、階段落下の不穏なシーンを境として、不意に姿が消えるなど、すでに死亡している可能性が観客にあいまいにほのめかされ、これまたすぐれて「幽霊的」なたたずまいを濃密に帯び始めるのだ。小津安二郎の『風の中の牝雞』（一九四八年）から溝口健二の『雨月物語』（一九五三年）まで[■15]、往年の名作を不敵にブレンドした『ダゲレオタイプの女』は、こうして「幽霊映画」としての相貌を現すのである。

## モータルな表象としての写真、指標性の魔

ダゲレオタイプをその起源とするアナログ写真というメディウム自体もまた、ロラン・バルトによる著名な写真論を想起するまでもなく、そのはじまりからすでに死や幽霊、総じてのちの「ホラー的」な表象と密接に結びついていたことも知られている。たとえば、「心霊写真」が一九世紀後半の近代心霊主義や交霊会の世俗的流行とともに、早くからひとびとの心を虜にしていたことは象徴的な事例だろう[■16]。あるいは、黎明期のセルフ・ポートレイトとして知られるイポリット・バヤールの《溺死者に扮したセルフ・ポートレイト》（一八四〇年）のイメージが雄弁に物語っているように、写真は本来は生きいきと躍動している被写体をぎこちなく静止（拘束）させ――逆説的にも、撮影中に動くと、むしろ写真像の輪郭はぼやけ、目も白く飛び、まるで「幽霊」のように見えてしまう――、さらに現在では失われた過去の一瞬を画像

として硬直させてしまう。アナログ写真は、それ自体がある種の死のイメージを刻印している。メディア的な幽霊譚としての『ダゲレオタイプの女』の物語は、この写真自体の死のイメージから、わたしたちをポストシネマのアナクロニズムと関係するメディア考古学的な考察へと一挙に向かわせるように思われる。

本作と同様、青年と女性の幽霊（的存在）との悲恋を描いたマノエル・ド・オリヴェイラの傑作『アンジェリカの微笑み』（二〇一〇年）をはじめ、映像のデジタル化が浸透する昨今、あらためてアナログ写真を象徴的に主題とした映画が目立ってきているように感じる［■17］。そし

■15 私見では、この「分身」――これもまたいかにも黒沢的主題だが――のようなふたりの女性をひとりの男性が追いかけるように階段を上がる構図は、ヒッチコックの『めまい』（一九五八年）を思わせる。前後して撮られた『岸辺の旅』（二〇一五年）では同作とよく似た音楽が用いられていた。また、『岸辺の旅』における溝口健二作品との共通性については、映画批評も手掛ける作家の阿部和重が指摘している。阿部和重「Invisible Touch」、『文學界』二〇一五年一一月号、文藝春秋、六二－七二頁。

■16 トム・ガニング「幽霊のイメージと近代的顕現現象」（望月由紀訳）、長谷正人、中村秀之編訳『アンチ・スペクタクル』、東京大学出版会、二〇〇三年、一八一－二一八頁。浜野志保『写真のボーダーランド』、青弓社、二〇一五年、第二章。ちなみに、写真黎明期の心霊写真ブームののち、二度目の大規模なブームが起こったのが、雑誌の投稿文化やビデオが普及し始め、ほかならぬ黒沢が活動を開始した一九七〇－八〇年代だったことは本論の論旨にとっても示唆的である。

■17 たとえば、近年のデジタル写真論でよくいわれる「メメントからモメントへ」という標語は、ここでの論旨にもあてはまるだろう。José van Dijck, "Digital Photography," *Visual Communication* Vol.7, Issue1, SAGE Journals, 2008, p. 62.

て、このアナクロニズムは、一九世紀末の心霊写真文化に、いかにも今日的な「自撮り」（セルフィー）の感覚を見出す大山顕の『新写真論』の議論とも近い[■18]。本書でも一再ならず書いていることだが、映画フィルムと同じくアナログ写真の内実を長らく特徴づけてきた言説に「指標性」（現実世界の物理的痕跡）が挙げられる。すなわち、アナログ写真においては、その複製されたイメージは絶えずある地点／時点の単一の現実と痕跡的に結びつけられる。だとすれば、同一のイメージをいくらでも複製可能な従来のアナログ写真と比較し、写真像自体が複製不可能な一点性に紐づけられたダゲレオタイプの写真は、銀板の表面に直接写真像を焼きつける仕組みと相俟って、より純正な指標性を帯びていると目されるだろう。

なるほど、『ダゲレオタイプの女』では、ジャンやステファンら男性たちは、女性たちのダゲレオタイプのイメージに加えて、同様の指標性、つまり複製不可能な痕跡性をまとった対象に物語の終盤で苦しめられることになる。「手書きの署名」がそれである。

作中、ジャンはレストランで知りあった土地開発事業者のトマ（マリック・ジディ）から、開発指定区域の中心であるステファンの屋敷を高額で売却するという案件をそそのかされる。話を聞いたステファンは激怒してトマを追い返すが、トマは関連書類をジャンに託し、ジャンもまた屋敷を売り払ってトゥールーズへ一家で引っ越したいと語るマリーの思いを知り、密かに売却の話を進めていく。そして物語の後半、マリーがすでに死んだものと信じこみ、すっかり自暴自棄になったステファンに代わって、ついにジャンは登記簿のステファンの筆跡を照合しながら、売却の書類に彼とそっくりの筆跡の署名を自らペンで書いてしまう。いわばここでジャンは、ダゲレオタイプの写真と同様、本来は複製不可能な記号をなかば無理やり複製（捏造）しようと目論むのである。しかしその結果はといえば、トマにはすぐに見破られ、「本人の署名でないとダメだ」とあっさり拒まれてしまう。あまつさえ、ジャンはあらためてステファンに書類の署名をもらいに赴くが、その後の展開は、ジャン、ステファン、およびふたりに関わったトマさえも、彼ら作中の男性たち自身を、濃密で禍々しい死の雰囲気へといっそう近づけていくのだ。

## アナログ映画の復讐譚？

このように、『ダゲレオタイプの女』は、不穏な指標性＝痕跡性を帯びて幾度も再来する幽霊的存在が、二一世紀のポストメディウム的状況に生きる男性たちを過酷な死へと招き寄せる物語として読むことができる［■19］。

あらためて確認するまでもなく、それを作中でもっとも体現するのがダゲレオタイプというきわめてアナログなガジェットなわけだが、さらに敷衍してみれば、これはかつてのフィルム

■18　大山顕『新写真論』、ゲンロン、二〇二〇年、七四－八四頁。

（アナログ写真）時代の「映画」の隠喩としても機能しているだろう。それを象徴するのが、まさにドゥーニーズやマリーの身体にあてがわれるグロテスクな拘束器具である。のちにステファンが妻に使用していたことが明らかとなり、それが彼女の自殺の遠因になったともほのめかされる瓶入りの筋弛緩剤とともに、それらは人間の身体を一定の姿勢に固定し、さらに彼らの視線をも――本作の場合はカメラのレンズへと――誘導する。これはまさに、映画館で、暗闇のなか椅子に身体を固定されたまま、映画が上映されるスクリーンを、言葉を発さずに一方向にまなざす古典的な観客の姿をそのまま模しているかのようだ。

ここで再度いいかえてみよう。『ダゲレオタイプの女』とは、デジタルデバイスが氾濫する二一世紀現在のパリにあって、かつて濃密な死の刻印とともに生まれ、指標性を帯びた「アナログ写真的なもの」が幽霊のように回帰し、それらに魅入られた現代人たちをつぎつぎと「死」、すなわち「アナログ写真的なもの」のほうへ招き寄せる物語なのである、と[■20]。

以上が『ダゲレオタイプの女』についてのさしあたりの結論だが、最後にもうひとつだけ。

この作品が黒沢にとって、はじめて手掛けた「海外進出作品」であることはすでに記したとおりである。だが、じつは本作はそのほかにも、この作家のキャリアのなかでいくつかの転機になりうる要素を備えた作品でもある。たとえば、蓮實との雑誌対談のなかで監督が明らかにしていたとおり[■21]、『ダゲレオタイプの女』は黒沢にとって初の純粋な――つまり、すべてのショットがシネマスコープ（シネスコ）用のアナモルフィック・レンズで撮影された――シネスコ作品となった映画でもある。シネマスコープ・サイズとは縦横比が一：二・三五の、ビスタ・サイズ（一：一・八五）と並んで今日の映画の一般的な画面アスペクト比である。かつてワイド・スクリーンのスコープ・サイズは新興の映像メディアであったテレビとの差異化を図るために、五〇年代に各国の映画界で相次いで開発されたものだった。このことからも明らかなように、「横長矩形」の画面はその誕生以降、映画というメディアの固有性を規定する大きな要素であったといえるだろう。そして、携帯電話やスマートフォンのディスプレイ

■19　黒沢の最近作『スパイの妻〈劇場版〉』（二〇二〇年）もまた、こうした指標性の有無をめぐる男女の葛藤の物語であったといえる。本作の物語において指標性を担うのは、むろん主人公のスパイが告発しようと目論む満洲での日本軍による人体実験の様子を記録したフィルムである。しかし、物語のクライマックス近く、夫のスパイ活動への協力を決意した妻が、幼馴染でもある青年憲兵の目の前で証拠としてそのフィルムを上映すると、そこに映されるはずだった人体実験の記録映像は跡形もなく消滅しており、別の映像にすり替わっていた。このサスペンス映画もまた、指標性の揺らぎというデジタル的な不安が重要な要素をなしている。

■20　この点については、おそらく黒沢の過去作『ドッペルゲンガー』（二〇〇三年）と対比させても興味深い。この作品は、主人公の医療機器メーカーの技師が開発した、人間の身体に装着して意のままに操る「人工人体」が登場する。この人工人体がドッペルゲンガー＝「分身」というきわめて黒沢的で、なおかつ「映画」らしいモティーフを作中に引き寄せるのだ。さらに本作が興味深いのは、この人工人体が物語の終盤で人間の操作を離れて自律的にうごめき出し、最後は「自殺」（！）してしまうという展開だろう。すなわち『ダゲレオタイプの女』の拘束器具とは異なり、本作のオブジェクトは人間に受動的に従属しておらず、能動的に動き出すのである。このことは、この作品が当時としては珍しく、デジタル撮影されていることと考えあわせると示唆的である。

■21　黒沢清、蓮實重彥「幽霊が演じるメロドラマ」、前掲『文學界』二〇一五年一一月号、一二五頁参照。

からSNS上のGIF動画まで、今日のデジタル映像環境においては全体的に、「横長」から自在に伸縮し、むしろ「縦長」画面へと移行しつつある。

ふたたび『ダゲレオタイプの女』の画面に目を転じよう。すると、じつはそこにはある象徴的な「縦長」の画面が観客の視界を覆う局面があることに気づくのだ。それこそが冒頭で記したステファンの地下スタジオの壁に立てかけられている等身大（！）サイズのマリーのダゲレオタイプ写真にほかならない。母親の面影をどこかとどめる青いドレスをまとったマリーのダゲレオタイプ写真は、あたかも本作のスクリーンのシネスコ画面と対立するかのように、はっきりと細長い縦長の矩形の額におさまっている。そこでは一方で、アナログ映画的な内実を備えた作中の「ダゲレオタイプの女」のイメージが、こちらも長らく「映画的」な要素のひとつを担ってきた「横長」のシネスコ・スクリーンの画面と共鳴している。だが他方で、そのダゲレオタイプの起源である「肖像写真」（カルト・ド・ヴィジット）の判型は、遠く現在のわたしたちに、指標性を欠いた今日のスマホ的な「縦長画面」を想起させる……。

思えば近年の黒沢は、『リアル〜完全なる首長竜の日〜』（二〇一三年）ではフルデジタル撮影の可能性を追求し、『クリーピー　偽りの隣人』（二〇一六年）では当時はまださほど浸透していなかったドローン撮影を印象的に用いるなど、今日の映画をめぐるデジタル環境にもきわめて意識的な作家であった。いかにもアナクロニックな道具立てを揃える『ダゲレオタイプの女』のシネスコ画面からは、どこかこうした「アナログ」（映画）と「デジタル」（ポストシネマ）

との相克をも感じさせる、アナクロニックな演出の凄味が伝わってくるように思われる。

さて、「いっぷう変わった映画の旅」と名乗ってはじまった本書も、いったんここで締めくくろうと思う。

もちろん、本書でわたしが提起してきた「ポストシネマ」なるコンセプトはまだまだ荒削りで、個々の議論が充分に煮詰められたとはいいがたい。他方で、近年、ますます多様化し、複雑化をきわめる映像環境において、映画についての原理的な思考を深めようとしたときに、本書がそれなりの有意義な道具立てを提供できたのではないかという自負も、いまは感じている。わたしはこのポストシネマ論を、たんに映画批評や映像文化論をめぐる任意の選択肢のひとつというよりも、今日における映像と社会、映像と人間の関係それ自体を批評的＝批判的に検証するのに不可欠なプロジェクトとして育て上げるべきだと考えている。

現代のメディア状況は、もはや必ずしも「映画＝スクリーンの時代」とは呼べないものになっている。他方で、映画批評のほうは、いまなお、えてしてこうした大きな問いには目をそむけがちである。ポストシネマの問いは、たんにネット動画やゲームやVRやタッチパネルに争点を見出す映像メディア論のアプローチがややもすると取りこぼしてしまう、重要な文脈にひとびとの目を向けさせることができるだろう。あるいは現状の映画批評の言葉を、よりアクチュアルに開いていくこともできるはずだ。

その意味で、おそらくいまは、「映画批評」をやるのには最良の時代なのである。平成も終わって令和になり、二〇二〇年代を迎えたいま、本書が描いたヴィジョンが、ささやかでも映画の現在と切り結ぶひとつの手掛かりになってくれれば、著者としてはとてもうれしい。

# あとがき

元原稿の連載を二〇一〇年代なかばに始めた本書は、それからこうして書籍の形にまとめるまで、想像以上に長い時間がかかってしまった。

というのも、もともと連載時の原稿は、毎回、取り上げる作品ごとにそのつどテーマもバラバラの、単発の新作レビューだった。それを、テーマごとに章を組み直し、「ポストシネマ」というまとまりのあるコンセプトを論じる映画論のスタイルにあらためて構成し直す作業は、いざ取り掛かってみると、ほとんど一冊の本をもう一度まるごと書くようなもので、これがなかなかたいへんだった。実際、書き下ろしといってよい内容に仕上がっていると思う。

とくに、連載終了後、一番最初の改稿作業に取り組んだ二〇一八年の夏、記録的な猛暑のなかで、一ヶ月近く、連日ほぼ脇目も振らずにひたすらパソコンに向かい続けた日々のことを思い出す。そして最後まである程度の形にまとめることができた秋口、自分なりに大仕事を終えた解放感とともにNetflixで昔の日本映画を立て続けにぼんやりと鑑賞したのだった。とはいえ、そのときからもさらにあれこれと改稿しているうちに三年以上が経ってしまった。

結果として、本書は二〇一二年に出したわたしの最初の著作『イメージの進行形――ソーシャル時代の映画と映像文化』（人文書院）以来、ちょうど一〇年ぶりに刊行するまとまった単著となった。実際には、本書に少し先駆けて、やはりここ数年のウェブ媒体に発表した映画やアニメについての文章をおさめた評論集『明るい映画、暗い映画――21世紀のスクリーン革命』（blueprint）を昨秋に刊行している。けれども、費やした時間の長さを考慮すると、やはり本書こそ一〇年越しの新著と呼びたいような気持ちがする。三〇歳で出した『イメージの進行形』は、わたしの二〇代の仕事の総括になったが、四〇歳で出す本書もまた、二〇一〇年代とほぼ重なるわたしの文字通り三〇代の一〇年の仕事の集大成というべき本になった。

とはいえ、本書の内容は、わたしひとりの力では、到底書ききれなかった。初出の連載時から改稿作業を経て本書の完成にいたるここまでには、ゲンロンのみなさんを筆頭に、直接、間接を問わず、絶えずじつに多くのかたがたからのアドバイスやご助力をいただいた。それらはわたしにとってかけがえのない貴重なものばかりで、ときに目の前の課題の難儀さに立ちくらみ、迷宮に入り込んでしまいそうになったとき、いつも最適な着地点に導いてくださった。本書の執筆にかけた数年間は、自分にとって特別な時間となった。単刀直入にいえば、この本を書いたあと、見える風景が確実に変わったとわたしは思う。少なくとも、そのように思える書物を書き終えられたことに、いま、心から幸福を感じている。

とはいえ、至らぬ部分も少なくないだろう。本書の瑕疵については、お読みくださった諸氏のご批判とご叱責をいただければ幸いである。

*

本書の内容にまつわる総括については、「おわりに」で詳しく述べた。

最後に、この場を借りて、本書の成立に関わってくださったかたがたに感謝をお伝えしたい。

まず特別な謝辞を捧げなければならないのは、なんといっても東浩紀さんである。同世代の多くの書き手がそうであるように、わたしもまた、批評というジャンルを志すうえでもっとも大きな影響を受けたのが東さんだった。二〇歳の春、池袋の書店で偶然手に取った東さんの最初の評論集『郵便的不安たち』(朝日新聞社)を読んだときの衝撃と興奮はいまでも忘れることができない。それは文字通り、目の前の視界が鮮やかに開けるような稀有な経験だった。さらにその後の二〇〇五年、当時配信しておられたメールマガジン『波状言論』の終刊直前に唐突に送りつけた原稿を掲載していただき、わたしのデビューの最初のきっかけまで作っていただいた。東さんから原稿掲載を伝えるメールが届いたときは信じられずに何度も文面を読み返し、その夜は床についても興奮してなかなか寝付けなかった。いま思い返しても、あれが人生で一番嬉しかった瞬間ではないかと思う。つけ加えると、その『波状言論』に連載されていた東さんの評論「crypto-survival noteZ」のなかで展開されていた映画論には、自分が映画について考えるための決定的なインパクトを与えられた。

それゆえ、その東さんの発行する新たな電子批評誌で連載のお声がけをいただいたばかりか、今回、「ゲンロン叢書」の一冊として著作を刊行できることはわたしにとって望外の喜びである。最初に直接お目にかかってから一五年あまりが経とうとしているが、連載中の毎回の原稿、そして単行本化に向けた校正段階でいただいた膨大で丁寧なアドバイスと励ましには、どれだけ勇気づけられたかわからない。そのお仕事に対する敬意とともに、心から感謝を申し上げたい。

また、紙幅の都合などもあり一人ひとりお名前を挙げることは控えるが、いつもお世話になっているゲンロン編集部、ゲンロンカフェのみなさんにもあらためて深く御礼を申し上げたい。とくに、東さんとともに、連載時から単行本化の校正作業まで、じつに綿密かつ的確なサポートをしてくださったゲンロン代表の上田洋子さん、およびゲンロン編集部の横山宏介さんには厚く御礼を申し上げたい。本当にお世話になりました。ありがとうございました。

本書では実写映画のほかにアニメーションも多く取り上げているが、アニメーションに関する記述の一部は、校正中、高瀬康司さんに目を通してもらい貴重なアドバイスをいただいた。記して御礼を申し上げる。この高瀬さんのコメントのおかげで議論の細部がグッと補強できたが、もちろん、最終的な文責はわたしにある。

装幀の佐々木暁さんは、本書のコンセプトをより力強く打ち出す、じつに端正で瀟洒なデザインにまとめてくださった。格別の感謝をお伝えしたい。そして、片渕須直監督、想田和弘監督には、素敵な帯文を寄せていただいた。現代日本映画を代表する存在であるばかりか、「ポストシネマ」の稀有な担い手でもあるおふたりからいただけたこと、この上ない喜びである。深く御礼を申し上げる。

多くの原稿と同じく、本書の大半をそこで執筆し、改稿作業も行った地元のお気に入りのスターバックスコーヒーにも心からの感謝を。執筆に集中するあまり、ときに数時間も粘ってしまい、いつも申し訳なく思っている。そのかわり、こんな本ができましたよとこっそりとお伝えしたい。

それから勤務先である跡見学園女子大学文学部現代文化表現学科の渡邉ゼミや講義の受講生、また非常勤講師として出講している日本大学藝術学部映画学科、明治学院大学文学部などの授業の受講生のみなさんにも深く感謝したい。元原稿の連載を開始してから刊行までのこの数年のあいだ、本書の内容の一部について、折に触れ、シラバスに組み込んだり、話題にすることも多かった。ゼミ生のみなさんとの日々の何気ない会話や、毎回の講義での学生のみなさんからのリアクション・ペーパーの感想が、ポストシネマにまつわる重要な着想や論述のブラッシュアップにおおいに役立った。本書の用語や概念の説明に多少なりとも噛み砕かれ、読者に実感を伴って感じてもらえる部分があるとすれば、それは全面的にみなさんのおかげである。（昨今、オンライン授業で、なかなか直接顔を見られる機会もなくなってしまったけれども……）心からの謝意を表したい。どうもありがとう。

そのほか、この一〇年ほどのあいだに、映画について語りあい、さまざまなことを教えてくださったすべてのかたがた、そして、本書で取り上げたすばらしい「ポストシネマ」の作り手たちに感謝する。

そして本書でも、やはり最後に妻に。つねに有形無形の支えになってくれている彼女がいなければ、わたしはけっして本書を書くことはできなかった。ひどい夜型で、とくにこの一年は土日もスタバか書斎に閉じこもり執筆にかかりきりだったわたしを寛大に（というより呆れつつ？）見守ってくれている彼女に、言葉には尽くせぬ感謝の気持ちを送りたい。できあがった本書を片手に、そのうちにまた初春のパリを一緒に再訪できる日を楽しみにしたいと思う。

二〇二一年一一月一五日

渡邉大輔

# 提供図版一覧

■『リヴァイアサン』(p.47)
提供＝合同会社 東風
©Arrete Ton Cinema 2012

■『ジョギング渡り鳥』(p.57)
提供＝鈴木卓爾
©2015 Migrant Birds Association / THE FILM SCHOOL OF TOKYO

■『ハッピーアワー』(p.69)
提供＝神戸ワークショップシネマプロジェクト

■『ザ・ウォーク』(p.75)
提供＝株式会社ソニー・ピクチャーズ エンタテインメント
©2015 Columbia Pictures Industries, Inc. and LSC Film Corporation. All Rights Reserved.

Blu-ray 1,980 円／DVD 1,408 円
発売・販売元＝株式会社ソニー・ピクチャーズ エンタテインメント

■『牡蠣工場』(p.96, 209)
提供＝合同会社 東風
©Laboratory X, Inc.

■『10 クローバーフィールド・レーン』(p.170)
提供＝ＮＢＣユニバーサル・エンターテイメント
©2016, 2017 Paramount Pictures.

Blu-ray 2,075 円／DVD 1,572 円
発売元＝ＮＢＣユニバーサル・エンターテイメント

■『息の跡』(p.188)
提供＝合同会社 東風

©2016 KASAMA FILM + KOMORI HARUKA
DVD 4,180 円販売中
発売元＝東風
販売元＝紀伊國屋書店

■『イレブン・ミニッツ』(p.214)
提供＝株式会社コピアポア・フィルム
©2015 SKOPIA FILM, ELEMENT PICTURES, HBO, ORANGE POLSKA S.A., TVP S.A., TUMULT

■『立ち去った女』(p.230)
提供＝株式会社マジックアワー
Blu-ray 5,830 円販売中

■『沈黙 －サイレンス－』(p.247)
提供＝株式会社ソニー・ピクチャーズ エンタテインメント
©2016 FM Films, LLC. All Rights Reserved.

Blu-ray 5,217 円／DVD 4,180 円
発売元＝株式会社KADOKAWA／株式会社ソニー・ピクチャーズ エンタテインメント
販売元＝株式会社ソニー・ピクチャーズ エンタテインメント

■『この世界の片隅に』(p.287)
提供＝株式会社ジェンコ Genco, Inc.
©2019 こうの史代・双葉社／「この世界の片隅に」製作委員会

■『レディ・プレイヤー1』(p.348)
提供＝アフロ
写真＝Everett Collection／アフロ

■『なまくら刀』(p.372)
提供＝国立映画アーカイブ

■『夜明け告げるルーのうた』(p.384)
提供＝フジテレビ
©2017 ルー製作委員会

■『わたしたちの家』(p.396)
提供＝HEADZ
©東京藝術大学大学院映像研究科

■『ニンジャバットマン』(p.422)
提供＝ワーナー・ブラザース・ホームエンターテイメント
Batman and all related characters and elements are trademarks of and © DC Comics. © Warner Bros. Japan LLC

デジタル配信中／Blu-ray 2,619 円／DVD 1,572 円
発売元＝ワーナー・ブラザース ホームエンターテイメント
販売元＝NBCユニバーサル・エンターテイメント

■『ダゲレオタイプの女』(p.438)
提供＝株式会社バップ
©FILM-IN-EVOLUTION – LES PRODUCTIONS BALTHAZAR – FRAKAS PRODUCTIONSAS – LFDLPA Japan Film Partners – ARTE France Cinéma – 2016

Blu-ray 5,280 円／DVD 4,180 円
発売元＝株式会社バップ

■本文登場順。122・160・347・408ページの図版は著者、編集部、装幀者の製作によるものです。価格はすべて税込みです。情報は2021年12月現在のものです。

## 数字

## ま行



## や行



## ら行



## 英字

## た行



## な行



## は行

## 【事項】

### あ行



### か行



### さ行

## ら行



## わ行



## 英字



## 数字

## ま行



## や行

## た行



## な行



## は行

## さ行

## 【映像作品名】

### あ行



### か行

## ら行



## わ行

## ま行



## や行

## な行



## は行

## た行

## さ行

## か行

# 索引

- 人名・映像作品名・事項とも、本文および注での掲載ページ数を記した。
- 「あとがき」「提供図版一覧」での掲載は除外した。
- 引用内で言及された箇所も記載している。見出しや書名・作品名の一部として記載された箇所は除外した。
- 書誌情報のなかでのみ掲載された人名は割愛した。

## 【人名】

### あ行

■本書は電子批評誌『ゲンロン観光通信#8』（2016年1月）から『ゲンロンβ27』（2018年7月）に連載された「ポスト・シネマ・クリティーク」をもとに、大幅な加筆を施したものです。

ゲンロン叢書｜010

新映画論 ポストシネマ

◎著者＝渡邉大輔 ◎発行者＝上田洋子 ◎発行所＝株式会社ゲンロン 〒一四一・〇〇三一 東京都品川区西五反田二ノ二四ノ四 ウエストヒル二階 電話＝〇三・六四一七・九二三〇 FAX＝〇三・六四一七・九二三一 info@genron.co.jp https://genron.co.jp/ ◎装幀・組版＝佐々木暁 ◎印刷・製本＝株式会社シナノパブリッシングプレス  ◎ISBN 978-4-907188-44-3 C0074

発行日＝二〇二二年二月一日 第一刷発行
二〇二二年一〇月一〇日 第二刷発行

## 小社の刊行物　2022年9月現在

### ゲンロン　東浩紀編

ソーシャルメディアによって言葉の力が数に還元される現在。その時代精神に異を唱え、真に開かれた言説を目指し創刊された批評誌シリーズ。
2530〜2860円。

ゲンロン叢書003

### テーマパーク化する地球　東浩紀

人間が人間であることはいかにして可能か。世界がテーマパーク化する時代に投げかける、渾身の評論集。2530円。

ゲンロン叢書004

### 新しい目の旅立ち
### プラープダー・ユン　福冨渉訳

タイ・ポストモダンのカリスマが「新しい目」で世界と出会う。小説でも哲学でもある、思考の旅の軌跡。
2420円。

ゲンロン叢書005

### 新写真論　スマホと顔　大山顕

写真は人間を必要としなくなるのではないか。自撮りからデモまで、SNS時代を読み解く画期的な写真論。
2640円。

ゲンロン叢書006

### 新対話篇　東浩紀

政治優位の時代に、哲学と芸術の根本に立ち返る対話集。梅原猛、鈴木忠志、筒井康隆ら12人との対談・鼎談を収録。2640円。

ゲンロン叢書007

### 哲学の誤配　東浩紀

韓国の読者に向けたインタビュー、中国での講演を収録。誤配から観光へ展開した著者の思想を解き明かす。1980円。

ゲンロン叢書008

### 新プロパガンダ論
### 辻田真佐憲＋西田亮介

安倍政権、五輪、コロナ禍。嘘と宣伝が飛び交う政況を、気鋭の論客ふたりが切る。分断を越えるための政治分析。1980円。

ゲンロン叢書009

### 新復興論　増補版　小松理虔

震災から10年、福島のアクティビストは何を思うのか。大佛次郎論壇賞受賞作に、書き下ろしを加えた決定版。2750円。

ゲンロン叢書011

### 世界は五反田から始まった
### 星野博美

祖父の手記に綴られた家族の物語と「もう一つの大空襲」。大宅壮一ノンフィクション賞作家が、戦争を生きる知恵を描く。1980円。

ゲンロン叢書012

### 中国における技術への問い
宇宙技芸試論
### ユク・ホイ　伊勢康平訳

破局に向かうテクノロジーを乗り越える「宇宙技芸」とはなにか。諸子百家と人新世を結ぶ、まったく新たな技術哲学の誕生。3300円。

価格はすべて税込みです。